21世纪全国高职高专旅游系列规划教材

酒店管理理论与实务

主　编　霍美芬　冯小叶
参　编　倪　杰　韩雁雁　林　兵
　　　　常红旭　潘　虹

北京大学出版社
PEKING UNIVERSITY PRESS

内 容 简 介

酒店管理理论与实务是一门研究酒店管理理论与方法技术的学科，是旅游酒店管理专业的核心课程。本书围绕高职教育的宗旨，以技能培养为核心，以应用为目的，以实用为原则，在内容上坚持理论与实践相结合。具体内容包括酒店发展概述、酒店管理理论及核心理念、酒店组织管理、酒店人力资源管理、酒店营销管理、酒店公共关系管理、酒店安全与卫生管理、酒店服务质量管理、酒店管理信息系统和酒店信息化建设、酒店集团化及未来发展趋势。

本书属于高等职业教育教材，适用于高等职业院校旅游酒店管理专业的教学与学习，也可供从事酒店管理工作的人员参考。

图书在版编目(CIP)数据

酒店管理理论与实务/霍美芬，冯小叶主编. —北京：北京大学出版社，2012.8

(21 世纪全国高职高专旅游系列规划教材)

ISBN 978-7-301-21042-0

Ⅰ. 酒…　Ⅱ. ①霍…②冯…　Ⅲ. ①饭店—商业管理—高等职业教育—教材　Ⅳ. F719.2

中国版本图书馆 CIP 数据核字(2012)第 172343 号

书　　名：酒店管理理论与实务
著作责任者：霍美芬　冯小叶　主编
策 划 编 辑：刘国明　李　辉
责 任 编 辑：刘国明
标 准 书 号：ISBN 978-7-301-21042-0/F · 3275
出　版　者：北京大学出版社
地　　址：北京市海淀区成府路 205 号　100871
网　　址：http://www.pup.cn　http://www.pup6.cn
电　　话：邮购部 62752015　发行部 62750672　编辑部 62750667　出版部 62754962
电 子 邮 箱：pup_6@163.com
印　刷　者：河北滦县鑫华书刊印刷厂
发　行　者：北京大学出版社
经　销　者：新华书店
787 毫米×1092 毫米　16 开本　15.5 印张　360 千字
2012 年 8 月第 1 版　2012 年 8 月第 1 次印刷
定　　价：30.00 元

前　言

高等职业教育肩负着为国家经济发展培养生产、建设、管理、服务第一线需要的高素质技能型专门人才的重要使命。我国高等职业教育经过多年的改革与探索，有了较大发展，取得了巨大成就，从规模上看，已经占据了我国高等教育的半壁江山，是我国高等教育体系的重要组成部分，为国家经济发展培养了大量技能型人才。随着我国产业结构调整、经济发展方式转变的加快，社会对高技能人才的需求更加迫切。从旅游酒店行业来看，进入21世纪，我国的旅游酒店行业实现了跨越式发展，国内旅游人数年平均增长率在10%以上，国际酒店集团纷纷进驻我国市场，本土酒店集团迅速成长，在未来的十几年，我国将成为旅游大国、酒店强国。伴随着旅游酒店业的发展，市场竞争日益激烈。本土酒店企业在强手如林的市场竞争中取胜的关键是提高服务质量。酒店服务质量取决于酒店管理水平、从业人员素质。快速发展的旅游酒店行业迫切需要既掌握酒店管理基础知识，又具有高水平酒店服务和酒店管理技能的各层次专业人才。面对机遇与挑战，高等职业教育开始了以提高职业教育质量为核心的新一轮改革与发展。

提高高等职业教育质量是一项系统工程，深化人才培养模式改革、优化专业结构和课程结构、改革教学内容和教学方法是提高高等职业教育质量的重要方面。高等职业教育的使命宗旨决定了其专业结构必须适应社会经济和区域经济发展的需要，从而决定了其以就业为导向、工学结合、校企合作、订单培养的新型人才培养模式。根据社会需要，旅游酒店专业建设必须改革课程结构，科学合理的课程结构是优化专业结构的基础，改革课程结构必须改革教材以及教学内容、教学方法。

教材改革是为课程改革服务的，教材是课程建设的最主要的教学资源。教材改革必须围绕高等职业教育宗旨，明确专业培养目标、知识结构和能力结构，适应社会需要，突出职业教育特点，重实践，强训练，以培养学生的专业技能为核心，加强学生的基本实践能力、专业技术应用能力、综合实践能力的培养。教材内容要厚基础、重能力，优化整合课程内容，以实用、够用为原则；同时，要力求创新，反映时代和专业的发展，让学生掌握前沿知识。在教学方法上，要灵活多样，调动学生学习的积极性，实施案例教学、情景模拟、社会调查、小组讨论等培养学生的职业意识和专业能力。

本书的编写坚持培养生产、建设、管理、服务第一线需要的高素质技能型专门人才的高等职业教育宗旨，以提高学生的专业能力、方法能力为目的，以技术应用能力的培养为主线设计本书的结构，以应用为主旨构建课程体系和教学内容，通过课程学习，为学生奠定职业技能基础，为专业其他课程学习奠定基础。

本书的特色是围绕高职教育宗旨，以能力培养为核心，确立教材体例。每章有学习目标、知识结构、导入案例开始理论与实务的介绍，每章之后还有本章小结、练习与思考、课后阅读。在内容上加大技能训练，增加案例分析，不仅用案例导入，而且有案例练习思考，通过案例学习、案例分析提升学生的专业能力。在内容上还增加知识链接，增强教材趣味性，避免教材过分强调理论性，吸引学生学习兴趣。

本书的任务是通过课程学习，让学生掌握酒店管理的基础知识、基本理论、基本方法与基本技术，培养学生酒店管理的基本专业能力和综合能力，包括分析问题能力、解决问题能力、综合概括能力、逻辑思维能力、严密推理能力、各个岗位的综合管理能力，为社会培养高素质的酒店服务管理的专业人才。

本书编写工作的分工如下：霍美芬、冯小叶、倪杰、林兵、韩雁雁负责第 1 章的编写，潘虹负责第 2 章的编写，霍美芬负责第 3 章、第 10 章第 1 节的编写，倪杰负责第 4 章、第 7 章第 2 节的编写，林兵负责第 5 章、第 7 章第 1 节的编写，韩雁雁负责第 6 章、第 10 章第 2 节的编写，常红旭负责第 8 章的编写，冯小叶负责第 9 章的编写。

本书在编写过程中参阅了众多专家、学者的著作、文章，在此我们表示由衷的感谢！

由于编写人员水平有限，编写时间仓促，书中不足之处在所难免，恳请广大读者批评指正。

编　者

目　　录

1　酒店发展概述……1
1.1　酒店的概念及发展历程……3
1.1.1　酒店的概念……3
1.1.2　国内外酒店发展历程……4
1.2　酒店的类型、产品及业务特点……9
1.2.1　酒店的类型……9
1.2.2　酒店产品及业务特点……16
1.3　酒店行业管理……18
1.3.1　“大旅游”的行业管理思路和模式……18
1.3.2　行业管理主体的管理模式及其发展……19
1.3.3　我国酒店行业管理的手段和方式逐步信息化、数字化和网络化……20
1.3.4　我国酒店业法律法规和行业标准日趋完善，以适应酒店业发展的需要……20
本章小结……21
练习与思考……21
课后阅读……23
2　酒店管理理论及核心理念……24
2.1　酒店管理概述……26
2.1.1　酒店管理的内涵……26
2.1.2　酒店管理的特征……28
2.1.3　酒店管理的基本职能……30
2.2　酒店管理理论……32
2.2.1　古典管理理论……32
2.2.2　行为科学管理理论……34
2.2.3　现代管理理论……36
2.3　酒店管理的核心理念……39
2.3.1　竞争理念……39
2.3.2　市场营销理念……41
2.3.3　经济效益理念……42
2.3.4　发展理念……42
2.3.5　服务质量理念……43
2.3.6　以人为本理念……44
本章小结……46
练习与思考……46
课后阅读……48
3　酒店组织管理……49
3.1　酒店组织……51
3.1.1　组织与酒店组织……51
3.1.2　酒店组织原则及影响因素……52
3.1.3　酒店组织结构类型……56
3.2　酒店组织管理概述……60
3.2.1　酒店组织管理的内涵……60
3.2.2　酒店组织管理的内容……61
3.2.3　酒店组织制度……67
本章小结……71
练习与思考……72
课后阅读……73
4　酒店人力资源管理……74
4.1　酒店人力资源管理概述……76
4.1.1　酒店人力资源及其管理的概念……76
4.1.2　酒店人力资源管理的目标和内容……78
4.1.3　酒店人力资源规划……80
4.2　酒店员工的招聘……81
4.2.1　酒店员工招聘的程序……82

4.2.2 酒店员工招聘的类型……82
4.3 酒店员工的培训……84
4.3.1 酒店员工培训的重要意义…84
4.3.2 酒店员工培训的基本原则…85
4.3.3 酒店员工培训的类型……86
4.3.4 酒店员工培训的实施步骤…87
4.4 酒店员工的激励……89
4.4.1 激励的概念……89
4.4.2 激励的功能……89
4.4.3 激励的方式……90
本章小结……93
练习与思考……93
课后阅读……95

5 酒店营销管理……96

5.1 酒店营销管理概述……98
5.1.1 酒店营销的概念……98
5.1.2 酒店营销的特点……99
5.1.3 酒店营销的内容……100
5.2 酒店营销策略组合……104
5.2.1 营销策略理论……104
5.2.2 酒店 4P 营销策略组合……106
5.3 酒店营销新理念……114
5.3.1 绿色营销理念……116
5.3.2 网络营销理念……117
5.3.3 文化营销理念……117
本章小结……118
练习与思考……118
课后阅读……119

6 酒店公共关系管理……120

6.1 酒店公共关系概述……122
6.1.1 酒店公共关系的基本内涵……123
6.1.2 酒店公共关系的要素分析……125
6.2 酒店公共关系活动分析……126
6.2.1 收集信息……126
6.2.2 咨询建议……128
6.2.3 沟通协调……130
6.2.4 教育引导……132
6.3 酒店形象工程——CIS……132
6.3.1 CIS 的含义及构成要素……132
6.3.2 CIS 与酒店整体形象的确定……135
6.3.3 酒店 CIS 的构建需注意的问题……135
本章小结……138
练习与思考……138
课后阅读……141

7 酒店安全与卫生管理……142

7.1 酒店安全管理……144
7.1.1 酒店安全管理概述……144
7.1.2 酒店安全组织与职责……146
7.1.3 酒店安全管理的计划、制度与措施……147
7.2 酒店卫生管理……154
7.2.1 酒店公共区域卫生管理……154
7.2.2 酒店餐饮卫生管理……156
7.2.3 酒店客房卫生管理……158
本章小结……160
练习与思考……160
课后阅读……161

8 酒店服务质量管理……162

8.1 酒店服务质量管理概论……164
8.1.1 酒店服务质量管理的概念……164
8.1.2 酒店服务质量的内容……167
8.1.3 酒店服务质量的特点……170
8.2 酒店服务质量管理体系……172
8.2.1 酒店服务质量管理的八大原则……172
8.2.2 酒店服务质量管理的组织保障……174

8.2.3　酒店服务质量管理的检查体系……177
8.2.4　酒店服务质量管理的分析方法……179
8.2.5　酒店服务质量管理的方法……181
本章小结……184
练习与思考……184
课后阅读……185

9　酒店管理信息系统和酒店信息化建设……186

9.1　酒店管理信息系统概述……188
9.1.1　酒店管理信息系统概念、作用与构成……188
9.1.2　酒店管理信息系统的主要类型介绍……193
9.1.3　酒店管理信息系统发展概况及未来趋势……196
9.2　酒店信息化建设……198
9.2.1　酒店信息化建设概述……198
9.2.2　酒店电子商务概述……205
本章小结……207
练习与思考……208
课后阅读……209

10　酒店集团化及未来发展趋势……210

10.1　酒店集团化及国际著名酒店集团……213
10.1.1　酒店集团化……213
10.1.2　国际著名酒店集团……224
10.2　酒店未来发展趋势……230
10.2.1　酒店管理理念更加人性化……230
10.2.2　多样化、多元化、个性化愈发明显……231
10.2.3　管理手段向信息化、智能化、现代化发展……232
10.2.4　品牌化和规模化特征明显……233
10.2.5　低碳化得到重视，绿色酒店成为潮流……234
本章小结……235
练习与思考……235
课后阅读……237

参考文献……238

1

酒店发展概述

学习目标

知识目标

1. 熟悉国内外酒店行业的发展历程，重点掌握国内外酒店发展的异同点
2. 了解酒店的类型，理解各类型酒店的特点
3. 理解酒店产品及其特点
4. 熟悉我国对酒店行业进行管理的主要政策法规、行政管理体系
5. 全面认识我国酒店行业的现状

能力目标

1. 能够分析当今国内外酒店行业的特点
2. 根据不同类型酒店，能够正确确立经营思路和市场定位
3. 能够正确运用酒店行业政策法规，指导酒店经营
4. 能够全面分析我国酒店行业管理存在的问题并提出应对措施

知识结构

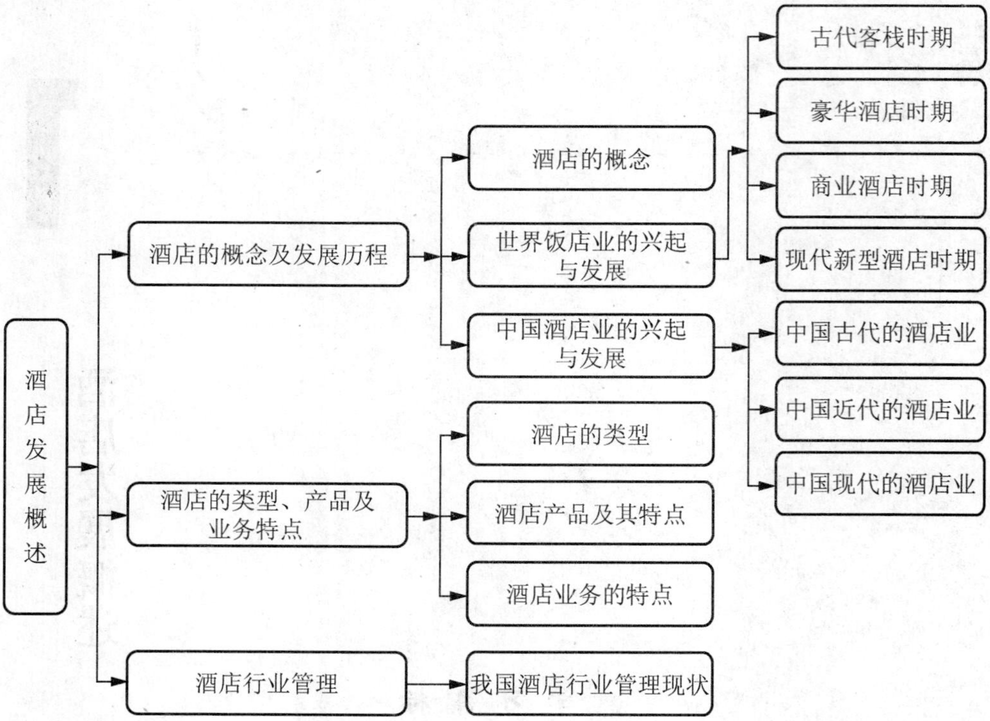

酒店发展概述
酒店的概念及发展历程
酒店的概念
世界饭店业的兴起与发展
中国酒店业的兴起与发展
古代客栈时期
豪华酒店时期
商业酒店时期
现代新型酒店时期
中国古代的酒店业
中国近代的酒店业
中国现代的酒店业
酒店的类型、产品及业务特点
酒店的类型
酒店产品及其特点
酒店业务的特点
酒店行业管理
我国酒店行业管理现状

导入案例

某市是我国东部沿海城市，经济发达，在过去的十几年间，先后建起了10座五星级酒店，20多座四星级酒店，中低档次、各种类型的酒店不计其数。据有关部门统计，该市90%以上的高星级酒店是“外资”或“外管”的身份，有些酒店的中高层管理人员均来自国外。该市的许多酒店在市场竞争中明显处于劣势。另外，该市的市酒店协会由于隶属于市旅游局，官方色彩的活动比较多，因而难当行业发展的领头羊。该市的酒店业发展面临着诸多挑战。

思考：

1. 从案例中可以看到该市酒店业发展面临的问题有哪些？
2. 该市酒店业所面临的问题是否在全国范围内具有一定的代表性？
3. 请你提供解决这些问题的合理化建议。

1.1 酒店的概念及发展历程

酒店和酒店行业是人类经济发展的结果。无论是在世界范围内还是在中国，酒店和酒店业的产生与发展都是由社会经济发展决定的。货币的产生、商品的交易及商人的商业活动是酒店产生的必备条件。商品活动的扩大，导致人类活动的范围扩大，从而产生更多的居住等需求，也就使酒店的基本功能日益增加。当今世界经济的发展进一步推动了酒店行业的繁荣。

1.1.1 酒店的概念

酒店的发展历史极为久远，如今已经发展为比较成熟的行业。但要对酒店进行定义却并不容易。

酒店(hotel)一词，最早源于法国，原意是贵族们在乡下招待来访客人的住所。后来，随着社会和经济的发展，酒店的含义也不断丰富与完善。

国际上对“酒店”含义的论述比较有代表性的有以下4种。

(1) 1800年《国际词典》:“酒店是为大众准备住宿、饮食与服务的一种建筑或场所。”

(2)《大不列颠百科全书》:“酒店是在商业性基础上，向旅游大众提供住宿、膳食的建筑物。”

(3)《大美百科全书》:“经过装备的公共住宿设施，它一般都提供膳食、酒类以及其他服务。”

(4) 美国的《酒店法》:“酒店是为社会公众提供住宿的场所，它提供餐厅、客房、大厅、电话、洗衣等服务，以及家具和设备等的使用。”

综上所述，国际上尤其是酒店业发展成熟的西方国家，在对酒店含义的认识上是比较一致的，即普遍认为酒店是商业性机构或组织；其主要功能是向公众提供住宿、餐饮及其他服务；将酒店与其他各类住宿设施相区别，酒店特指设施装备较全、服务项目较多且服务档次较高的一类住宿设施。

作为“舶来品”的“酒店”(我国最早冠以“hotel”的酒店，出现在鸦片战争之后，由西方人在通商口岸开设，详见“酒店业发展历程”)，最初似乎更像是国人乐于追逐的时髦词汇，而鲜有人士研究追溯其来历和身份。随着现代经济的大发展，“酒店”伴随着广泛而深入的实践已成为国人耳熟能详的“行话”。

国人对“酒店”的传统定义有两种：一是“为人们提供食宿的地方”，通常称为“宾馆”、“旅馆”、“招待所”等；二是“为人们提供饮食的地方”，遍布大街小巷，名称除了“酒店”，还有“酒楼”、“酒店”、“餐馆”等。显然，国人对“酒店”的使用比较随意，这种现象给行业管理和业内外交流带来了一定的困扰。我国《国民经济行业分类》的颁布和实行将有助于改变这种现状。

小阅读

今后，餐馆和餐厅将不能称“酒店”

日前从中国烹饪协会获悉，由于名称的不规范容易造成业态混淆，引发消费纠纷，协会已于近日致函国家工商总局烹饪协会，建议在工商营业执照中规范使用术语，以与国际接轨。

根据国家《国民经济行业分类》新标准，住宿业指有偿为顾客提供临时住宿的服务活动，包括宾馆、酒店等从事的活动；餐饮业指在一定场所对食物进行现场烹饪、调制并出售给顾客的服务活动。酒店应属于住宿业，餐厅、餐馆则属于餐饮业，两者不应混淆。中国烹饪协会副秘书长边疆介绍，目前，各地对酒店和餐厅、餐馆的界定有的还比较模糊，这既影响对外交流与国际合作，也不利于工商部门及国家统计部门进行管理及统计。由于餐饮业和住宿业的经营者与消费者之间对以上两个专用名词的理解不同，还曾出现过“餐厅以酒店名义加收服务费”等消费纠纷。

(资料来源：http://finance.sina.com.cn/roll/20060703/0000775985.shtml.)

另外，不同地区，即使指同类“酒店”，其称谓也有所不同。我国北方地区大多使用“酒店”，南方地区和东南亚国家大多使用“酒店”，当然这更多是由称呼的习惯不同造成的。

20世纪80年代以来，由于与国外著名酒店的交流与合作日益密切，我国酒店业的整体水平不断提高，表现出更加理性和成熟的态势。专家学者、酒店经营者、行政管理者等群体对“酒店”的理解和使用也逐渐专业化和规范化，并尽可能与国际接轨。

结合我国酒店行业的实践、理论研究以及参考国际专业性界定，得出如下概念：酒店是通过提供尽可能完善的设施设备和全面且优良的服务来满足公众住宿、餐饮、娱乐等多种需求并追求赢利的现代化商业机构。

1.1.2 国内外酒店发展历程

人类的旅游和商务活动自古有之，酒店餐馆就应运而生，由此被誉为人类第二古老行业。历史的车轮颠簸起伏却始终不歇，酒店也犹如大地万物既显沧桑凝重却又生机勃勃。

1. 国外酒店发展历程

相传欧洲最初的食宿设施约始于古罗马时期，其发展进程经历了古代客栈时期、大酒店时期、商业酒店时期等阶段，其间几经波折起落。第二次世界大战以后，欧美各国随着经济形势和旅游业的不断发展，进入了新型酒店时期，并逐步形成了庞大独立的酒店行业。

1) 古代客栈时期

古代客栈时期是指 18 世纪中叶之前。由于社会的需要，为满足人们外出的吃、喝、睡等赖以生存的基本需要，千百年以前就出现了客栈和酒店。至中世纪后期，随着商业的发展，旅行和贸易兴起，外出的传教士、信徒、外交官吏、信使、商人等激增，对客栈的需求量大增。由于当时的交通方式主要是步行、骑马或乘坐驿车，因此，客栈大多设在古道边、车马道路边或是驿站附近。最早的客栈设施简陋，仅提供基本食宿。到了 15 世纪，有些客栈已拥有 20～30 间客房，有些比较好的客栈设有一个酒窖、一个食品室、一个厨房，为客人提供酒水和食品。还有一些客栈已开始注意周围的环境状况，房屋前后辟有花园草坪，客栈内有宴会厅和舞厅等，开始向多功能发展。总的来看，当时的客栈声誉差，被认为是赖以糊口谋生的低级行业。客人在客栈内缺乏安全感，诸如抢劫之类的不法事件时有发生。

2) 大酒店(豪华酒店)时期

大酒店时期是指 18 世纪末～19 世纪末。18 世纪后期，随着火车、轮船的兴起，工业化的进程加快和民众消费水平的提高，为方便贵族度假者、上层人物以及公务旅行者，酒店业有了较大的发展。1794 年在纽约建成的首都酒店内有 73 套客房，这在当时无疑是颇具规模的。而堪称世界第一座现代化酒店的特里蒙特酒店于 1829 年在波士顿落成，为整个新兴的酒店行业确立了标准。该酒店不仅客房多，而且设施设备较为齐全，服务人员亦经过培训，使客人有安全感。

小阅读

克罗拉多酒店

克罗拉多酒店建成于 1888 年，整座酒店皆以木制，是世界上最大的全木结构的维多利亚式酒店。其别具一格的白墙深红瓦建筑风格，更是令其成为圣地亚哥最为著名的地标性建筑之一。"发明大王"爱迪生曾在这里向世人展示他最伟大的发明——电灯，并让它成为全美最早全面装设电灯的酒店。

自 1901 年以来，数部好莱坞影片选择克罗拉多酒店作为外景地。1958 年，酒店迎来了 20 世纪最性感的女人——玛丽莲·梦露(Marilyn Monroe)以及曾与梦露谈过半年恋爱的影星托尼·柯蒂斯(Tony Curtis)，他们和 20 世纪最优秀的喜剧演员之一——杰克·莱蒙(Jack Lemmon)一起在这里演绎了经典喜剧片《热情如火》。克罗拉多酒店在成为好莱坞明星心头好的同时，也受到不少文化界名士的青睐，《绿野仙踪》的作者、

美国著名儿童文学作家莱曼·弗兰克·鲍姆(Lyman Frank Baum)就是该酒店的常客。据说，鲍姆从克罗拉多酒店“充满童话色彩”的建筑风格中获得不少灵感，由此创作了奥兹国系列童话。

克罗拉多酒店还被誉为“西部白宫”，曾先后有10位美国总统在此入住。特别令人津津乐道的是，“不爱江山爱美人”的爱德华八世(即温莎公爵)也是该酒店最为著名的客人之一。

(资料来源：http://chufang.chinababy365.com/shoushen/356; http://ent.cqnews.net/ ylove/201005/t20100520_4346525.htm.)

19世纪末20世纪初，美国出现了一些豪华酒店，如著名的纽约广场酒店。这些酒店崇尚豪华和气派，布置高档的家具摆设，供应精美的食物。大酒店时期的酒店，具有规模大、设施豪华、服务正规、具有一定的接待仪式、讲究一定规格的礼貌礼仪等特点。

3) 商业酒店时期

商业酒店时期是指20世纪初～50年代。20世纪开始不久，当时世界上最大的酒店业主埃尔斯沃思·弥尔顿·斯塔特勒(Ellsworth Milton Statler)为适应旅行者的需要，在斯塔特勒酒店的每套客房中都设有浴室，并制定了统一的标准来管理他在各地开设的酒店，增加了不少方便客人的服务项目。

由于汽车、火车、飞机等交通技术的改进，极大地推动了人们的出行，酒店业也得到了迅速发展。美国的大中小城市纷纷通过各种途径集资兴建现代酒店，而且汽车酒店也在美国各地涌现。当然，这一时期发生的两次世界大战和20世纪30年代的经济大萧条曾给酒店业带来沉重打击，但仍然挡不住酒店业迈向现代化的脚步。

这一时期酒店业的主要特点如下：①商业酒店的服务对象是普通消费者，主要以接待商务客人为主，规模较大，设施设备完善，服务项目齐全，讲求舒适、清洁、安全和实用，不追求豪华与奢侈；②实行低价格政策，使顾客感到收费合理，物有所值；③酒店经营者与拥有者逐渐分离，酒店经营活动完全商品化，讲究经济效益，以赢利为目的；④酒店管理逐步科学化和效率化，注重市场调研和市场目标选择，注意训练员工和提高工作效率。

小阅读

埃尔斯沃思·弥尔顿·斯塔特勒

埃尔斯沃思·弥尔顿·斯塔特勒出身贫寒，从13岁做礼宾部服务员时起，就对酒店经营的各方面都产生了强烈好奇心，他向酒店各部门的员工——从管家到工程部员工和记账员一一请教，尽可能地了解情况，这种好奇心和执著使他担负了更大的责任。从一开始，他就具有提高利润的创意，他说服为之工作的店主在酒店设置了美国第一个铁路订票柜台。

创新和方便顾客的做法确保了斯塔特勒的成功。1908年，他又推出领先的酒店标准，推动了酒店业的革命。在布法罗的斯塔特勒酒店，每间客房都设私人浴室、壁橱、24小时的冰水供应、电话和门旁电灯开关。对客房采取的新举措包括在每个床前设台灯和配有文具的写字桌。如今，用于走管线和其他设备的竖井在绝大多数高层建筑中已是司空见惯，这在当时却使他能够以有竞争力的价格出租客房。到1927年，他已拥有多家酒店。在纽约市，他建起了当时最大的、拥有2002间客房的宾夕法尼亚酒店。

斯塔特勒的经营哲学颇为独特——“人生即服务”。说到做到，他为同胞提供了尽可能多一点、好一点的服务；首次对酒店员工实行一周6个工作日，给他们带薪假期和免费医疗服务；又设计了利润共享计划，使每位员工都可自由持股。

斯塔特勒的天才既在于他的创造性和适应性，又在于他在增添酒店实用特色方面表现出来的精明。他身上既有理想家的特征，又有实干家的长处。

(资料来源：凯斯琳·贝尔德. 埃尔斯沃思·斯塔特勒. 酒店业名人堂，1997.)

4) 现代新型酒店时期(20世纪50年代至今)

第二次世界大战结束后，由于经济繁荣，人们生活富裕，交通工具十分便利，从而引起了对酒店需求的剧增，一度处于困境的酒店业又开始复苏。

20世纪50年代末60年代初，许多新型酒店大批出现，这些酒店主要面向大众旅游市场，许多酒店设在城市中心和旅游胜地，大型汽车酒店设在公路边和机场附近。这一时期酒店业的主要特点如下：①旅游市场结构的多元化促使酒店类型多样化(如度假酒店、观光酒店、商务酒店、会员制俱乐部酒店)；②市场需求的多样化引起酒店设施的不断变化，经营方式更加灵活；③酒店产业的高利润加剧了市场竞争，使酒店与其他行业联合或走向连锁经营、集团化经营的道路，酒店集团占据着越来越大的市场；④现代科学技术革命和科学管理理论的发展，使现代酒店管理日益科学化和现代化。

2. 中国酒店业的发展历程

与国外酒店的发展轨迹有所不同，我国酒店业的发展经历了3个重要时期。

1) 中国古代的酒店业

(1) 古老的旅馆——驿站。驿站是一种官方住宿设施，专门接待信使、公务人员和民间的旅行者。从商代中期到清光绪二十二年(1896)止，驿站竟长存3000余年，这是中国最古老的旅店。

(2) 早期的迎宾馆。迎宾馆主要是用来接待古代中华各族的代表和外国使者，是古代民族交往和中外往来的窗口。

(3) 民间旅店和早期城市客店。中国古代民间旅店在隋唐时开始较多地在城市出现，但是真正开始兴旺发达是在北宋时期。

2) 中国近代的酒店业

(1) 西式酒店。鸦片战争以来，西方势力进入我国。最初为满足西方人食、住、娱乐等需要并由西方人自己经营的酒店开始陆续在各通商口岸建立起来。截至1939年，在北平(今北京)、上海等城市中，已有外国资本建造和经营的西式酒店近80家。这其中有北平的六国酒店、北京酒店，天津的利顺德酒店和上海的理查德酒店等。“豪华”、“气派”、“服务高雅”、“神秘”是这些酒店带给国人的最初印象。

(2) 中西结合式酒店。在西式酒店的带动和影响下，国人开始尝试与西方合作经营酒店。中西式酒店不仅在建筑上趋于西化，而且在设备设施、服务项目、经营体制和经营方式上亦受到西式酒店的影响。当时酒店餐厅除中餐外，还以供应西餐为时尚。

3) 中国现代的酒店业

新中国成立后，百废俱兴。各地通过改建老酒店，建立了一批宾馆、招待所用于干部休养、接待公事访问，酒店的商业性质被忽视了。改革开放以来，以酒店业为龙头的国内接待业和旅游业借国家的利好政策和中外交流合作日益加强之机，加快了现代化进程。

从1978年至今，我国酒店业大体经历了4个发展阶段。

第一阶段(1978～1983年)，由行政单位招待所开始向企业转型。在我国经济体制改革的要求和推动下，很多酒店开始尝试着由行政单位向企业转型。但由于财政上实行统收统支、实报实销的制度，基本不用上缴利润，没有经营目标和任何风险，提供的服务也有限，所以这一时期酒店的转型还很稚嫩。

第二阶段(1984～1987年)，企业由经验型管理走向科学管理。1984年，在中外合作背景下，北京建国酒店的管理日趋成熟，其科学管理方法也因此受到国家行业管理部门的肯定，继而在全行业推广开来，更重要的是走上了与国际接轨的科学管理的轨道。

第三阶段(1988～1994年)，吸纳国际上通行的做法，推行星级评定制度，使我国酒店业进入到国际现代化管理的新阶段。1988年9月，经国务院批准，国家旅游局颁布了酒店星级标准，并开始对旅游涉外酒店进行星级评定。

第四阶段(1994年至今)，我国酒店业逐步向专业化、集团化、集约化经营管理迈进。20世纪90年代以后，国际上许多知名酒店管理集团纷纷进入中国酒店市场，引领了我国酒店业向专业化、集团化管理发展的趋势。与此同时，1994年我国成立了第一批自己的酒店管理公司，如锦江酒店、金陵酒店、白天鹅宾馆等，这为迅速崛起的中国酒店业注入了新的活力。

小阅读

锦江酒店的创始人——董竹君

饮誉海内外的锦江酒店，曾经接待过134个国家的500多位首脑人物，其中不乏丹麦首相、德国总理、美国总统、泰国王储、英国女王等世界级政要。其首任董事长，是被誉为“中国的阿信”的奇女子——董竹君。

董竹君(1900—1997)，出生在上海一个贫寒家庭，14岁因家境所迫沦为歌女，后结识革命党人夏之时，跳出火坑。婚后因不堪夫权肆虐，毅然摒弃荣华富贵，独立在上海创业，先后创办锦江川菜馆、锦江茶室等一系列实业。抗战时与周恩来、邓颖超、郭沫若等交往甚多。1951年创建锦江酒店，后又将自己的酒店捐给了国家，并任首席董事长兼总经理，连任7届全国政协委员，她的一生曾被拍成了31集电视连续剧《世纪人生》，自传著有《我的一个世纪》和日文版《大河奔流》。

(资料来源：http://baike.baidu.com/view/253468.htm.)

1.2 酒店的类型、产品及业务特点

酒店的类型复杂多样，依据划分的标准不同，区分出不同类型的酒店。酒店的类型影响酒店产品和业务，酒店类型不同，从而决定了酒店的产品和业务特点的不同。

1.2.1 酒店的类型

随着现今酒店业的迅速发展，酒店的类型也更加多样化，并且划分标准不一。划分标准只是手段，其主要目的是通过对它的认识来更有针对性地对酒店进行经营和管理。目前世界各地的酒店有以下几种基本类型。

1. 按照酒店的目标市场及宾客特点分类

1) 商务型酒店

商务型酒店多位于人口流动较大的大中城市的中心地区和交通发达地带，以接待商务客人为主。此类酒店的服务设施完备，特别是商务活动所需设施齐全，服务项目多样，且对服务规范和服务标准的要求非常高。

2) 度假型酒店

度假型酒店多位于自然风景优美或具有人文特色的旅游区，以接待休闲度假、疗养的客人为主。此类酒店对区域内环境设计的要求高，致力于营造一种轻松舒适的度假休闲环境。除提供一般的食宿设施外，还提供丰富的娱乐及体育服务，如滑雪、垂钓、划船、冲浪、潜水、骑马、狩猎、高尔夫球、网球、棋牌等活动项目。近年来，不少旅游地也出现了分时度假酒店。

小阅读

分时度假酒店的兴起

分时度假酒店又称定时分享式住宅，就是把酒店或度假村的一间客房或一套旅游公寓，将其使用权分成若干个周次，按10～40年甚至更长的期限，以会员制的方式一次性出售给客户，会员获得每年到酒店或度假村住宿7天的一种休闲度假方式。通过交换服务系统，会员把自己的客房使用权与其他会员异地客房使用权进行交换，以此实现低成本地到各地旅游度假的目的。

分时度假酒店的性质与第二住宅相似，但它不是由一家所独有，而是由许多家庭

共同投资建造，然后根据设施投资比例确定每家每年可以使用的时间。就是说某一段时间内归某一家独有，可以自己享用，也可以借给他人或租给他人，还可以与相似的设施进行交换，而且不需要由哪一家管理与维修，只需要委托专门的公司代办。

20世纪60年代，“分时度假酒店”首先兴起于法国。90年代，我国开始引入旅游分时度假系统的概念，海南、深圳等地的部分酒店开始操作单体分时度假产品。

(资料来源：http://baike.baidu.com/view/39707.htm.)

3) 会议型酒店

会议型酒店多位于大都市和政治中心、经济中心以及交通方便的游览胜地，以各种会议团体为主要接待对象。此类酒店除具备相应的住宿和餐饮设施外，要求具有完备的会议设施，如各种会议厅或多功能厅、多媒体设施、视听设备、电子投票系统、同声翻译装置等，一般都配备专门的员工进行高效率的会议组织和接待。

近10年来，中国会展业发展迅猛，也带动了会议型酒店的发展，这是中国经济发展以及对外交流不断扩展的结果。

4) 长住型酒店

长住型酒店也称公寓型酒店，多位于大中城市的商业中心，以接待住宿时间较长或在当地短期工作或度假的客人或家庭为主，酒店一般与宾客签订租约。此类酒店一般以公寓为主，客房多采用家庭式布局，配有宾客长期居住所需的家具、电器设备、厨房设施等。其服务强调亲切、周到、针对性强，注重家庭式气氛的营造。

5) 汽车酒店

汽车酒店多位于国家公路干线旁，以接待驾车旅行者为主，设施较简单，规模较小，宽敞方便的停车场是其显著特点，是欧美国家常见的一种酒店类型。1925年，第一家世界汽车旅馆在美国圣路易斯·奥比斯波(San Luis Obispo)地区的圣迭戈至旧金山国家公路旁诞生；1952年凯蒙斯·威尔逊(假日酒店的创始人)在孟菲斯建立了第一家现代汽车酒店——假日酒店。如今Super8(如图1.1)、Motel168等品牌不断涌现。

图1.1　Super 8

(图片来源：http://globalhotel.okmk.com/images_171534.html.)

随着私人汽车拥有量的增长和公路交通设施的不断完善，汽车酒店已经迅速成为极具规模的酒店系统，其规模和性质也在不断变化。

6) 机场酒店

在各种类型的酒店中，机场酒店常常受到酒店业者的忽视。不过，有统计数据显示，机场酒店占据了全球优质酒店市场5%～10%的份额。随着航空旅行的强势增长，机场酒店将会拥有长期的市场发展潜力。这种类型的国际酒店、宾馆、酒店、旅馆临近机场，特别受不愿花费长时间往返于市区酒店与机场之间的旅客欢迎。由于房客入住时间短，机场酒店的房间及会客室一般较小，大部分机场酒店会提供往返机场的穿梭交通服务。

7) 青年旅舍

青年旅舍是主要供青年学生和背包客旅游用的旅馆，被称为“青年之家”、“背包客的乐园”。其主要特点是设备简单、价格低廉、自助服务，适合青年人住宿、生活和交友。青年旅舍注重公共交流活动空间，设有自助洗衣房、简单自助厨房、小卖部，提供上网、行李储存、旅客咨询及餐饮服务。青年旅舍还提供以床位出租为单位的多人房模式(一般3～6人一间)，方便用最经济的方式最快地交到最多的朋友。

小阅读

国际青年旅社联盟

“青年旅舍”的概念于1909年起源于德国。1912年，世界第一家青年旅舍在德国一个名叫Athena的废弃古堡中诞生。青年旅舍从一开始就受到了青年人的广泛欢迎，并在欧洲形成了以回归自然为主题的“青年旅舍运动”。1932年，国际青年旅社联盟(International Youth Hostels Federation，IYHF)在荷兰阿姆斯特丹成立，随后被联合国教科文组织(United Nations Educational，Scientific and Cultural Organization—UNESCO)承认为国际非营利组织。目前包括中国在内，已有60多个国家的协会加入了这个大联盟。另外，IYHF在全球各国拥有4500多家青年旅舍。

HOSTELLING INTERNATIONAL

经过近百年的发展，IYHF已成为全球最大的青年旅行服务连锁组织。目前该组织总部设于英国。其由小木屋和小杉树组成的蓝三角标志已成为知名品牌，在全世界青年人中享有极高的声誉。

根据IYHF的宪章精神，青年旅舍是不分国籍、种族、年龄、性别、职业、宗教、政治立场，没有歧视的经济实惠的住宿设施。青年旅舍的经营理念和标准是友善(welcome)、安全(safety)、隐私(privacy)、舒适(comfort)、环保(environmental)。

1998年夏，广东省旅游局率先将国际青年旅舍的概念引入中国，在广州、珠海、肇庆建立了中国第一批国际青年旅舍。1999年9月6日，中国第一家青年旅舍协会——广东省青年旅舍协会正式成立。成为IYHF的附属会员，也是该组织目前在中国的唯一会员(代表)单位。目前近150家国际青年旅舍遍布全国27个省、自治区、直辖市的各主要城市，因其价格低廉、方便，深受青年学生及“背包客”的欢迎。

(资料来源：http://www.yhachina.com/topic.php?channelID=1&topicID=203.)

8) B&B家庭式酒店

“B&B”，即“bed and breakfast”，字面意思为“住宿和早餐”，源自欧洲，后盛行于美国、日本等国家，是由一个家庭空出几间房屋作为客房出租经营。B&B 家庭式酒店设施齐全，价格低廉，交通方便，有独立空间。同时，房客更易走进当地人的生活，全面了解当地民俗、文化，能够真正融入这座城市。

2. 按照酒店等级分类

1) 世界酒店等级评定

全世界有近 100 种酒店等级评定系统，不同国家和地区采用的等级标准不同，用以表示级别的标志与名称也不一样。目前，世界上通用的酒店等级制定与表示方法大致有以下 3 种：星级制、字母表示法和数字表示法。

(1) 星级制。星级制是指把酒店根据一定的标准分成若干等级，分别用“★”表示出来，以区别其等级的制度。比较流行的是五星制，星数越多，等级越高。一般来说，五星级酒店属于豪华酒店或超豪华酒店；四星级亦称一流酒店；三星级为中档或舒适型酒店；二星级为中低档酒店；一星级为低档或经济型酒店。

(2) 字母表示法。许多国家将酒店的等级用英文字母表示，即 A、B、C、D、E 5 级。A 为最高级，E 为最低级。有的国家虽是采取五级制，但用 A、B、C、D 4 个字母表示，最高级或特别豪华级用 A 1 来表示。

(3) 数字表示法。用数字表示酒店等级的方法，一般采用最高级用豪华表示，继豪华之后由高到低依次为 1、2、3、4，数字越大，档次越低。

酒店分级制在欧洲国家较为普遍。法国的酒店分为“1～5 星”五级，意大利的酒店采用“豪华、1～4 级”制，瑞士的酒店分为“1～5 级”，奥地利的酒店使用“A1、A、B、C、D”级，有的国家和地区采用“豪华、舒适、现代”或“乡村、城镇、山区、观光”或“国际观光、观光”等分等制，可谓形形色色。但在美国，由于其高度发达的市场经济以及成熟的酒店业，至今尚未有统一的、被普遍接受的酒店等级标准，较有影响的是美国汽车协会及美国汽车石油公司分别制定使用的“五花”和“五星”等级制标准。

虽然世界各地酒店所采用的分等制标准是不同的，但各地酒店分等制的依据和内容却十分相似，通常都是从酒店的地理位置、环境条件、建筑设计布局、内部装潢、设备设施配置、维修保养、服务项目、清洁卫生、管理水平、服务水平等方面进行综合评价确定。

小阅读

全球最高最贵的七星级酒店——迪拜的 Burj Al-Arab 酒店

Burj 音译伯瓷，又称阿拉伯塔，位于中东地区阿拉伯联合酋长国迪拜酋长国迪拜市，于 1999 年 12 月开业，建立在离海岸线 280 米处的人工岛 Jumeirah Beach Resort 上。伯瓷糅合了最新的建筑及工程科技，迷人的景致及造型，使它看上去仿佛和天空融为一体。伯瓷的工程花了 5 年的时间，两年半时间在阿拉伯海填出人造岛，2 年半时间用在建筑本身，使用了 9 000 吨钢铁，并把 250 根基建桩柱打在距海平面 40 米的海床上。酒店由英国设计师 W.S. Atkins 设计，外观如同一张鼓满了风的帆，一共有 56

层、321米高，是全球最高的酒店。这家酒店没有标准房，只有两层楼的套房，总共只有202间，客房面积从170平方米到780平方米不等，住房费从两三千美元起跳。酒店处处以客为尊，从24小时待命的私人管家到免费接客劳斯莱斯车队。宾客抵达或离开时，如果不愿意困在迪拜世界级的拥塞车队中，可以选择另一种交通工具，酒店的直升机平时难得派上用场。酒店的豪华程度令人叹为观止，评论家们不知如何定级，只好破例称其为七星级酒店。据说，它共用了40吨黄金装饰，其中24K的纯金有9吨，包括酒店的门把手、水龙头甚至家具等都是镀金的，可谓触目皆金。

(资料来源：http://www.tripc.net/news/news_info/121643_1.)

2) 我国酒店等级评定

我国目前采用与国际接轨的五星等级制，即分为一星级、二星级、三星级、四星级、五星级(包括白金五星级)。从1988年制定并实施酒店星级标准以来，酒店标准发生了多次变化，经历了1993年、1997年、2003年3次修订，于2010年10月18日完成了第4次修订，新版国家标准《旅游酒店星级的划分与评定》(GB/T 14308—2010)，自2011年1月1日起实施。

3. 按照计价方式分类

在酒店业普遍流行以下5种计价方式，如表1-1所示。

表1-1 酒店业的5种计价方式、特点及适用

酒店类型	计价方式	特点及适用
欧式计价酒店	客房价格仅包括房租，不含食品、饮料等其他费用	世界绝大多数酒店属于此类
美式计价酒店	客房价格包括房租及一日三餐的费用	一些地处偏远的度假型酒店属于此类
修正美式计价酒店	客房价格包括房租和早餐及一份正餐的费用	宾客有较大的自由安排白天的活动
欧陆式计价酒店	客房价格包括房租及一份简单的欧陆式早餐的费用	一般不设餐厅
百慕大计价酒店	客房价格包括房租及美式早餐的费用	我国很多酒店属于此类，但一般用丰富的中西式自助餐取代简单的美式早餐

4. 按照酒店企业产权和经营方式分类

1) 单体酒店

单体酒店通常也称为独立酒店，是指个人、企业或组织独立拥有并经营的单个酒店企业。单体酒店单独、分散地存在于各个城市和地区，独立地进行营销活动和管理活动，不属于任何一个酒店集团(公司)，也不以任何形式加入任何联盟，是传统的酒店企业形式。据中国旅游酒店协会统计，我国星级酒店中，采用集团化经营的酒店约占我国酒店总数的7.6%，这意味着中国28万家旅游住宿设施中约有26万家酒店是单体酒店。

2) 连锁酒店

连锁酒店又称酒店联号，是指经营或管理两个以上酒店的公司或系统。他们以固定、相同的集团商标在国内或国外所经营管理的酒店中推广相同的形象、风格和标准，如酒店的建筑风格、服务水平、经营管理、员工培训、市场拓展、采购业务员、广告宣传等。连锁酒店在世界酒店中的支配、主宰作用日益明显，不仅占有大量的市场份额，而且领导世界潮流。

连锁酒店主要有两种实现形式：特许经营和管理合约。

(1) 特许经营是酒店集团将其拥有的具有知识产权性质的著名酒店产品商标、成熟定型的酒店管理技术和先进的客房预订系统的使用权出售给某酒店所有者，吸收其为集团成员，并借此获得营业收入的一种酒店经营方式。出让方为接受酒店名称使用权的公司制定经营酒店的标准程序和方法，提供技术、市场营销、人员培训、物资采购、经营管理等方面的帮助，受让方在酒店集团的监督与指导下，在产权和财务上保持独立，不受酒店集团的控制。

(2) 管理合约是指酒店所有者和经营者之间的书面协定，酒店所有者雇用经营者(酒店管理公司)经营酒店，对酒店的经营管理负全部责任。在这种方式下，酒店所有权和经营权逐步分离，酒店逐渐转变成管理型公司，酒店所有与经营成为两个相对独立的功能。酒店所有者通过资本运作来增加资产数量，实现资本扩张，并通过财务手段对酒店管理公司加以控制。

特许经营与管理合约的对比如表 1-2 所示。

表 1-2　特许经营与管理合约的对比

经营模式	收入来源	经营成本	要求	优点	区别
特许经营	品牌及其他服务的特许经营费	市场营销、集中服务	较强品牌实力及经营、管理、服务运作的能力	有效的低成本扩张和品牌输出，减少直接投入和资金风险，加盟店有助于提高品牌影响率与市场占有率	没有直接经营管理权，只有监督及指导权，利润较低
管理合约	品牌、管理及其他服务相关的管理费用	市场营销、集中服务	较强的酒店管理经验和能力	对下属酒店进行紧密的控制与管理，减少投资风险	有管理输出、直接经营管理权，利润较高

3) 酒店联合体

独立酒店出于营销等共同目的自愿组成酒店联合组织，目的是对抗大酒店的竞争。联合组织通常称为酒店联合体或酒店代理公司。

酒店联合体成员可以保留自己的品牌，并按照自身的意愿管理酒店，同时参与联合体的一系列支持性活动(如联合促销、人员招聘和培训等)。酒店联合体的成员酒店既享受到了隶属于一家酒店联号时所拥有的种种好处(如集体采购)，又拥有自己管理酒店的权利。因此，酒店联合体是独立酒店联合运作的一种有效方式。美国的最佳西方国际、法国的 Logis De France 是全球大型的酒店联合体。

5. 按照酒店规模划分

这种分类方法是按客房数的多少把酒店划分为大、中、小型酒店，具体分法如表 1-3 所示。

表 1-3 酒店类型及客房数

酒店类型	酒店客房数	
	国际标准	我国标准
大型酒店	600 间以上	500 间以上
中型酒店	300～600 间	200～500 间
小型酒店	300 间以下	200 间以下

注：各国规定略有不同。

6. 其他类型——主题酒店

主题酒店也称为“特色酒店”，是以某一特定的主题来体现酒店的建筑风格和装饰艺术；以特定的文化氛围，让顾客获得富有个性的文化感受；同时将服务项目融入主题，以个性化的服务取代一般化的服务，让顾客获得欢乐、知识和刺激。历史、文化、城市、自然、神话、童话故事等都可成为酒店借以发挥的主题。

主题酒店的推出在国外已有近 50 年的历史。1958 年，美国加利福尼亚州玛利亚客栈率先推出 12 间主题房间，后来发展到 109 间，成为美国最早、最具有代表性的主题酒店。

世界最大的 16 家酒店中，美国的拉斯维加斯就有 15 家，现有酒店房间数超过 102 000 间。主题酒店是拉斯维加斯酒店的鲜明特征。

主题酒店在我国的发展历史不长，分布范围目前也仅局现在酒店业比较发达的广东、上海、深圳等地。我国第一家真正意义上的主题酒店，是 2002 年 5 月在深圳开业的威尼斯酒店，它融合了文艺复兴和欧洲后现代主义的建筑风格，以威尼斯文化为主体进行装饰。

小阅读

主题酒店之都——拉斯维加斯

目前世界上的主题酒店以美国的“赌城”拉斯维加斯最为集中和著名。拉斯维加斯的主题酒店具有规模大、层次多、变化快的特点，它们充分利用空间和高科技的手段，配以大型的演出，使酒店增色不小。拉斯维加斯是酒店之都，更是主题酒店之都。以下是拉斯维加斯几家具有代表性的主题酒店。

金字塔酒店——以古埃及文明为主题设计，外观设计成大金字塔及人面狮身像。酒店房间的设计也以古埃及风格为主，房间建在金字塔的外壁之中，房间呈 30 度向上延伸至金字塔塔顶。酒店金字塔的内部为中空的设计，建有主题游乐园，称之为金字塔的秘密，分为“过去”、“现在”、“未来” 3 个主题。

VENETIAN 酒店——以意大利威尼斯文化为主题，酒店在设计上提炼了威尼斯的

文化特质，如小桥、河流、船只、钟楼等。大堂前台的墙壁上，是一幅巨大而古老的威尼斯地图，走廊的屋顶是金碧辉煌的意大利油画，5 英亩大的游泳池巧妙地融合在威尼斯风情花园中，6 300 平方英尺(1 平方英尺≈0.093 平方米)的俱乐部有健身娱乐的丰富内容。酒店有标准套房 3 036 间，每间面积达 700 平方英尺。

(资料来源：http://travel.sina.com.cn/hotel/2009-02-10/154060633.shtml.)

1.2.2 酒店产品及业务特点

1. 酒店产品及其特点

酒店产品指酒店提供给消费者并满足其需要的产品和服务，具体包括食物、酒水、客房、娱乐、健身、信息等。

也有研究学者将酒店产品及其构成表述为 3 个层次，如图 1.2 所示。

核心产品：宾客从产品中得到的根本利益，如吃饭、住宿、娱乐、健身等。

实际产品：从物质上能展示产品核心利益的多种因素，如酒店地理位置、设施设备、环境等。

延伸产品：在客人购买其实际产品和服务时所提供的附加利益，如酒店信誉、售后服务等。

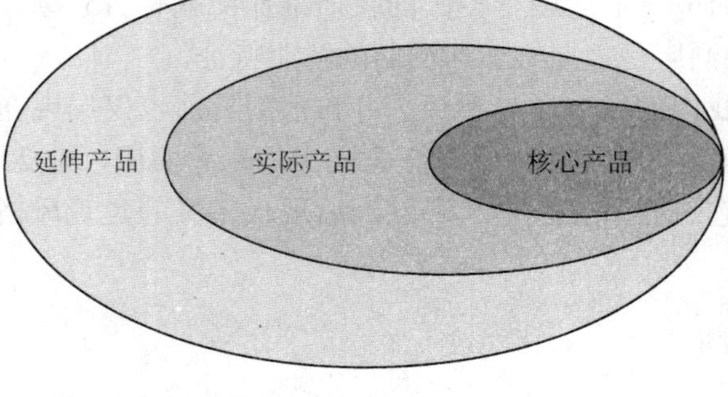

图 1.2 酒店产品的 3 个层次

酒店属于服务业，概括而言，其产品具有以下特点。

1) 无形性

对消费者而言，享用酒店的产品和服务有一定的风险性，毕竟在购买和使用之前，并不能很好地了解甚至试用酒店的某项服务和产品。当然，对酒店来讲，这一特性似乎也给其销售和宣传带来一定的麻烦。

2) 生产和销售的同步性

与一般产品不同，酒店产品的生产和销售几乎是同步的，这一特点对酒店的产品生产和现场服务都提出了更高的要求，尤其是在客满为患的情况下。同时，由于这一特点，酒店的产品无法储存，产品价值无法实现，给酒店经营带来较大的压力。当然，可以通过预订、分时产权度假和其他价格手段来解决这些问题。

3) 异质性

酒店有形产品的价值主要是通过无形服务来实现的，而要保持始终如一的服务水准对任何企业来说都比较困难，毕竟员工的素质和技能、特殊的环境、客人的不同表现等因素都会影响到服务的质量。另外，不同的酒店基于不同的经营理念对服务的理解和追求也有所不同。一位顾客在两家酒店很可能会享受到完全不同的服务待遇，但他觉得两者似乎都很棒。

2. 酒店业务的特点

酒店是为客人提供住宿、餐饮、娱乐和其他服务的现代化综合服务场所，追求客人满意和企业成长是其所有业务活动的出发点和立足点。总的来讲，酒店业务主要表现出以下特点。

1) 综合协调性

酒店行业有个著名的公式：100-1=0。说的是，在对客服务中，哪怕是有一项服务令客人不满意，对酒店来说，整个服务过程都是失败的。这充分说明酒店业务管理具有的综合协调特性。酒店是劳动密集型企业，涉及的部门多、人员多、事务多。如何有效地组织协调好酒店这部机器的各个零部件，以最大可能地发挥好整体机器的性能，应该是任何酒店都该重视并努力做到的。

2) 强烈的情感性

酒店所有产品和服务的价值都是在直接的对客服务中实现的，客人愿不愿意到酒店入住，以及以后是否会再来，对饭菜是否满意，对服务于他的酒店员工是否满意等往往是由包括酒店提供的地理位置、设施设备、入住环境以及员工的服务尤其是后者影响的。酒店对客服务的过程实际上就是人际交往和社会交往，那些能真正理解客人需要并设法去满足其需要的酒店会受到客人的青睐；那些长期不懈致力于维系和巩固与客人友好关系的酒店会有大批且不断增长的忠诚客人；那些肯牺牲眼前的或局部的利益以挽留住哪怕是一个客人或不怕麻烦地为残疾客人提供体贴周到的服务的酒店会宾客盈门，宾至如归。这都是情感的力量，成熟的酒店经营者更是善于经营情感。

小阅读

记住客人的姓名

一位常住的外国客人从酒店外面回来，当他走到服务台时，还没有等他开口，问讯员就主动微笑地把钥匙递上，并轻声称呼他的名字，这位客人大为吃惊，由于酒店对他留有印象，使他产生一种强烈的亲切感，如旧地重游、回家一样。

此外，一位VIP(非常重要的客人，即贵宾)随带陪同人员来到前台登记，服务人员通过接机人员的暗示，得悉其身份，马上称呼客人的名字，并递上打印好的登记卡请他签字，使客人感到自己的地位与众不同，由于受到超凡的尊重而感到格外开心。

(资料来源：http://jpkc.qtc.edu.cn/gjxy/qtfw/kecheng/tp/200906/20090617094100451.doc.)

3) 时间延续性长和劳动强度大

由于酒店产品和服务具有生产和销售的同步性以及不可储存性的特点，加之商业追求赢利的特性，酒店的营业时间比其他一些行业更长。在管理不太规范的酒店，无论是经理还是服务人员都有可能面临超长时间工作的压力。没有足够的休息时间、密集性高强度的工作和与之不成比例的薪水等常常是造成酒店人员流失率较高的重要原因。当然，也有很多酒店通过合理的岗位设置、轮班制、加薪、奖励旅游等措施力图改变这种现状。

1.3 酒店行业管理

所谓行业管理，指从国民经济发展的需要和全局出发，按照市场经济体制有效配置资源的要求，以维护本行业利益为目的，通过贯彻国家的产业政策、行业法规与行业契约对行业内企业的生产经营活动实行间接的规范化的管理。它具有民间性、自发性、契约性和开放性的特点。管理主体是行业协会或各企业联合会并辅以精干高效的政府管理部门。实现真正意义上的行业管理，既是我国酒店行业持续健康发展的重要保障，也是市场经济条件下我国酒店行业的必然选择。

我国酒店行业管理的现状主要有以下内容。

1.3.1 “大旅游”的行业管理思路和模式

酒店属于住宿业，而住宿业与旅游业的发展是息息相关的，如图 1.3 所示。

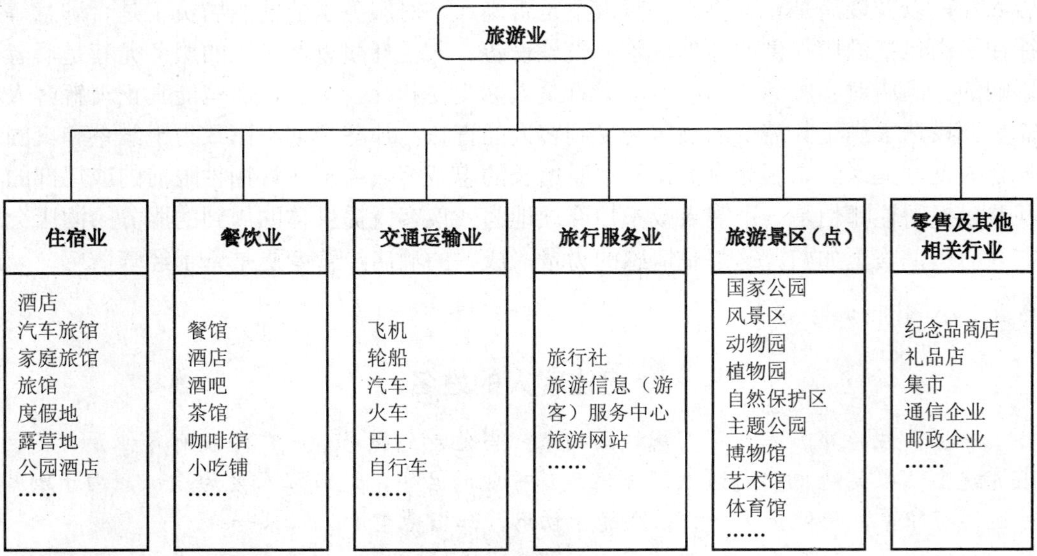

图 1.3 住宿业与旅游业

为了加强宏观调控，促进旅游产业的发展，目前我国基本上是将包括酒店在内的住宿业逐步纳入到整个旅游业管理系统中来统一管理的。这也是国际旅游行业管理的通行做法。

1.3.2 行业管理主体的管理模式及其发展

行业管理主体以政府主管部门(旅游局)为主，实行由上至下的分级管理，同时辅以酒店行业协会。

在我国酒店及旅游业的发展初期，政府主导型的行业管理有利地促进了其发展。但目前这种管理模式对行业发展的制约作用越来越明显。突出表现在政府的“家长”角色过于浓厚，对企业的直接干预太多，束缚了企业发展的手脚。而本应作为行业管理主体的旅游酒店协会，由于其浓厚的“官方”身份和作为，在行业中的影响力和号召力比较弱。当然，也有令人欣喜的一面，有的地方酒店协会正努力进行改革完善，以期推动当地酒店行业的发展。

另外，作为行业管理辅助资源的各个学校，其丰富的智力和人才资源没有得到很好的整合利用。学校、酒店企业、政府部门、行业协会之间缺乏足够的支持和协作，这种情况显然也不利于酒店行业的健康发展。总的来讲，目前我国酒店行业管理主体及管理体制还不够成熟，还有待进一步完善。

小阅读

美国旅馆和汽车旅馆协会

美国旅馆和汽车旅馆协会(American Hotel&Motel Association，AH&MA)总部在华盛顿，成立于1910年，下设8个职能部(成员关系部、政府协调部、公关部、市场销售部等)和内华达分部，还有协会的信息中心、教育研究所、杂志社、印刷厂以及两个专业委员会(国际会议协会、酒店销售协会)和美国酒店基金会(American Halal Foundation，AHF)。在美国50个州设有分会，有的州称之为酒店与餐馆协会，现有会员1万多个酒店和餐馆，300多个国际会员。

协会的主要工作如下。

(1) 指导地方协会工作。每年对新会员进行3天(5月份)的免费入门培训，提供地方协会高级行政人员奖学金(每年10名，由美国酒店基金会提供资助)。

(2) 交流信息。每两个月出一期协会简讯，每月出一期杂志，介绍成员的经营情况和总部的工作安排；在72小时内提供成员需要的有关政府法令、顾客动态、财务评价、施行社简况等方面的信息。协会信息中心建有信息库，可以回答25 000个有关雇工权利、市场营销、风险管理等方面的疑问。

(3) 促进成员之间的合作。协会保证每个会员与另外700个会员建立联系。

(4) 发展新会员。对机关报发展的会员发放认可证。对介绍酒店不少于500间客房入会的地方协会给予1 993美元的奖励。

(5) 争取会员集体折扣。会员之间住店可以打折扣，联合有关酒店用品的厂家对会员购货给折扣，联合信用卡公司对会员提供折扣。

(6) 组织出书和讲习班，发行录像带。例如，酒店旅馆协会与美国防火协会合作，向会员提供全国防火协会的教育资料，开办防火安全讲习班。

(7) 举办一年两次的美国酒店用品博览会。每年4月1日在芝加哥，11月1日在纽约，共有7 000家酒店、3 000家餐馆参加。

(8) 参与全国的、州的和地方的立法过程，为酒店行业说话。

协会的经费来源主要是4个方面：会费(酒店每年每个床位3美元)、出书、博览会、企业赞助收入。美国酒店基金会每年把600万美元的捐赠投资在相关的奖学金和教育资助等方面。

(资料来源：http://www.cnsis.info/guanchangintroduce7.jsp.)

1.3.3 我国酒店行业管理的手段和方式逐步信息化、数字化和网络化

20世纪90年代初，国家旅游局开始关注信息技术的发展和应用。1994年国家旅游局率先成立旅游信息中心，之后各地旅游局也纷纷建立信息中心，改变了传统落后的管理手段。2001年在国家旅游局和原信息产业部联合推动下，旅游业的信息化工程“金旅工程”拉开了序幕并一直持续至今，有利地推进了我国旅游及酒店行业管理的现代化。目前，无论是旅游行政部门还是行业协会基本上都建立了自己的网站，加强了行业内外的交流，同时提高了行业管理的效率。但与我国酒店发展的实践要求以及国外酒店行业管理的发展水平相比，我国酒店行业的信息化管理仍显稚嫩。突出问题是业务的互动性较差、服务项目不丰富、信息的共享性不高等。

1.3.4 我国酒店业法律法规和行业标准日趋完善，以适应酒店业发展的需要

近30年来，我国逐步制定并实施了一些酒店行业规范与相关的标准，如表1-4所示，为酒店业发展创造了良好的政策环境，但与现实需要还存在一定差距。设立真正体现并能保障旅游酒店业健康发展的旅游法、酒店法等行业基本法，无疑是当前迫切需要的。

表1-4 我国酒店行业规范和相关标准

20世纪80年代	20世纪90年代	21世纪初
关于旅游饭店闭路电视的《管理办法》(国务院办公厅，1986)	《关于星级饭店价格的有关规定》(国家旅游局和国家物价局，1991)	《标志用公共信息图形符号第2部分：旅游设施与服务符号》(GB/T 10001.2—2002)（《旅游饭店用公共信息图形符号》(LB/T 001—1995)已并入上者)
《关于使用国际商业贷款自建旅游饭店有关问题的通知》(国务院，1986)	《饭店管理公司管理暂行办法》(国家旅游局，1993)	《中国旅游饭店行业规范》(中国旅游饭店业协会，2002) 注：2009年8月修订
《关于旅游涉外饭店房费实施外汇保值问题的复函》(国家旅游局、国家物价局，1987)	《关于下放三星级饭店审批权限的通知》(国家旅游局，1994)	《旅游饭店星级的划分及评定》(GB/T 14308—2003) 注：2010年9月，新的《旅游饭店星级的划分及评定》已获得评审通过
《旅馆业治安管理办法》(1987)	《星级饭店客房客用品质量与配备要求》(LB/T 003—1996)	《中国饭店行业服务礼仪规范(试行)》(中国旅游饭店业协会，2007)

续表

<table>
<tr><th>20 世纪 80 年代</th><th>20 世纪 90 年代</th><th>21 世纪初</th></tr>
<tr><td>《关于建立酒店管理公司及有关政策问题的通知》(国务院办公厅，1988)</td><td>《旅游饭店星级的划分及评定》(GB/T 14308—1997)</td><td>《旅游公寓(别墅)星级的划分与评定》(国家标准，已立项)</td></tr>
<tr><td>《国务院办公厅转发国家计委、旅游局关于严格执行合资、合作建设旅游酒店审批程序的请示的通知》(1988)</td><td rowspan="6"></td><td>《旅游餐馆设施与服务规范》(国家标准，已立项)</td></tr>
<tr><td>《旅游酒店星级的划分及评定》</td><td>《旅游购物场所设施与服务规范》(国家标准，已立项)</td></tr>
<tr><td rowspan="3">旅游涉外饭店加收服务费问题的通知》(国家旅游局、财政部、国家物价局、国家税务局，1989)</td><td>《旅游娱乐场所设施与服务规范》(国家标准，已立项)</td></tr>
<tr><td>《旅游饭店计算机管理系统技术规范》(国家标准，已立项)</td></tr>
<tr><td>《饭店服务指南》(国家标准，已立项)</td></tr>
</table>

本 章 小 结

世界酒店业从产生到发展，至今已有千年的历史。在这漫长的历史过程中，酒店业伴随世界政治经济的发展变化，呈现出 4 个不同的发展阶段。我国的酒店业从古到今经历了 3 个发展阶段，尤其是现代酒店业发展迅速。纵观纷繁的国内外酒店业，根据目标市场、酒店等级、酒店计价方式、酒店规模、酒店产权和经营形式等标准的不同，可将酒店业分为特点各异、类型不同酒店。各种类型的酒店有着相同的酒店产品及业务特点。从我国酒店业来说，要提高经营水平和经营质量，必须了解国家对酒店行业进行管理的主要政策法规及行政管理体系，规范管理，克服酒店行业中存在的种种问题，促进酒店行业市场竞争的有序性。

练习与思考

一、专业术语

1．酒店　　2．酒店星级

3．汽车酒店　　4．连锁酒店

二、单项选择题

1．世界酒店业的兴起与发展经历了4个阶段，第3个阶段是(　　)。
A．古代客栈时期　　B．大酒店(豪华酒店)时期
C．商业酒店时期　　D．现代新型酒店时期

2．酒店产品的构成包括有形商品、无形服务、体验以及(　　)。
A．设备　　B．餐饮　　C．环境　　D．客房

3．世界上第一家汽车旅馆诞生于(　　)。
A．美国　　B．德国　　C．英国　　D．法国

4．1999年，我国成立的IYHF在中国的第一个也是迄今为止唯一的一个会员组织是(　　)。
A．中国青年旅社　　B．广东青年旅社
C．深圳青年旅社　　D．上海青年旅社

5．以下属于单体酒店的是(　　)。
A．锦江酒店　　B．金陵酒店　　C．上海和平酒店　　D．如家快捷

6．酒店产品的特点不具有(　　)特点。
A．无形性　　B．生产和消费的同步性
C．不可储存性　　D．同质性

三、案例分析

成都市中心四川宾馆住进西藏拉萨客人。第二天9：00，服务员小李没有见客人开房门，想起昨天客人脸色苍白、委靡不振，担心有事。又过了半小时，客人还是没有露面，小李决定了解情况。结果，客人多年未发的老毛病犯了。小李找来宾馆医生，然后把客人送到医院，医生诊断后开出中药。宾馆规定客房不许用明火，小李想了多种方法，终于想到餐饮部，在与餐饮部经理说明情况后，餐饮部经理欣然承担了所有煎药的工作(买罐、煎药、送到客房、倒药渣、洗罐等)，指定专人负责，客房部小李等人负责送药给病人，经过7天时间，客人基本痊愈。客人深表感谢，向客房部经理表示以后住店一定在这里。

思考：

本案例反映了酒店业务的哪些特点？

四、实训题

1．参观所在地酒店，结合所参观酒店的类型和星级讲解酒店各种类型的特点及星级评定的标准。

2．以当地酒店的数量、星级、经营性质、地理位置、发展状况等主要内容分组调查收集当地酒店行业的基本情况，并运用所学，初步诊断当地酒店目前存在的问题。

课 后 阅 读

推荐阅读书目

[1] 郑向敏．酒店管理[M]．北京：清华大学出版社，2005．

[2] 徐桥猛．现代酒店管理[M]．北京：高等教育出版社，2004．

[3] 闫宏毅．酒店管理实务[M]．北京：电子工业出版社，2009．

推荐学习网络

[1] http://www.jiudianguanli.cn/index.asp.

[2] http://www.hotel520.com/b/HTML/84154_2.html.

[3] http://www.yik6.com.

2

酒店管理理论及核心理念

学 习 目 标

知识目标

1．掌握酒店管理的概念、内容及特征
2．了解酒店管理的基本职能
3．理解酒店管理的基础理论内容
4．熟悉对我国酒店行业进行管理的核心理念

能力目标

1．能够分析当今国内外酒店管理的特征
2．根据不同的酒店基础理论知识开展酒店管理
3．了解酒店行业管理的特点和现状，理解酒店管理的核心理念

知识结构

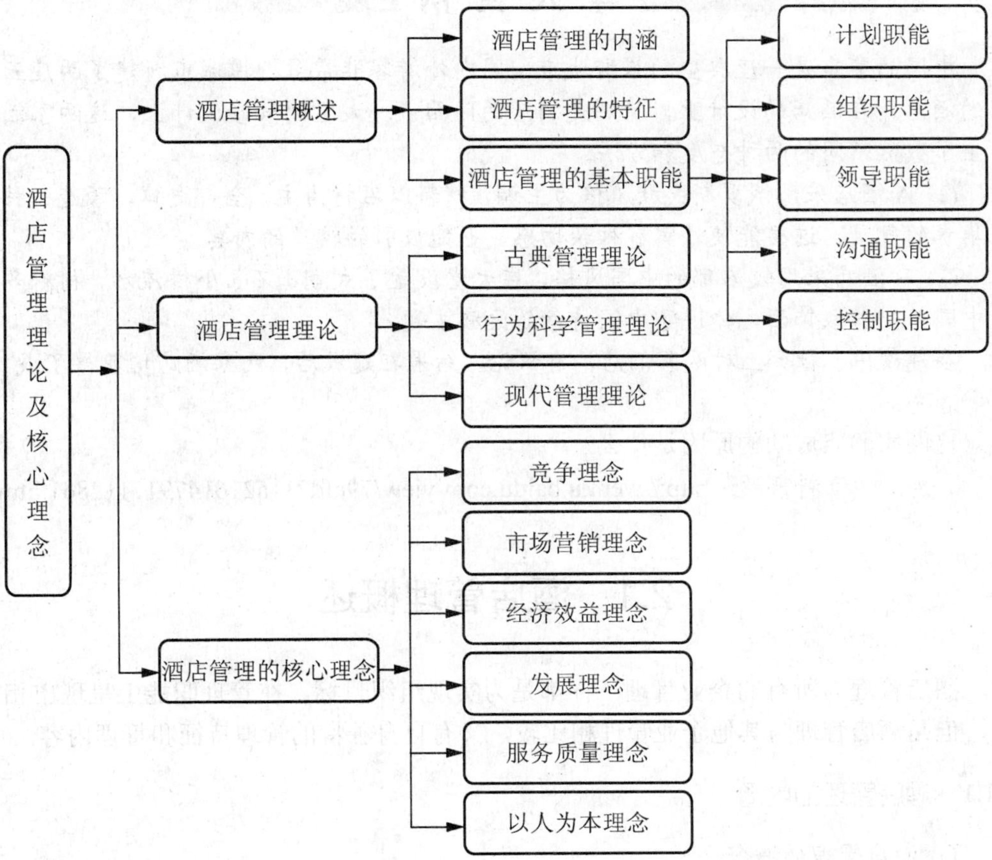
酒店管理理论及核心理念
酒店管理概述
酒店管理理论
酒店管理的核心理念
酒店管理的内涵
酒店管理的特征
酒店管理的基本职能
古典管理理论
行为科学管理理论
现代管理理论
竞争理念
市场营销理念
经济效益理念
发展理念
服务质量理念
以人为本理念
计划职能
组织职能
领导职能
沟通职能
控制职能

导入案例

中国的某市是一座典型的旅游城市，国内外游客非常多。该城市新建了两座五星级的酒店。在酒店的设计上，特别是酒店的门面——大堂的装修设计上，这两家酒店产生了截然不同的两种态度和方法。

(1) A酒店采用俄罗斯民族风格为主调，材料以石材为主，全部进口，营造一种雍容华贵的气氛，这样能使外宾有种亲切感，也能吸引的较多的内宾。

(2) B酒店采用较浓郁的中国风格，在大堂设置了太湖山石、小桥流水，材料多采用中国花梨木做饰面，体现了中国特色的民族主题。

在建设中，社会上对两家酒店均有议论。结果在建成后，两家酒店均获得了成功。

思考：

这两家酒店成功的原因是什么?

(资料来源：http://wenku.baidu.com/view/79efd711a2161479171128d1.html.)

2.1 酒店管理概述

酒店管理与所有的企业管理一样都是为实现组织目标，在管理职能上呈现出相同性，但是酒店管理与其他企业管理相比较，又有自身独特的管理特征和管理内容。

2.1.1 酒店管理的内涵

1. 酒店管理的概念

酒店管理指酒店管理者在了解市场的前提下，用现代化的方法使其下属各尽其职，使酒店形成最大接待能力，保证实现经济效益和社会效益的过程。

这里特别强调：不是管理者自己直接把工作做好，而是使其下属把工作做好。因为理者没有过多精力和时间亲力亲为。

2. 酒店管理的内容

酒店管理的内容主要包括组织管理、人力资源管理、营销管理、公共关系管理、安全与卫生管理、服务质量管理、信息管理，此外还有酒店的财务管理、物资与设备管理等。酒店管理者根据酒店内外环境遵守市场规律，做好上述管理，才能够实现酒店企业最终的目标。

3. 酒店管理的目标

作为企业，其目的是为了赢利，酒店企业同样如此。酒店企业的利益主要包括酒店的经济效益和社会效益，而首先是为了取得良好的社会效益。社会效益指酒店满足社会需求的程度。酒店首先要满足客人对旅游居住和日常消费的需求，满足酒店所在地客人的消费需求，直至成为一个对外交流、开放的窗口。酒店的水平反映了一个国家、一个地区、一个城市的精神面貌和生产力水平，反映了社会经济、文化意识形态的水准，在推动商品流通、经济发展、促进对外开放和精神文明建设等方面都有重要作用。

酒店是自负盈亏的企业，也要追求经济效益。经济效益指酒店通过经营管理所带来的投资增值额。在市场经济条件下，追求酒店利润最大化正是酒店管理工作的动力所在。酒店要参与商品交换，进行再生产，要得到发展，自然就要使自己的劳动消耗得到完全的补偿。从社会效益和经济效益的关系来看，社会效益是前提，经济效益是结果，没有社会效益也就没有经济效益，只顾经济效益忽视社会效益，不能称为合格的现代管理。

小阅读

英国巴斯 Bass/洲际 Wikipedia 国际连锁酒店集团

英国巴斯 Bass/洲际 Wikipedia 国际连锁酒店集团即洲际酒店集团成立于 1777 年，是目前全球最大及网络分布最广的专业酒店管理集团，拥有多个国际知名酒店品牌和超过 60 年的国际酒店管理经验。同时洲际酒店集团也是世界上客房拥有量最大、跨国经营范围最广，分布于将近 100 个国家，并且在中国接管酒店最多的超级酒店集团，包括中国大陆 25 个省区市。

洲际酒店集团(InterContinental Hotels Group PLC，IHG)是一个全球化的酒店集团，在全球 100 多个国家和地区经营和特许经营着超过 4 400 家酒店和超过 660 000 间客房。“洲际”旗下的酒店品牌有洲际酒店、假日酒店、皇冠假日酒店、智选假日、英迪格品牌酒店、Candlewood 品牌酒店、Staybridge 公寓式酒店等。

成立之初，洲际酒店集团主要以饮料和啤酒的生产和销售为主。至 20 世纪 80 年代末，转入酒店行业。美国企业家凯蒙斯·威尔逊(Kemmons Wilson)在一次举家外出度假时，有感于所入住的酒店缺乏宾至如归的服务及收费过高，遂于 1952 年在美国田纳西州孟菲斯开设了第一间假日酒店。该酒店设有泳池、空调设备与餐厅，还提供电话、冰块及免费停车场等基本设施，而孩童则可免费入住父母的客房。这些现在看来只能算是很普通的设施，却在当时的酒店业掀起了一场革命，并由此形成了一套酒店业的标准。这套标准不仅为每间假日酒店所采用，也引领着全球酒店业的发展进程。威尔逊先生其后还成为连锁经营的先驱。他利用当时美国的州际高速公路系统向全国伸展的时机，沿途开设酒店，迅速扩展了假日酒店的网络。假日酒店在美国取得成功后，很快引起了欧洲及亚洲投资者的兴趣，进而发展成全球最具规模的单一酒店品牌。如今假日酒店的品牌在全球已随处可见。

(资料来源：http://www.mt-bbs.com/thread-107322-1-1.html.)

2.1.2 酒店管理的特征

管理本身是个很大的范畴，任何经济活动都可能是管理行为创造的后果，但是酒店管理有其自身的行业特点和个性特征。

1. 市场经营环境复杂，经营管理要求系统化

酒店业是一种特殊的行业，有其特定的业务内容、特定的运动规律。酒店是一种综合性的企业，其综合性表现为以下 4 个方面。

(1) 酒店产品的多样性，因为酒店产品包含吃、住、娱、购等多种类型，尤其近年来世界各大酒店推出的新产品更是类型繁多。

(2) 酒店各部门提供的服务相互之间具有缺一不可的联系性，如某位客人入店，可能会涉及多种多样的相互联系的服务项目，因为酒店各项业务不是孤立的，而是相互联系、相互影响的一个有机整体。

(3) 酒店每项服务的使用价值往往是多个部门同时产生效用时的综合结果，如客人入住，住宿本身是个简单的过程，但这个过程需要提供客房和设施，要供水房供水，配电房供电，空调室调节空气，电视室提供录像电视节目等，由不同的部门同时提供不同的效用在同一空间组合而成一种使用价值。

(4) 酒店要在同一时间的不同地点满足客人不同的多种消费需求，如在同一时间里，有的客人需要休息，有的需要就餐，有的需要举行商务会议，有的需要娱乐，这就要求酒店要提供能满足多种需要的产品而不至于顾此失彼。

总之，酒店业务的这种综合协调性，要求酒店管理要有系统性，以达到最佳的整体优化目标。既要考虑抓好组织工作，又要做好业务组织工作；既要让产品能满足客人需求，又要让各服务项目能适合市场需求，更要求酒店上下左右要有高度的一致性，不致缺一而影响全局。

2. 高技术构成和手工操作并存，对员工服务质量要求较大

在高新科技迅速占领人们生活的同时，酒店管理者当然不会错过新一波的高科技浪潮，斥资扩充高科技酒店设备，力求给予消费者更多不一样的住房体验。对客户来说，酒店有两方面比较重要：硬件方面比较重要的是舒适性，需要考虑的是使用酒店的设备是否需要客户很长的学习时间，因为智能酒店必然要产生新的设备，这就要考虑新设备能否被客户很快地接受并学习好；软件方面比较重要的是技术性，如客户需要的服务产生了某种延迟，这就要通过技术手段来解决，要通过底层数据库的整合或者是收集信息的应用才能够更快地传到每位员工手里，酒店就能够更加贴心地关心客户，这对员工掌握高科技技术是有一定要求的。

小阅读

独辟蹊径：酒店如何高科技

喜来登酒店与微软公司合作的“相聚喜来登”系统开始应用于喜来登全球各大酒

店；威斯汀酒店则与任天堂合作，健身房提供 Wii 设施和 WiiFit 等游戏；甚至甘斯沃尔特酒店集团也正与索尼公司合作，迈阿密南滩的新分店开建一个拥有 PS3(Play Station 3)和电子书籍阅读器的休闲吧……店业者提出了“独特设计和高科技相结合是酒店发展的核心竞争力”的大胆论断。人们不禁要问：面对扩张太快、人才培训不足的中国豪华酒店业，这是否是未来酒店完善服务的另一个选择？

高科技只是手段，不是目的

作为本届“金枕头”奖的获奖者之一，杭州黄龙酒店采用了全套由 IBM(International Business Machines Corporation，国际商业机器公司)开发的五星级酒店的管理和应用系统，开业半年来以智能房卡的路径识别系统、利用电视进行综合服务等方式招揽了不少国内外商务旅客。但在酒店营运过程中，也会出现顾客对于酒店新设备不熟悉，从而造成使用过程中的麻烦，如经常会出现找不到电动窗帘开关等问题。因此，有人甚至开始质疑智慧型设备在酒店里是否会越帮越忙。

对此，杭州黄龙酒店总经理杜宏新保有清醒的认识：“对于管理和经营一家酒店来说，高科技应该是一个手段，而不是一个终极目的。我们采用高科技的目的，是希望通过它来拉近顾客与服务者之间的距离，而不是使之越来越远。”

金茂三亚丽思卡尔顿酒店总经理谷杰也表达了类似的看法：“技术给我们提供了很大的帮助，豪华酒店都是为人服务的，技术也是为人服务的，技术不能够代替人，人是非常重要的。”

(资料来源：http://epaper.21cbh.com/html/2010-06/04/content_122850.htm.)

酒店工作本身具有独立操作性和作业的自我制约性，要求员工要有高度的自觉性。劳动形式在酒店表现为分散的、以人为单位的单项手工劳动，而这些劳动又作为搭配型的服务，具有就地即时消费的特点。因此，酒店要求员工要按服务规程和服务标准来做，但员工是否按标准来要求自己则取决于员工的思想意识和自觉程度。虽然通过员工培训、思想教育、工作激励等方法可以提高员工素质，但酒店的不同职工甚至同一职工在不同时间、不同场合和对不同服务对象所提供的服务往往水平不一、质量不同，这就造成了劳动管理的复杂性和每次坚持服务标准的困难性。因此，酒店的管理者应该使各个岗位明确工作方向和预期目标。管理是否成功，只能以完成目标的程度来衡量。

3. 酒店管理具有超前性

酒店提供的服务是面对国内外各类宾客，其提供服务的水准是以国际上先进国家的水准为衡量标准，而不是以国内生产力水平和服务水准为衡量标准。酒店服务要达到国际水平，就要求酒店管理具有超前性。这就要求酒店在经营管理中适应世界潮流，努力保持服务水准的先进水平，跟着时代走，注意国际酒店业发展的新趋势。也就要求酒店产品要不断更新，服务质量要日益提高，管理水平更要与时俱进。

2.1.3 酒店管理的基本职能

酒店管理的基本职能是为了达到组织目标所应具有的基本功能。现代酒店管理大致要履行以下 5 个基本职能。

1. 计划职能

计划职能是在对酒店调查分析以后，确定未来某一时间段内的管理发展目标，并规定其实现目标的途径方法。计划职能是酒店管理职能中最基本的一个职能，与其他管理职能有着密切的联系。它包括确立短期和长期目标，以及选定实现目标的手段。

计划职能的主要内容如下：①在国家政策的指导下，以市场为导向，充分利用市场规律，通过与市场的双向信息交流，分析和预测酒店的经营方向、目标、内容、方式、市场策略等未来情况的变化；②制定目标，包括确定任务、方针、政策等，由于酒店管理是一个长期的过程，涉及多个层面和部门，因而目标应具有广泛性，同时目标的确定还应具有可行性，充分考虑到现实中的困难和不可抗拒因素；③拟订实现计划目标的方案，做出决策，使决策目标为酒店内各个环节和各位员工的工作或行动指明方向、明确责任，对各种方案进行可行性研究，选定可靠的满意方案；④编制综合计划和各专业活动的具体计划，当酒店相关人员计划草案达成共识后，可将计划确定下来，成为管理展开的依据；⑤总结计划的执行情况。在执行计划的过程中，酒店管理者还必须通过严格的考核制度和有效的激励制度调动员工的积极性，监督计划的执行情况，评估计划的执行结果。

2. 组织职能

为了完成酒店管理目标和计划，必须要具有组织保证，必须对酒店管理活动中的各种要素和员工在管理活动中的相互关系进行合理的组织。组织职能是为了实现目标，对人们的活动进行合理的分工和协作，合理配备和使用资源，正确处理人际关系的管理活动。酒店管理中的组织职能主要有以下 4 个方面：①根据实现酒店目标所需进行的工作确定并设定相应的酒店组织结构；②制定一系列的制度，如总经理负责制、党组织的保证监督作用、酒店的民主管理制度等；③编制定员并明确管理层次及相应的责任和权力，形成良好的指挥系统；④进行资源调配使酒店形成接待能力并开展接待业务，保证酒店良好运转。

3. 领导职能

决策与组织工作完成后，不一定能保证组织目标的实现，因为组织目标的实现要靠组织全体成员的努力。由于员工的个人目标、需求、偏好、性格、素质、价值观及工作职责和掌握信息量等方面存在很大差异，在相互合作中必然会产生各种矛盾和冲突。因此，就需要有权威的领导者进行领导，指导人们的行为，沟通人们之间的信息，增强相互的理解，统一人们的思想和行动，激励每个成员自觉地为实现组织目标共同努力。

酒店要想在激烈的竞争中立于不败之地，获得持续健康的发展，酒店管理的领导职能是关键。首先，要求酒店必须构筑一个强有力的核心团队并使它高效运转。其次，作为酒店的管理者，应根据实际情况，因地制宜、有的放矢地运用各种领导方式；增强自身的执行能力；掌握与上司、同级和下属沟通的方法与技巧；确切了解作为部门主管所应具备的素质；端正态度，增加危机感意识；学会树立自己的威信以及如何授权。最后，酒店管理者还应考虑如何更好地激励、留住人才，与员工建立有效的沟通，通过有效的绩效评估不断挖掘员工的潜力，开拓管理思路，提高企业凝聚力，以确保最高和最佳的工作效率。

4. 沟通职能

酒店业是一个典型的服务性行业，又是一个劳动密集型行业。酒店企业的众多部门和功能在运行时，要保持自身的有效性，同时要注意不偏离酒店的总目标，相互间和谐统一，这就需要管理者执行沟通的职能。沟通职能是管理人员以决策为依据对不同的人、事、业务之间的联络调整等活动，使之相互协作、和谐一致，以达到酒店的经营目标。酒店行业的特性决定了在酒店管理过程中，不仅要加强与客人及社会公众的沟通(即外部沟通)，还要加强与员工的沟通(即内部沟通)。“顾客就是上帝”是酒店业中常用到的一句经典名言。酒店将顾客放在至高无上的地位上，这是毋庸置疑的。而社会公众是酒店潜在的消费者，是酒店行为的监督者，与公众进行有效的沟通同样至关重要。酒店以优质的服务取胜，而服务来源于员工的劳动。以前，酒店往往只重视顾客的重要性，而忽略了员工的作用。如今，员工在酒店中的作用得到了越来越多的重视，不少酒店甚至提出了“员工是上帝”的新观念。如何迅速、全面地了解员工的需要，如何充分调动员工的积极性，如何保留住酒店人才，这些都与有效沟通有着密切联系。因此，酒店管理者需要建立良好的管理沟通意识，逐渐养成在任何沟通场合下都能有意识地运用管理沟通的理论和技巧进行有效沟通的习惯，达到事半功倍的效果。

5. 控制职能

控制职能是对实现计划目标的各种活动进行检查、监督和调节，准确地评估业绩和监控组织绩效的能力。虽然在计划职能中要求尽可能全面、周密地反映客观情况，制订出切实可行的计划，但是在管理过程中，还是会出现各种预料不到的情况，所以在执行计划的过程中，仍有可能产生不同程度的偏差。这就要求对控制职能加以调节，以保证目标的实现。执行控制职能的关键在于信息的反馈。通过信息的反馈，才能对每一个计划的执行情况进行比较，分析产生偏差的原因，对计划进行修正和控制。从纵向看，各个管理层次都要充分重视控制职能，愈是基层的管理者，控制要求的时效性愈短，控制的定量化程度也愈高；愈是高层的管理者，控制要求的时效性愈长，综合性愈强。从横向看，各项管理活动、各个管理对象都要进行控制，没有控制就没有管理。酒店实施控制职能，可有效地防止差异的出现，如加强员工的职业培训，有利于提高酒店服务质量，即能使服务差异消除在萌芽状态或降到最低限度。酒店业务一旦出现差异，控制职能有助于管理者及时发现问题，采取相应的补救措施，从而避免更大的损失。控制的实质是对酒店业务的实际运行活动的反馈信息做出反应。这种反馈信息可帮助管理者及时了解酒店工作有无偏离计划目标，从而扬长避短，改进工作。

2.2 酒店管理理论

理论为实践导航，酒店管理实践以管理学基本理论为基础，综合运用多种学科知识，与酒店的具体实践相结合，对酒店的人、财、物以及业务活动进行管理。酒店管理的基础理论包括古典管理理论、行为科学管理理论和现代管理理论。

2.2.1 古典管理理论

1. 科学管理理论

科学管理理论是由弗雷德里克·温斯洛·泰勒(Frederick Winslow Taylor)在19世纪末提出并设计的一套通过科学分析、建立最优流程从而提高生产效率的生产管理理论。它的诞生是人类管理学科的一次飞跃和革命，它将人类的管理思想从抽象的经验管理发展到具体科学的标准化管理，在近一个世纪的理论研究和实践活动中发挥了重大作用。其内容相当丰富，它是以工商业的生产管理和车间管理为起点，理论、原则和操作性技术方法相结合，兼具思想性和实用性的一整套管理学说。科学管理理论对酒店管理的基础理论体系的影响主要体现在以下5个方面。

1) 标准化原理

标准化原理是工人在工作时要采用标准的操作方法，并且工人所使用的工具、机器、材料和所在工作现场环境等都应该标准化，以利于提高劳动生产率。

酒店管理的标准化是对工业社会“用机器生产机器”的大生产方式的一次成功模仿。酒店管理的标准化模式具体包括酒店企业家的管理理论、半军事化酒店组织形式及其运作机制、标准化的设施设备配置，以及带有明显的泰勒式的动作特征的服务岗位工作设计(服务项目、操作规程、核检标准)等内容。酒店企业通过标准化原理，可以规范酒店企业的服务标准，实行规模化的市场扩张，降低平均成本，从而吸引更多的消费者。

2) 工作定额管理

泰勒认为管理的中心问题是提高劳动生产率。为了改善工作表现，他提出：企业首先要设立一个专门制定定额的部门或机构，通过各种试验和测量，进行劳动动作研究和工作研究，制定出有科学依据的工人的“合理日工作量”，即劳动定额。

酒店定额管理工作通过对酒店服务方法和过程进行观察和详细分析(动作研究、时间研究)，计算某项服务工作的工时定额和劳动定额，再利用可预测变动因素的修正，确定酒店员工的工作定额。酒店定额管理工作摒弃了管理者主观判断员工工作量的做法，使员工工作量具有一定的规范标准，既调动了员工对工作的积极性，又提高了员工的责任感，使员工充分利用服务设施设备，提高了酒店企业的工作效率。

3) 差额计件工资制

差额计件工资制是以劳动者的工作量作为计算劳动报酬标准的一种工资方式。对于能够保质保量地完成定额的工人，就按高工资率付酬，以资鼓励；如果工人的生产没有达到定额，就将全部工作量按低工资率付酬，并给及警告，如不改进，就要被解雇。

酒店管理者为提升在岗员工的薪酬，在客房、餐饮等容易测量工作量的部门应实施了计件工资。在一定的保底工资的基础上，按完成工作量的多少计发提成工资。客房部应以每日清扫房间数为基础数据，根据住客、空房等房态确定每间的提成工资；餐饮部应以服务人员所服务区域的营业额的多少按百分比提取工资；还有一些班组，如餐饮管事部应以洗刷餐具的数量来计算提成工资。计件工资实施的深度在不同的酒店也有所不同，测算工作量的依据也有差异，但原理都是以一定的工作量为依据，目的是调动现有岗位人员的积极性。

4) 实行职能分工

实行职能分工是把计划职能与作业职能分开。酒店实行职能分工具体表现为酒店划分各个职能部门，每个职能部门负责特定的职能运转。合理地实行职能分工是为了便于管理和有效地实行奖惩制度，从而使酒店企业的生产效率得到提高。

5) 实行例外原则

所谓例外原则，即企业的高级管理人员把一般日常事务交给下属管理人员，而自己保留对例外的事项与重要事项的决策权和控制权。这样使高级管理者既能保证稳定性的正常管理工作，又能应付特殊性的例外管理工作。

在酒店企业内，每个阶层的主管人员每天面临的问题千头万绪，虽然已经具备了时间管理、重点管理的技巧及良好的授权管理，但由于酒店行业的多样性及突发性，还是无法做到事无巨细地处理每个细节和突发事件，酒店管理人员要对所有的工作获得全面性的了解与控制，例外原则如何运用就显得十分重要。

科学管理理论的许多内容至今仍被视为管理学的经典理论，它也为酒店管理的实践奠定了一定的理论基础。

2. 一般管理理论

泰勒的科学管理理论开创了西方古典管理理论的先河。在其正被传播之时，欧洲也出现了一批古典管理的代表人物及其理论，其中影响最大的是亨利·法约尔(Henry Fayol)的一般管理理论。

法约尔认为，要经营好一个企业，除了要对生产现场的管理进行改进，还要注意改善有关企业经营的 6 个方面的活动：技术活动、经营活动、财务活动、安全活动、会计活动、管理活动。一般管理理论把经营和管理分为两个不同的概念，认为管理就是执行计划、组织、指挥、协调、控制职能，管理的五大要素就是计划、组织、指挥、协调和控制。并在此基础上提出了企业管理中组织管理的 14 项原则，即劳动分工、权力与责任、纪律、统一指挥、统一领导、个人利益服从集体利益、人员报酬、集中、等级链、秩序、公平、人员的稳定、首创精神、人员的团结。法约尔的管理理论特别强调经营与管理的区别、管理职能的五要素论和组织管理的 14 项原则。

法约尔的一般管理理论思想给酒店管理者的提示：酒店管理者必须善于预见未来，重视计划职能。管理者首先要确定酒店的经营方针，规划经营目标和规定实现目标的途径方法；为了实现酒店的决策目标，对酒店的组织结构进行合理的设置，对人力、财力、物力进行合理的分配，对业务活动进行合理的调配和分工协作；酒店管理者凭借其权力和权威，对员工发出指令，使之服从代表酒店目标的统一行动；管理人员还要善于使用协调职能，通过对不同业务之间的调整、联络等活动，使各部分业务活动和谐一致，以达到酒店的经营目标；酒店管理人员依照市场信息和内部信息，按决策目标和规定的标准对酒店经营活动进行监督、调节、检查、分析，使之不偏离经营目标。法约尔的职能管理是酒店业务活动管理的重要手段之一。

2.2.2 行为科学管理理论

行为科学作为一种管理理论，也是酒店管理中一种重要的管理思想。行为科学开始于20世纪20年代末30年代初的“霍桑实验”，而真正发展却是在20世纪50年代。它把以“事”为中心的管理变为以“人”为中心的管理，由原来对“规章制度”的研究发展到对“人”的行为的研究，由原来的专制型管理向民主型管理过渡。

1. *人群关系理论*

“行为科学”的发展是从人群关系论开始的。人群关系论的代表人物是埃尔顿·梅奥(Elton Mayo)。他参加了1927～1932年在芝加哥西方电气公司霍桑工厂进行的“霍桑实验”。实验结果发现，无论工作条件怎样变化，工人的生产效率都没有明显的决定性的改变。但是由于实验中尊重工人，善于倾听工人的意见，因此，使工人与管理人员、工人与工人之间增加了接触，建立了良好的感情，从而使其生产热情提高，生产量增加。梅奥等人对霍桑实验的结果进行研究后提出了人群关系学说，其主要内容如下：职工是社会人；满足工人的社会欲望，提高工人的士气，是提高劳动生产率的关键；企业存在着非正式组织；领导人应该正确处理企业组织中的人际关系。

人群关系理论在酒店管理中的应用有以下3点。

(1) 酒店员工是“社会人”，而非“经济人”。“社会人”是人群关系理论中人的本性的一种假设，这种假设认为作为“社会人”的员工不但具有经济方面及物质方面的需求，更重要的是社会需求和心理方面需求的满足，如安全和受到尊重的需求等。

(2) 提高员工的士气是酒店企业提高生产效率、工作质量、执行力、凝聚力、酒店品牌影响力的关键，同时也可以降低企业员工流失率。员工的满足程度越高，士气就越高，生产效率也就越高。

(3) 在酒店企业正式组织中存在着非正式组织。非正式组织是酒店成员在整个工作过程中，有着共同的经历、爱好、禀性和利益而形成的非正式团体。在酒店管理过程中，管理层可以通过加强与非正式组织的引导，与其领导人建立良好的沟通，加强信任，同时给予其一定的、适度的权威确认，最大限度地利用非正式组织的内在凝聚力。而对于其消极影响和负面作用，酒店管理者既可利用其领导人的权威加以调整和引导，也可以利用正式组织的管理手段加以约束。酒店管理层必须关注非正式组织的消极影响和负面作用，加强管理、引导和鼓励，采取有效措施使之朝着健康的方向发展。

2. 需求层次理论

美国威斯康星大学的心理学家亚伯拉罕·罗德·马斯洛(Abraham Harold Maslow)于 1943 年提出了关于人的需要的结构理论——“需求层次理论”。他认为大多数人的需要可分为 5 类：生理需要，安全需要，社交需要，尊重的需要、自我实现的需要。人的需要遵循递进规律，在较低层次的需要得到满足之前，较高层次的需要的强度不会很大，更不会成为主导的需要。当低层次的需要获得相对的满足后，下一个较高层次的需要就占据了主导地位，成了驱动行为的主要动力。同时，人的需要具有个体差异性，由于个人的需要结构发展的状况不同，这 5 种需要在人体内形成的优势位置也不同。

需求层次理论对酒店管理的启示有以下两点。

(1) 满足员工的当前需求，调动激发员工的积极性。酒店管理者应该关心员工，了解、满足员工当前的迫切需求，从而调动员工的积极性，提高酒店服务水平。员工的生理需求与安全需求属于低层次的需求，当员工的低层次需求没有得到满足时，其他需求难以成为主导需求，因而也难以调动员工的积极性，酒店管理者应分清员工当前需求的层次。

酒店员工高层次的需求指社交需求、尊重的需求和自我实现的需求。当员工的低层次需求得到满足后，酒店管理者应尽力满足员工的高层次需求，以调动员工积极性。满足员工社交需求，尊重员工，让员工感受到家的温暖。自我实现是人的最高需求，就是以最有效和最完整的方式表现自己的潜力，唯此才能使人得到高峰体验。为更好地实现自我发展，酒店管理者要指导员工制定职业发展规划，明确企业对个人的期望和对个人发展的设想，定期进行考核评估，检查个人发展的进度，帮助其实现目标，从而实现企业与员工的双赢。

(2) 满足不同员工的不同需求，调动员工的主动性。在酒店中，员工的需求是不同的，不同需求要采取不同激励措施。以四星级以上酒店的餐饮部为例，其组织结构中由餐厅服务员、领班、主管、部门经理等人员组成，他们的需求分别对应不同的层次。酒店管理人员要充分认识、深刻理解这些不同的需求，并将这些需求转化为有针对性的激励手段，用“一把钥匙开一把锁”来激发员工热情，提高其工作效率。

3. 双因素理论

双因素理论又称激励保健理论，由美国心理学家弗雷德里克·赫茨伯格(Frederick Herzberg)于 1959 年提出。赫茨伯格通过调查发现影响人们工作的因素有两类：保健因素和激励因素。

保健因素：与人们的不满情绪有关的因素，如企业政策、工资水平、工作环境、劳动保护。这类因素处理得不好会引发工作的不满情绪，处理得好可预防和消除这种不满。但它不能起激励作用，只能起到保持人的积极性、维持工作现状的作用。

激励因素：能够促使人们产生工作满意感的因素，主要包括成长、晋升、工作上的成就感、责任感、由于良好的工作成绩而得到的奖励。

双因素理论理论对酒店管理的启示有以下两点。

(1) 在酒店管理中，应注意区别保健因素和激励因素，尽量满足员工的保健因素的需要，防止员工不满情绪的产生，从而降低积极性。但如果仅仅满足保健因素需要是不够的，更重要的是要利用激励因素激发员工的工作热情，使员工努力工作，创造奋发向上的局面。要调动人的积极性，不仅要注意物质利益和工作条件等外部因素，更重要的是利用一些内在因素。酒店的服务质量是酒店生存发展的关键。在酒店营运过程中，投诉的多少客观地反映了酒店的服务质量。引起宾客不满的投诉主要集中在酒店员工的服务态度和服务技能方面，而造成员服务态度差、专业技能水平低的主要原因之一是员工工作满意度低。因而，若要提高酒店服务质量，酒店管理必须提高员工的满意度及其对保健因素的满足和激励因素的满足。

(2) 从我国的实际出发，灵活运用双因素理论，在物质生活水平还不是很高的时候，工资和奖金不仅仅是保健因素，如果运用得当，也会表现出显著的激励作用。

4. 期望理论

美国的维克多·弗隆姆(Victor Vroom)于1964年提出了期望理论。该理论认为，某一活动对某人的激励力取决于该活动所能达成目标并能导致某种结果的全部预期价值乘以他认为达成该目标并得到某种结果的期望概率。用公式表示就是

$$M = V \cdot E \tag{2-1}$$

式中：M表示激励力，指调动一个人的积极性、激发出人的内部潜力的强度；V表示效价，指某项活动结果能满足的个人需要价值；E 表示期望值，指一个人依据经验判断的某项活动导致某一成果的可能性的大小，即数学上的概率，取值为0～1。

期望理论对酒店管理的启示有以下4点。

(1) 酒店管理者应当抓多数成员认为效价最大的激励措施。

(2) 设置激励目标时应尽可能加大其效价的综合值。

(3) 适当控制期望概率与实际概率。期望概率要适度；率在很大程度上是由管理者决定的，它最好大于平均的个人期望概率，这样才能收到较好的效果。

(4) 酒店员工对报酬持有不同的价值观，管理者要重视员工的个人效价。

2.2.3 现代管理理论

第二次世界大战以后，随着科学技术的飞速发展，自动化和专业化程度日趋提高，协作关系更为复杂化，现代管理理论随之产生。现代管理理论是继科学管理理论、行为科学理论之后，西方管理理论和思想发展的第三阶段，特指第二次世界大战以后出现的一系列学派。这一理论是运用现代科学技术和方法研究生产、作业等方面的管理问题，使管理的定量化成分提高、科学性增强，尤其是一些数学模型的建立，使部分管理工作成为程序化的工作，大大提高了工作效率。现代管理理论可以更好地运用于酒店的投资策划和酒店投资的前期可行性研究。现代管理理论及其在酒店管理中的运用主要包括以下3个方面。

1. 系统管理理论

系统管理理论的代表人物是美国的弗里蒙特·E. 卡斯特(Fremont E. Kast)、詹姆

斯·E.罗森茨威克(James E．Rosenzweig)和罗杰·A.约翰逊(Roger A．Johnson)。系统管理理论的主要观点如下：企业是由人、物、机器和其他资源在一定的目标下组成的一体化系统，它的发展受到这些组成要素的影响，在这些要素的相互关系中，人是主体，是主动要素，其他要素则是被动的。企业是一个由许多子系统组成的开放的社会技术系统，管理者运用系统观点来考察管理的基本职能，可以提高组织的整体效率，使管理人员不至于只重视某些与自己有关的特殊职能而忽视了大目标，也不至于忽视自己在组织中的地位和作用。

系统管理理论对酒店管理的指导意义有以下 5 点。

1) 整体性

酒店是一个多功能的综合性服务企业，因此，酒店的经营管理者在经营决策过程中要从酒店运营的整体出发，用全局思维的观念来审视自己的优势和劣势，从整体上把握酒店发展的态势，搞好统筹规划安排，对各个经济要素进行科学合理的配置。有时为了酒店整体的发展还要牺牲某些局部利益。

2) 特殊性

从某种意义上说，特殊就是优势，就是竞争力。酒店的特色愈明显，优势就愈突出，市场竞争力就愈强。酒店业是一个市场竞争激烈的行业，如果缺少经营思路，菜品缺乏特色，环境又不完全适应菜品的风格特色，是很难长久立足的。如果能够做到人无我有，人有我新，就能在激烈的酒店竞争中立于不败之地。

3) 结构性

所谓结构，即系统内部各个要素相互联系和相互作用的方式，其中包括一定的比例、一定秩序和一定的结合形式等。在调整酒店结构时应着重考虑以下 3 个方面：①酒店部门设置结构的合理性；②酒店部门经理配备的结构合理性，同一能级的人堆在一起往往会产生内耗，造成人才的积压闲置，所以在配备部门经理时要尽可能考虑成员之间的互补性；③整个员工队伍结构的合理性，只有考虑到结构性合理问题，酒店经营才有可能不发生人才的断层和部门之间衔接的脱节现象。

4) 层次性

从系统的层次性特征来看，一个酒店有各个部门，一个部门之下又有班组等，呈现出立体层次。根据这种层次性的特征，酒店在经营管理时制定各个层次的岗位责任制，逐层进行考核，才能取得良好的效果。

5) 反馈调节性

反馈调节性指一个系统的输出信息反作用于输入信息，并对信息输出产生影响，起到控制和调节的作用。根据这一原则，我们在酒店经营的过程中要及时收集和整理反馈信息，加强跟踪调节。尤其在已经步入信息社会的今天，对经济信息进行收集、加工、整理和反馈调节更是必须要做好做细的工作。

2. 决策管理理论

决策管理学派的主要代表人物是曾获诺贝尔经济学奖的赫伯特·亚历山大·西蒙(Herbert Alexander Simon)。这一学派是在社会系统学派的基础上发展起来的，他们把第二次世界大战以后发展起来的系统管理理论、运筹学、计算机科学等综合运用于管理决策问题，形成了一门有关决策过程、准则、类型及方法的较完整的理论体系。

西蒙说过管理就是决策，因此，他的决策理论不但适用于企业组织，也适用于一切正式组织机构的决策。西蒙认为，决策不仅仅是高层管理的事情，组织内的各个层级都要做出决策，组织就是由作为决策者的个人所组成的系统；强调管理不能只追求效率，也要注意效果；认为今天的稀有资源不是信息，而是处理信息的能力，将人的思考过程看作一种信息处理过程，所以，可以利用程序使计算机也能像人一样思考和创造，但是它们只是决策者的决策工具，并不能取代决策过程。决策的过程主要包括4个阶段：搜集情况阶段、拟定计划阶段、选定计划和实施阶段、评价计划阶段。目前这种理论已经渗透到管理学的不同分支，成为现代管理理论的基石之一。

决策管理理论对酒店管理的指导意义有以下两点。

(1) 酒店管理决策是酒店管理活动中为了达到某一目的，在几种办法或几个行动方案中，选出利益最大、损失最小的最优化行动方案的过程。酒店经营的好坏与否、赢利还是亏损往往取决于决策是否正确。现在酒店越来越多，竞争也越来越激烈，酒店管理者在选择方案的决策上不能有半点马虎，稍有疏忽就会造成不可挽回的损失。正确的决策对酒店生存发展至关重要。

(2) 决策是一个过程，在此过程中有很多工作要做，这些工作又有先后顺序，不能随意颠倒，酒店经营要按照科学的决策程序一步一步地做。科学的决策程序是正确决策的基础。一般来说，进行酒店经营的决策应遵循以下程序。

第一步，在掌握大量信息的基础上以对问题的分析诊断为依据来确定决策目标。如果问题不明，目标未定，或目标不明确，就急于寻找解决办法，那就是颠倒了决策的合理程序，这是违反决策的科学原理的。

第二步，从拟定的多个方案中择优选用。在这里，拟定方案—论证评价—方案选择的步骤顺序也是不能颠倒的。如果没有两个以上的方案供选择采用也不符合选优原则；第三步，审查决策的法定。酒店管理的各种决策所必经的法定程序是必须严格遵守的，某种决策应由谁参与，由谁审查，由谁批准，都必须按制度来办，跳过某个法定程序的决策应被视为非法而无效的。

第四步，付诸实施。决策应付诸实施，决而无行等于无用。任何决策的全过程都不能缺少“执行决策”这一步，而且在执行中要建立检查监控制度。

第五步，把执行结果的信息反馈给决策者，以便采取措施纠正执行中出现的偏差，或是在必要时修正决策本身。

3. 权变理论

权变理论学派是20世纪60年代末70年代初在美国经验主义学派的基础上进一步发展起来的管理理论。权变理论主张通过对大量的事例进行研究和概括，把各种各样的情况归纳为几个基本类型，并给每一类型找出一种模式；它强调权变关系是两个或更多变量之间的函数关系，权变管理就是依据环境自变量和管理思想及管理技术因变量之间的函数关系来确定的一种有效的管理方式。

权变理论对酒店管理的启示有以下两点。

(1) 审时度势、适应环境，酒店管理一定要根据组织所处的环境和内部条件的发展变化随机应变，没有一成不变的、放之四海而皆准的管理方法，成功管理的关键在于对组织内外状况的充分了解和有效的应变策略。我国酒店行业竞争激烈，国际酒店集团纷纷进驻我国市场，同时我国经济发展，人们生活水平提高，我国将成为世界旅游大国。这些为酒店业的发展带来了机遇，酒店管理者就应该抓住机会，适应内外环境的变化，实施动态管理。

(2) 在酒店实际工作中，仅以某种理论来进行管理是难以奏效的，往往要根据酒店的实际情况，灵活地结合多种理论才能达到酒店预期的利益目标。

2.3 酒店管理的核心理念

酒店经营的好坏，取决于酒店内外的各种因素，但管理者管理理念先进、正确与否是酒店管理者能否搞好酒店经营管理的重要因素之一。管理者要牢固树立如竞争、市场、效益等理念，并结合行业、单位特点灵活应用，才能在激烈的市场竞争中立于不败之地。

2.3.1 竞争理念

酒店在市场上并非独家经营，竞争是不可避免的，酒店竞争力的强弱决定着酒店的生存与发展。酒店管理人员必须树立竞争理念，勇于参加竞争，敢于战胜竞争对手，还要善于竞争，注意研究竞争方法和策略，将竞争视为推动酒店发展的动力。具体来说，酒店的竞争力主要包括酒店资源管理能力、对外影响能力、市场营销能力、应变能力和人力资源优势，其本质内涵是让消费者体会到真正好于、高于竞争对手的不可替换的价值、产品、服务和文化享受。其中，创新是竞争力的灵魂，主导产品(服务)是竞争力的精华。对于以设备设施和服务产品为主的酒店业来说，应该是在经营过程中形成的、不易被竞争对手效仿的、能带来超额利润的独特的能力。而这种竞争力强弱的终极判定者是酒店的消费者，即客人，消费者对酒店产品具有终极的裁决权。由于消费者市场的成熟及消费者消费选择的理性化和多样化，酒店的产品能否最大限度地满足消费者的需要，就成了消费者选择或不选择该酒店的最终依据。因此，如何运用酒店的现有资源，打造品牌，形成竞争力，就成了酒店参与市场竞争的关键。

现代酒店管理之父埃尔斯沃思·密尔顿·斯塔特勒说过，酒店从根本上说只销售一样东西，那就是服务。提供低劣服务的酒店是失败的酒店，而提供优质服务的酒店则是成功的酒店。酒店的目标应是向客人提供最佳的服务，而酒店的经营宗旨也就是为了使客人得到舒适和便利。

酒店在竞争中可选择的竞争策略很多，具体来说包括以下 4 个方面。

1) 靠创新取胜

随着客观环境和消费者消费习惯的变化，酒店应不断开辟新的服务项目和服务内容，并在酒店的建筑外观、客房、餐厅布置上体现出新意。酒店的竞争归根结底还是特色产品的竞争。在个性化消费日益明显的今天，谁拥有了消费者喜爱的特色产品，谁就能就能够牢牢地抓住消费者。无论是客房产品，还是餐饮产品，只有形成自己的特色，得到消费者的认可和喜爱，才能够吸引更多的回头客。

加强酒店产品和服务技术的创新是增强企业竞争力的关键。现代企业制度体现的是企业资源配置的高效性，而这种高效性能否充分发挥，主要依靠核心产品和服务创新。酒店要形成和提高自己的竞争力，必须要有自己的核心产品和技术，可以说核心技术是竞争力的核心。酒店在打造竞争力的过程中，必须清楚地了解自己的核心技术是什么，然后集中人力、物力、财力对关键性产品进行研究、攻关、开发、改造，并进一步提高和巩固，以形成自有知识产权的核心技术。

2) 靠优质服务取胜

酒店产品除了客房、餐饮等有形的实物产品外，服务产品也是酒店产品的重要组成部分。这种更具灵活性的产品同样可以提高酒店的市场竞争力，特色、优质的服务也是营造酒店品牌、参与竞争的必不可少的重要手段。如果没有优质服务配套，酒店也会在竞争中被淘汰，很难在竞争中取胜。

酒店从高层管理者到基层的每一个员工，都应该充分认识到靠优质服务取胜这一竞争力战略理念在市场竞争中的作用，通过各种形式的学习和宣传，重视和关心企业竞争力的打造。

3) 靠快速服务取胜

酒店管理者只有在“快”字上下功夫，才能争取主动，抓住有利的市场机会，在竞争中获得主动权。酒店在打造竞争力的过程中，要有动态意识。随着时间的推移，某些具有竞争力的产品可能会贬值，从而导致其竞争力下降甚至消失，所以要以快取胜。管理者只有迅速适应市场的需求变化，并且及时向客人提供令人满意的服务项目，才能使酒店立于市场不败之地。

4) 靠优势取胜

酒店管理应扬长避短，充分发挥自己的优势，充分利用自己的有利条件，来争取有利的竞争地位。例如，一些中小型酒店经营规模较小(客房数在 100 间左右)，服务项目较少，设施设备相对简单，与大型酒店相比，投入的人财物力较少，经营与发展往往会受到某些制约；同时，其市场覆盖率较低，一旦出现风险，往往会首当其冲。但反过来讲，由于其规模小，管理机构比较简单，在经营过程中则具有更强的适应性与灵活性。根据中小型酒店的经营特点，其管理理念应着眼于酒店“小、快、灵”的优势，做大酒店不想做或做不了的事，从而谋求酒店长期的生存与发展。

小阅读

中航酒店管理快速挺进全国

西安闹市中心的王子国际酒店发生了一场“换东家”的悄然变革——被来自深圳的中航酒店管理有限公司全面接管。这是深圳中航酒店管理有限公司在“十一五”期间实现建设和管理格兰云天品牌酒店 13～18 家的快速扩张战略中，继华南、华东、华中之后在西北成功布下的又一枚“棋子”。

“中航酒店管理”是在深圳上海宾馆、深圳格兰云天大酒店两家单体品牌酒店的基础上发展起来的。自 2004 年诞生以来，依托其上级公司深圳中航集团和深圳中航地产股份有限公司的雄厚实力，凭借两家与深圳特区一同成长的“老酒店”20 余年来积累的人才、市场和管理经验等优势，瞄准国内高星级酒店的市场空间，迈开了布局全国、急速扩张的步伐。继深圳花园格兰云天大酒店之后，又布点深圳观澜、坪地，继而挺进上海，功经营了园林格兰云天大酒店。

2007 年，其扩张更是快马加鞭。1 月，斥巨资收购曾经是广州酒店业标杆、广州地标(俗称 63 层)的五星级广东国际大酒店，力图将其打造为麾下的“旗舰店”；10 月，紧邻奥运会主会场“鸟巢”的北京凯迪克格兰云天大酒店成为奥组委指定接待酒店；11 月，接管湖南岳阳汇泽大厦(四星级)……在江苏昆山、江西南昌、共青城、成都等地的高星级酒店项目也都在紧锣密鼓地规划和筹建当中。

深圳中航酒店管理超常崛起的秘籍何在？该公司总经理张振山坦言：就是大胆解放思想，靠自主创新的“组织式发展、组合式经营”的战略，实现低成本扩张。

“组织式发展”就是与中航集团的商业地产、百货零售(天虹)等相互配合打包推进，有利于集团内部的资源整合与共享，而各子项目之间相辅相成、相得益彰的互动，有利于降低成本、提高效率，从而达到 1＋1＞2 的效益最大化。

“组合式经营”则是以包容开放的心态，在吸纳整合的基础上，组织利用国内外的优势资源，突破原有的行政、地域、文化和人力资源等方面的束缚。

(资料来源：http://szsb.sznews.com/html/2008-01/22/content_39332.htm.)

2.3.2 市场营销理念

市场理念就是要求酒店管理人员了解市场、面向市场、开发市场。了解国内外酒店的技术水平、管理水平和服务水平，了解市场供需状况和竞争对手的情况，做到“知己知彼，百战不殆”，从而密切注意市场发展化动向，努力发掘新的市场需求层次和需求领域。例如，了解顾客需要，顾客的需要是多样化的、较难理解的，因为顾客并不会将他的需要明确告诉酒店，这可能是由于顾客缺乏消费经验，不善或不便表述。顾客向旅行社表明需要预订一间五星级酒店的客房，这是他用语言表明的需要，而他真正的需要是因为他有能力支付五星级酒店的房间费用，选择五星级是其身份的象征。顾客往往有未表明的需要，此例中他期望入住五星级酒店必然可以得到优质的服务，这可以减少他的时间花费、精力消耗和购买风险；同时顾客还希望得到令人愉悦的感官享受，如酒店里有室内游泳池可以休闲娱乐，晚上可以在酒吧和善解人意的服务员聊天等；顾客还可能有一些不愿言明的需要，如入住酒店可以获取积分奖励，方便与友人约会等。所以，酒店营销应当着力于不断研究顾客的需要，开发能够满足顾客需求的产品和服务，创造特色，要设法做得比同档竞争对手更加出色，这样才能长久吸引顾客。对酒店营销管理来讲，获得顾客的满意是十分重要的，设想营销人员通过各种方式不断招徕顾客，而酒店却因为服务问题造成顾客的不断流失。一锤子买卖必将使酒店走向衰退，因为招徕顾客越多，流失也越快。

作为酒店的管理者，应意识到：①营销部门作为酒店和顾客的纽带，必须时常和酒店各部门沟通、协调，将顾客的需求信息准确无误地传达给相关部门；②酒店从上到下要树立正确的服务意识，要视同事为内部顾客，营造人人都为下一道工序服务的氛围；③酒店各个部门间必须充分沟通，解决问题要站在满足顾客需求的角度来进行协调；④招聘和雇佣合适的员工，培训员工的对客服务意识，激励员工运用正确的服务方式，大胆有效授权，并通过事前、事中、事后的检查来控制服务差错的出现；⑤从总经理到员工都要与顾客广泛接触，听取顾客的意见，并将顾客的需求传递到相关部门，快捷响应，努力使顾客 100%地满意。

2.3.3 经济效益理念

酒店管理者不仅要通过各种方法使顾客满意，而且要关注酒店的效益，兼顾平均房价和住房率，不能片面追求其一，要追求效益的最大化。目前，一些酒店不做市场调研，没有公关策划，不进行营业预算，营销部仅充当接待部、打折部的职能，酒店只一味通过简单的削价来赢得顾客的忠诚，这是很危险的，因为通过削价竞争只能赢得顾客短暂的忠诚。只有酒店有了赢利，才能为顾客提供更好的服务。因此，酒店的经营者和各级管理人员都要有经济头脑，树立效益观念，充分利用各种经济杠杆(价格、成本、利润、工资等)建立和建全各种核算制度，力求以最小的劳动消耗获得最好的经济效益。例如，在资金运用上搞平均分配是建设施工中的大忌。在定位设计上要有“小市场大份额”的思路，突出重点，做出特色。只有这样，在酒店的建设中走出 “大而全”的怪圈，投资者才可能减轻沉重的投资压力，降低投资风险，管理者才能降低经营成本，发挥优势，提高酒店的经营收入和利润。

当然，酒店在经营的过程中和努力增加经济效益的同时，还要注意整体社会效益，维护国家、客人和竞争对手的合法权益，正确处理好国家、企业、职工和广大消费者的利益。

2.3.4 发展理念

发展理念要求管理者从酒店总体和长远发展的角度，检验酒店的各项近期目标和近期行动方案。对于不符合酒店企业长远利益和总体的行动方案，必须坚决给予调整。为了保证总体目标和长远目标的实现，牺牲一些局部利益和短期利益是值得的。

酒店的管理行为更不能以牺牲社会长远利益来换取企业利益和眼前的短期利益；酒店企业的扩张与发展应与外部社会环境、行业环境相适应；酒店企业应通过培植核心竞争优势谋求企业不断发展的活力和空间。它意味着对未来趋势的正确把握和对相关因素的科学分析，谋求的是社会效益和经济效益的有机统一，追求的是长远、持续、稳定、协调的发展。为了能科学准确地确定总体目标和长远发展的目标，要求管理者运用科学的方法，对未来的发展进行调查研究和经营预测，从而为酒店规划发展提供可靠的科学依据。发展理念是酒店经营管理的核心理念之一。

发展意味着要持续改进，否则就无以保持现有地位。同时，不要闭门造车地衡量自己绝对的改进程度，而是要相对地和竞争对手的努力比较，不断进行竞争战略分析，持之以恒，促进企业的可持续发展。

2.3.5 服务质量理念

酒店的服务质量是酒店日常管理的中心工作，全体员工都要有质量意识，管理人员更要树立服务质量理念。服务质量的最终体现是宾客满意程度，而宾客满意程度是由酒店多方面的管理与努力形成的。

根据国际标准化组织颁布的《质量管理和质量体系要素——服务指南》(ISO 9004—2)表明，酒店服务质量主要由硬件质量和软件质量构成。硬件质量是指与酒店设施设备等实物有关的可用客观的指标度量的质量；软件质量则是指酒店提供的各种劳务活动的质量。

1. 硬件质量

酒店产品的硬件质量主要指酒店提供的设施设备和实物产品以及服务环境的质量，主要满足宾客物质上的需求。硬件质量的高低决定着酒店产品供给能力的大小，主要包括以下 3 个方面。

(1)酒店设施设备的质量：①客用设施设备(也称前台设施设备)的质量；②供应设施设备的质量。

(2)酒店实物产品质量：①菜点酒水质量；②客用品质量；③商品质量；④服务用品质量。

(3) 酒店服务环境质量：酒店的服务气氛给宾客带来感觉上的美感和心理上的满足感。

2. 软件质量

酒店产品的软件质量指无形的服务质量，通常包括以下 9 个方面：①服务项目；②服务效率；③服务态度；④礼仪礼貌；⑤职业道德；⑥操作技能；⑦清洁卫生；⑧服务时机；⑨安全保密。

酒店服务质量理念要求酒店的质量管理一方面必须坚持顾客至上，把顾客的需要作为酒店服务质量的基本出发点；另一方面,酒店管理者心中必须装有员工，注重员工的塑造、组织和激励，以提高员工的素质，并使其达到最佳组合和积极性的最大发挥，从而为保证质量的稳定提高奠定良好的基础。酒店服务质量构成复杂，要提高服务重量，必须树立系统理念，实行全体人员、全过程和全方位的管理。既要注意硬件设施的建设和完善，更要重视智力投资，抓好软件建设。酒店的服务对象是人，来酒店消费的顾客既有共同需求，又有特殊的要求。作为酒店，既有酒店的共性，但同时不同的酒店又有自己的特点。因此，酒店的服务质量既要注重顾客的普遍需要，又要注意满足顾客的特殊要求；既要坚持贯彻国家的标准化服务，抓好整体上的管理，又要根据顾客自身的特点，具体情况具体处理，确立具有特色的服务规范和管理办法。酒店服务具有生产和消费同一性的特点，所以要提高服务质量，就必须树立预防为主、事前控制的思想，防患于未然，抓好事前的预测和控制。同时各级管理者要坚持走动式管理，强化服务现场管理，力求把各种不合格的服务消灭在萌芽状态。

2.3.6 以人为本理念

人、财、物是企业的三大要素，其中人是第一位的。人力资源的开发和利用已是现代企业管理的核心。酒店是劳动密集型行业，服务质量是经营管理水平的标志，而对从业人员的管理又是服务质量的保证。从本质上讲，酒店产品就是服务，所以员工的素质与所提供服务产品的质量密切相关。而人本管理正是提高员工的素质积极性和创造性的法宝，因为人本管理一方面把员工作为企业经营的主体，另一方面把员工作为企业发展的支撑点。只有拥有了主人翁意识的员工才能做到“宾客至上”。在酒店企业中，员工已经从追求经济利益最大化的“经济人”转变为“社会人”，除了经济需要外，还有社会需要、精神需要。员工的需要已经从低层次的生存、安全，上升为追求社交、自尊和自我实现。

1. 尊重员工是实现以人为本管理的重要前提

员工并不是简单的劳动成本，而是可持续发展的人力资源和不断产生回报的人力资本。尊重员工的体现是员工拥有自主权，能够独立承担各种责任并最终取得成绩，即“自己管理自己”。这样可以把员工的个人意志和组织的统一意志结合起来，从而使每位员工心情舒畅地工作。一方面，管理者要不断提升自身的职业素质，加强管理技能和技巧的学习，要礼贤下士，心胸豁达，充分重视员工的智力成果，平衡自己的心态，把自己等同于普通的一员，真正地与员工建立新的伙伴关系；另一方面，多和员工沟通，会见他们，倾听他们的意见，关注他们的想法，在思想上提升员工的主人翁意识，让员工将自己真正融入到酒店的经营管理中。这些做法是在向员工传递一个重要的信息：他们很重要，酒店很重视他们。

2. 人性化的柔性人力资源管理体制是以人为本管理的主要内容

柔性管理是与刚性管理恰好相反的一种新的管理思维和管理方式。刚性管理强调“以规章制度为本”，主要是凭借规章制度制约、纪律监督和赏罚分明的方式对企业员工进行管理。这种机械的、非人性化的刚性管理模式，无法有效激励员工、充分发挥员工的积极性和创造性。而柔性管理是指“以人为中心”，依据企业的共同价值观和文化、精神氛围进行的人性化管理，它是在研究人的心理和行为规律的基础上，采用非强制性方式，在员工心目中产生一种潜在说服力，从而把组织意志变为个人自觉行动。酒店管理者应重视人在管理中的中心地位，用柔性的方式管理和开发人力资源，激发员工的积极性和创造性，从而使员工真正成为酒店企业获取竞争优势的源泉。对于大多数酒店而言，提供的酒店产品具有较大的灵活性与变动性。例如，酒店营业的淡旺季区分是明显的。因此，如何用合理的柔性人力资源搞好淡旺季正常营业，而不至于造成人力资源的闲置和短缺对于酒店经营来说就显得尤其重要。人性化的柔性人力资源管理体系带来的员工薪酬待遇方面的极大改善能很好地规避酒店人员流动性大的问题。

酒店的特色产品来自顾客的需求与指引。由于顾客要求产品具有更多的选择性，要求产品和服务具有个性化和特色化，因此，为了能够满足和适应顾客的这种需求，让顾客指引或参与多样化、特色化和个性化的产品设计与开发就显得非常重要。随着计算机的发展和应用，酒店借助计算机的帮助，如通过客户关系管理系统，利用客户历史档案，按顾客需要及时提供个性化的产品和服务等提高顾客的满意度。酒店在产品特色化和生产柔性化的基础上， 还应改变酒店的管理哲学、组织结构和市场网络，使酒店组织成为柔性组织。适用于酒店的柔性组织包括整体性组织、不规则组织、双模式组织和虚拟组织等。以人为本的目的是挖掘人的创造性，调动人的积极性。酒店可采取尊重人性的工作方式，如弹性工作、远程工作和灵活工作等。

3. 培训员工是实现以人为本管理的关键环节

酒店管理者通过培训能使企业具有更强的竞争力。因为培训不仅能带来更高水平的服务绩效，还可帮助酒店吸引和留住最好的员工。培训的目的不仅是为了完成具体工作任务而获得必要的技能，也是作为对员工在本酒店工作期间的投资。例如，在实际工作中，宾客常常不清楚你是哪个部门的员工，他希望任何工作人员都能解决他所遇到的问题。酒店企业实施交叉培训管理方式，使每位员工一专多能，有利于增强员工的集体主义观念和协作精神，有效地提高工作效率，增加宾客的满意度。同时，还能及时弥补在旅游旺季业务量突增或由员工生病、休假导致的酒店内部的工作缺位，这将有利于节约劳动资本，有利于酒店更加有效地控制成本，提高经济效益。由于交叉培训减少了长期重复同样的工作而产生的厌烦情绪，增加了新鲜感，因此，可以降低员工的跳槽率。这无疑也验证了培训员工对于实现以人为本管理具有极大的可行性。

4. 培养酒店企业文化是实现以人为本管理的动力源泉

任何一个企业，都需要具有自己的企业精神，酒店企业同样如此，需要有积极向上的风气，需要有使自己的员工潜力充分发挥的环境，而这种精神、风气和环境是需要靠管理者与员工共同营造的。其主要途径是酒店文化的建设。

酒店文化是酒店的灵魂，是酒店赖以生存和发展的动力源泉，是企业区别于竞争对手的最根本标志。酒店文化具体指酒店的文娱活动、规章制度、企业精神和企业宗旨等良好的企业文化，要培养酒店文化，必须从酒店自身的特点出发，以比竞争对手更快的速度进行学习，并创造新的经营管理与服务理念，既能容忍员工个性上的缺陷和不足，更注重挖掘员工的内在潜力和积极性，重视人的作用和价值的实现。近年来推行的柔性管理就是一种以人为本的企业文化，它通过管理者与员工的直接交流，使管理者更加关注员工的需要，为员工提供更多的发展事业的空间。当今的员工，更加崇尚个人才能的发挥，并希望成为重大决策的参与者与执行者。酒店应顺应这个潮流，重视内部人才创新的企业文化，让更多的员工担负起经营的责任，以发挥其最大的潜能。

作为酒店企业的管理者，要想在 21 世纪将企业发展壮大，建立竞争理念、市场营销理念、经济效益理念、发展理念、服务质量理念和以人为本理念是管理工作的重中之重。

本章小结

21世纪的酒店，是以市场为导向、以宾客为中心的酒店，必须进行经营性的管理，才能够在激烈的市场竞争中取得相对优势。酒店管理是吸收管理学的基本原理及其他相关学科的理论作为自己的理论基础，用创新精神去探索酒店自身的运行规律，从而建立酒店管理的理论体系。随着旅游教育和研究的不断深入、酒店改革与发展的空前活跃，现代酒店管理在理论研究和发展实践方面取得了最新的进展，并逐渐总结出一整套适应酒店管理需要的核心理念。

练习与思考

一、专业术语

1. 酒店管理　　2. 酒店计划职能
3. 非正式组织　　4. 市场理念

二、单项选择题

1. 酒店控制职能是酒店管理职能之一，其首要内容为(　　)。
A. 科学决策　B. 合理用人　C. 统筹协调　D. 统一指挥
2. 下列选项中不属于酒店服务质量中硬件质量的是(　　)。
A. 卫生　B. 餐饮　C. 环境　D. 客房
3. 主要观点包含社会系统理论、系统管理理论、决策管理理论、权变理论、经验主义学派的是(　　)。
A. 行为科学理论　B. 科学管理理论
C. 现代管理理论　D. 系统管理理论
4. 酒店人力资源管理中对酒店所有工作制定的有关数量、质量、时间、态度等的详细、具体、统一要求的管理是(　　)。
A. 程序化管理　B. 标准化管理
C. 制度化管理　D. 定量化管理
5. 酒店组织管理是指(　　)。
A. 对组织结构的管理　B. 对组织生产力的管理
C. 对A、B两者的管理　D. 对权力和责任的管理
6. 服务质量的最终体现是(　　)。
A. 宾客满意程度　B. 受欢迎程度　C. 出售率　D. 投诉率

三、案例分析

一家酒店即将入住一位客人——下肢瘫痪坐着轮椅的法国记者塞勒先生。这天早晨，酒店总台接到通知后，立即安排专人到机场迎接。到达酒店后，行李员直接把他送到早就安排妥当的客房里，总台接待处派人到房间办理入住手续……住下后，他在酒店受到的一系列特殊待遇使他深受感动。他进房后稍许整理一下行李，便躺到床上休息。不一会儿，门铃响了，进来的是负责他这个楼层的服务员小傅。一阵问候后，小傅告诉塞勒先生，虽然他行动不便，但在这儿不必存有任何忧虑，酒店内的每个员工不仅会随时听候他的吩咐，还愿意满足他一切特殊的要求。

塞勒先生坦诚地告诉小傅，他来这里之前确有不少担忧，但见到酒店员工给他那么多超出意料的关怀和照顾，他已经不再担忧了，接着他说了此次来的具体计划。

首先，他明天要出席一次规模盛大的贸易洽谈会，后天下午要到市郊的某轻纺厂了解支持希望工程的情况，还要拜访若干位服务明星。说到此处，他略为停顿一下，似乎还有话要说，但有点犹豫。小傅告诉他直说无妨，酒店一定会尽力使他圆满完成这次沈阳之行的任务。在小傅的鼓励下，塞勒先生终于倾吐出自己的心事：原来他来时就曾听说这儿有个故宫，还有一个北陵，都与清朝的历史有密切的关系，他想去参观，但不好意思提出，因为这将给酒店带来太多的麻烦。

“塞勒先生，谢谢您对我们的信任。我们酒店虽然没有陪客人游览的服务项目，但您的情况比较特殊，我将向领导汇报，我们将尽可能使您满意。”小傅语意真切地说。

半个小时后，客房部经理到塞勒先生的房间，告诉他所有的工作和活动计划酒店都会给予全力支持。另外，客房部委派小傅和另一名服务员小冯专门负责他在这里的一切活动。塞勒先生听后，紧紧握住客房部经理的手，泪花在眼眶内闪烁。

客房部经理告辞不久，小傅又走进塞勒先生的房间，询问他是否要在客房用餐。晚饭后，小冯值班，他帮助塞勒先生脱衣、洗澡、穿衣……塞勒先生在这个城市待了4天。临别的那天上午，他请小傅陪同去天主教堂，用最虔诚的态度感谢上帝让他在这里遇到了“世界上最善良的人”，他祈祷上帝赐福给在这里的所有善待他的人们。

思考：

本案例是怎样体现出酒店服务质量的？

(资料来源：http://www.doc88.com/p-90057437277.html.)

四、实训题

1．在本地寻找一家星级酒店，了解其管理人员在管理过程中运用了哪些基础管理理论，并对其运用的效果进行分析和评价。

2．调查当地酒店某部门服务质量管理情况，分析原因，找出关键问题，给出解决问题的办法。

课后阅读

推荐阅读书目

[1] 黎洁，肖忠东．饭店管理概论[M]．2 版．天津：南开大学出版社，2003．
[2] 朱承强．现代饭店管理[M]．北京：高等教育出版社，2003．
[3] 杨富荣．旅游饭店服务教学案例分析[M]．2 版．北京：高等教育出版社，2010．

推荐学习网络

[1] http://www.9first.com.
[2] http://www.hkhta.edu.hk.
[3] http://bbs.veryeast.cn.

3

酒店组织管理

学习目标

知识目标

1. 理解组织与酒店组织
2. 了解影响酒店组织设计的因素
3. 理解掌握酒店组织设计原则、酒店组织结构类型
4. 理解掌握酒店组织管理的内容
5. 理解掌握酒店组织制度

能力目标

1. 能够运用酒店组织原则分析酒店组织
2. 能够根据酒店业务绘制酒店组织结构图
3. 能够运用酒店组织管理理论分析酒店组织管理活动
4. 能够运用酒店组织制度分析酒店制度管理问题

知识结构

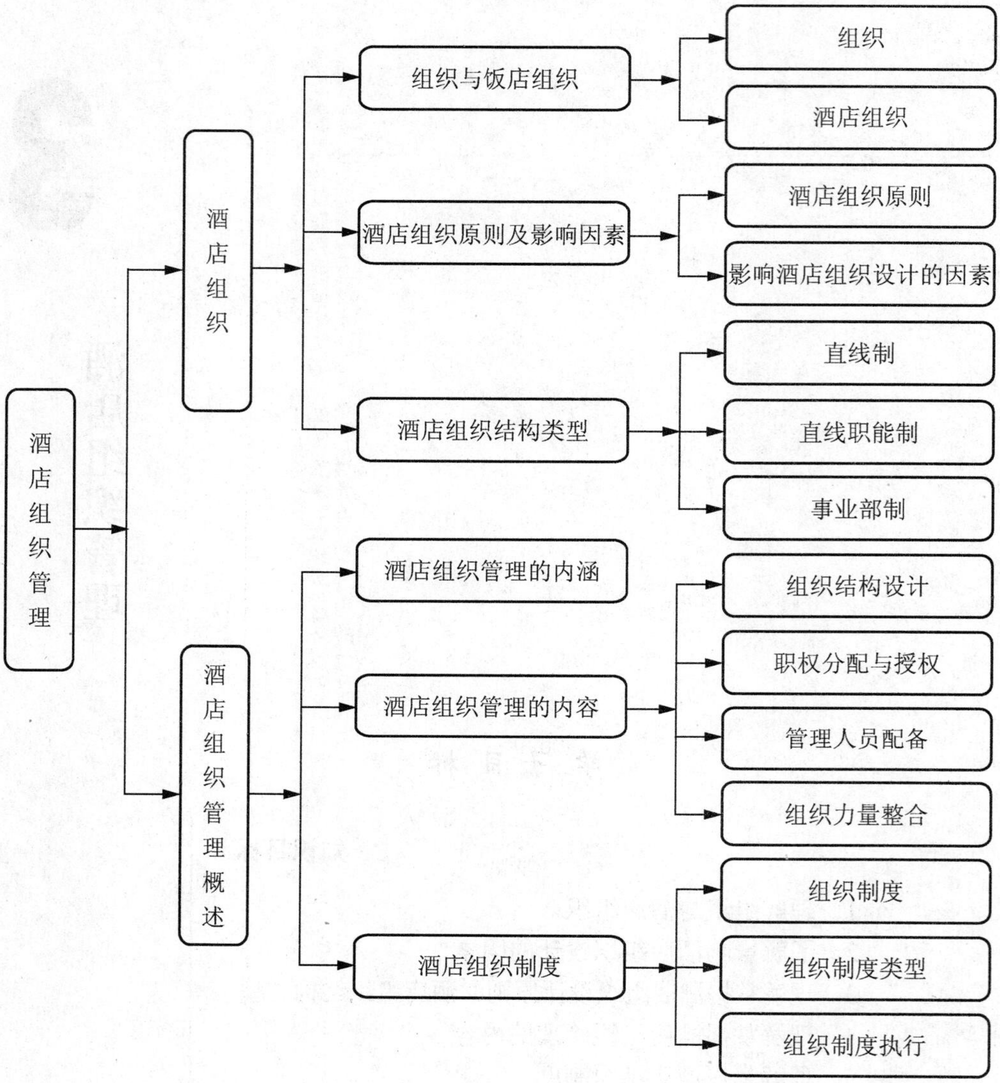
酒店组织管理
酒店组织
酒店组织管理概述
组织与饭店组织
酒店组织原则及影响因素
酒店组织结构类型
酒店组织管理的内涵
酒店组织管理的内容
酒店组织制度
组织
酒店组织
酒店组织原则
影响酒店组织设计的因素
直线制
直线职能制
事业部制
组织结构设计
职权分配与授权
管理人员配备
组织力量整合
组织制度
组织制度类型
组织制度执行

导 入 案 例

A 酒店是一家中外合资四星级大酒店，有 1 200 个床位和 800 个餐位，某外国财团控股 51%。其机构设置与国内的星级酒店有很大的差别。在开业后不久，中方代表、员工对酒店的组织机构意见很大，主要有 3 点：一是酒店应该有工会组织；二是酒店的营销部的人员太多，达 65 人；三是质量监督部的权力太大，有许多职能与酒店其他部门重叠。外方总经理在了解了这些意见后，做出了决定……

思考：

你认为总经理该如何决定？

(资料来源：徐桥猛．现代酒店管理[M]．北京：高等教育出版社，2004.)

3.1 饭 店 组 织

酒店组织结构是酒店运营的基础，合理的酒店组织结构是提高酒店效益的保证，酒店组织原则是酒店组织结构设计的依据。酒店内外环境不同，选择的组织结构的类型也就不同。

3.1.1 组织与酒店组织

1. 组织

组织是为了达到特定目标，在分工合作的基础上构成的人的集合。组织的基本特征有以下 4 点。

(1) 组织有特定的目标。任何组织都有目标，目标是组织存在的前提和基础。组织作为人的集合，如果没有目标，也就失去了集合的意义。

(2) 组织有分工与协作。组织的本质是协作，人们聚集在一起协同劳动产生了组织，要实现组织目标必须分工协作。

(3) 组织有不同层次的权力与责任制度。分工决定人们在组织中的任务不同，要完成任务就要赋予权力，同时也要确定责任。权力与责任是分工协作、完成任务、实现组织目标的保障。

(4) 组织是一个人为的集合系统。组织是人们为了达到特定目标而建立的。人们要为组织设计合理的组织结构，合理的组织结构是实现合理分工的保障。要保证组织各项活动的顺利进行，人们要为组织制定规章制度，组成系统的个人要遵守组织的规章制度，从而保证组织的目标实现。

2. 酒店组织

酒店组织是酒店全体职工为实现酒店经营管理目标，进行分工协作，在职务范围、责任、权利方面形成的结构体系。同其他组织一样，酒店组织也是人为的集合系统，有自己特定的目标，有分工与协作，有不同层次的权利与责任制度等。

酒店组织的作用有以下 3 点。

(1) 酒店组织是实现酒店运转的平台。酒店组织各部门、各岗位、各级员工分工协作，为客人提供服务，实现接待能力。

(2) 酒店组织是酒店信息沟通的桥梁。信息沟通是一切活动的基础。部门之间、上下级之间通过信息沟通，使管理人员、服务人员了解组织目标，产生协作愿望，明确个人的权力与责任，采取合理行动。信息沟通是实现有效领导的前提，通过信息沟通，不仅可以实现分工合作，还可以发现问题，及时解决问题。

(3) 酒店组织是酒店利用外部资源的工具。酒店组织是一个开放的系统，酒店经营管理不仅要合理配备内部资源，还要有效地利用外部资源。在市场竞争中不仅要知己，还要知彼，酒店组织还是酒店对外宣传、联系的纽带。

3.1.2 酒店组织原则及影响因素

1. 酒店组织原则

组织原则即组织设计原则、组织结构设计原则。酒店组织是酒店正常运营的载体，没有分工明确、权责清晰、协调合作的良好组织，酒店就难以有效运营，酒店的管理机制也难以有效地发挥作用，酒店的生存发展将会受到制约。为了有效配置酒店的各种资源，降低成本，保证酒店有效运营，提高竞争力，在设计变革酒店组织结构时，应该遵循以下基本原则。

1) 目标任务原则

组织设计是手段，目的是为了更好地实现组织任务与目标。酒店组织设计必须以酒店任务目标为出发点和归属点。设计哪些部门、设计什么样的部门结构，都要根据是否有利于酒店经济效益目标和社会效益目标，都要考虑是否有利于酒店任务的完成。酒店组织及其每一部分的构成，都应与特定的任务和目标一致。

2) 责、权、利相对称原则

设计酒店组织，要明确每个层级、每个部门、每个岗位的职责范围，又要赋予其完成职责所必须的权力。权力是责任的基础，有了权力才能负起责任，责任是权力的约束，有了责任才不至于滥用权力。同时还要根据责任大小、贡献大小、付出劳动多少等给予利益激励。利益大小决定管理者是否愿意接受权力、承担责任的积极性。权力恰当、责任明确、利益合理是酒店有效运转的重要条件。

3) 精干高效原则

组织的特征之一是分工协作，但是如果分工太细，就会造成组织结构臃肿，协调任务增多，协调难度加大。因此，酒店在设计组织结构时，既要有分工协作，又要确保精干高效。根据目标任务设计酒店组织，要以事为中心，因事设机构、设职务、设岗位，尽可能减少部门数量、部门层级，并配备适宜的管理人员，做到人和事的高度配合。机构精简、人员精干，组织协调容易，管理费用低，有利于实现高效管理。否则，机构臃肿、层级增多，工作推诿，组织协调难度大，管理费用高，管理效益低。

4) 管理幅度与管理层次原则

管理幅度指一个管理者能够直接有效地管理下属的数量。管理幅度不是越宽越好，管理幅度太宽，管理者就会因能力、精力、时间等原因对自己职责范围内的资源、活动等管不过来，酒店业务活动就会出现混乱，以致影响目标任务的完成。影响管理幅度的因素：职务的性质，高层管理幅度低，基层管理幅度高；工作能力的强弱；工作本身的性质；标准化和授权程度；信息反馈情况；主管与员工的能力素质等。组织设计一定要考虑相关因素，科学地设计管理宽度。

管理层级指组织的行政等级数目，是从最高一级管理组织到最低一级管理组织上下等级数目。一个管理等级就是一个管理层级。酒店管理层级也不是越多越好。层级多，影响上下沟通，容易导致相互扯皮，协调难度大，机构臃肿，管理费用高。酒店管理层级的多少与管理幅度和酒店规模有关。

在组织规模一定的情况下，管理幅度与管理层次成反比，管理幅度宽，管理层级就少，反之就多。在管理的幅度一定的情况下，酒店规模与管理层级成正比，规模大，层级就多，反之亦然。

随着酒店从业人员能力素质的提高，酒店管理手段的信息化程度提高，酒店管理理念的变化，酒店组织中间管理层在不断减少，扁平组织结构是当今酒店业组织发展的趋势。

5) 统一指挥原则

统一指挥指组织的各级机构及个人必须服从一个上级的命令和指挥。根据这一原则，一方面要求酒店各级管理机构应实行逐级指挥，一级管一级，不能越级指挥，指挥命令在发布的过程中从上到下都应该与最高管理层保持一致，中间环节要避免变形、折扣；另一方面要求酒店中每一个下属只应听从直接上级指挥命令，并对其负责。统一指挥可以防止政出多门、多重指挥，避免下级无所适从。政令统一，指挥才能有效，多重指挥往往是混乱和冲突的根源。酒店作为一个完整统一的系统，统一指挥是酒店上下左右各项业务活动有序开展的保证。

6) 权力制衡原则

权力制衡指组织中无论哪一级管理者、领导人，其权力的运用必须受到监督，一旦发现有滥用权力给组织造成损害的相关人员，可以通过合法的程序制止其权力的滥用。酒店组织设计、职权划分，必须让每一级管理人员所掌握运用的权力受到监督，保证职权运用的安全性、合法性。如果权力缺乏监督制约，就容易导致决策失败、指挥命令错误，权责利失衡，滋生腐败，导致组织系统紊乱，甚至给酒店带来风险。

7) 集权与分权相结合原则

集权指决策权在组织系统中较高层次的一定程度集中。分权指决策权在组织系统中较低层次的一定程度分散。集权有利于酒店统一指挥，有利于酒店人、财、物的合理配置。分权有利于调动下级的积极性、主动性，有利于下级根据实际灵活准确地决策，有利于高层专心进行战略管理。集权越多，组织内部的弹性越差，适应性越弱。因此，必须进行适度分权，分权过多容易导致统一指挥失灵。酒店组织设计特别是纵向等级管理系统的职权划分，一定要把权力集中于上级和权力分散到下级有机结合起来。集权与分权的程度应该根据酒店的规模、发展战略、酒店区域布局、市场的竞争情况、管理人员与被管理人员素质能力和意愿、管理手段等实际情况综合考虑。

小阅读

总经理该管什么

某酒店是一家有 280 间客房的功能齐全的三星级酒店。酒店的组织结构为 10 部 1 室，各部室设部门经理。高层领导设一名总经理统管全酒店并分管人事、财务两部分；设两名副总经理，一名分管前台各部门，一名分管后台各部门。总经理常常说酒店管理要实行走动式管理，并身体力行，经常深入到各部门去，对各部门的问题和决策也敢于在现场拍板定论。例如，客房要更换清洁剂的品牌、餐饮部调换水产品的供应商、销售部推行 VIP 接待卡等均是由总经理在深入部门时拍板定的。这样的结果是效率提高了，但也带来组织上的一系列问题，如高层的岗位职责问题、组织体系中的实施等级链的组织原则等。

这些都归结为一个问题——总经理该管什么？

(资料来源：蒋丁新. 饭店管理概论[M]. 3 版. 大连：东北财经大学出版社，2007.)

8) 弹性结构原则

弹性结构原则指部门机构、管理人员的职责、职位都能为适应环境的变化而做相应的变化。激烈竞争的市场环境、酒店自身的发展，客观要求酒店组织结构应该具有弹性、灵活性、权变性。弹性结构包括部门机构要有弹性，根据环境、目标任务的变化及时调整；岗位职位要有弹性，根据目标任务变革岗位，根据岗位变化变革职责职权，人事安排要根据机构、岗位、职位的变化及时调整。弹性结构有助于酒店完善分工协作关系，有助于资源的合理配置，提高酒店的接待能力，增强酒店的活力和竞争力。

酒店组织变革必须遵循客观实际，不能脱离客观实际随意调整，更不能说变动越快越好。组织设计时应该考虑到它的相对稳定性，不能朝令夕改，过多的变动会影响员工心理，浪费酒店资源，影响酒店整体效能的发挥。

2. 影响酒店组织设计的因素

组织设计变革不仅要遵守组织原则，而且要充分认识影响酒店组织设计的各种复杂因素，这些复杂因素具体涉及 8 个方面。

1) 宏观环境

酒店的生存与发展都离不开社会宏观环境，宏观环境对酒店的生存与发展有着决定、制约、影响等不同程度的作用。酒店组织设计必须积极适应环境变化。随着我国改革开放的深入，外资酒店进入，给酒店企业带来了压力与挑战，同时也带来了机遇。酒店在组织设计时就要引进并学习外资酒店的先进的组织结构。随着经济发展、改革的深化，旅游酒店产业成为经济发展的重点产业，酒店组织结构设计就应该立足当前，面向未来。

2) 市场竞争环境

旅游酒店业迅速发展，竞争也日益激烈。行业竞争不仅争客源、争市场，而且争人才、争技术。人才的竞争是酒店业人员流动率高的原因之一。酒店在组织设计时就要考虑到如何留住人才，尽量避免人才流失。面对不同的市场环境，组织设计要依环境变化而变化。在市场稳定的环境中，部门岗位的划分较细，部门关系相对规范固定，权力划分集中程度高；在当前市场变化剧烈的环境下，部门岗位的划分应该粗略一点，部门关系应该灵活一点，甚至成立临时部门，下放权力，提高分权程度，调动下属的积极性。在市场竞争中，酒店组织设计应积极考查调研，进行行业横向比较，积极学习优秀酒店成功的组织管理经验，结合自身，消化吸收。

3) 顾客需求

酒店是为顾客提供消费服务的，满足顾客需求是酒店的宗旨。随着社会消费水平的提高，客人的消费需求日益多样化，除餐饮住宿外，购物、娱乐、通信、交通、美容美发、健身康乐等需求不断增长。客人对客房的房型需求越来越多样化，酒店在组织结构设计时，就要充分考虑顾客的相关需要设计部门、岗位。

服务质量是酒店生存发展的硬道理。提高服务质量，让顾客满意才能赢得市场。现实中很多客人投诉是由于一线服务人员无权或权力太少，不能及时解决客人的需求造成的。因此，要提高服务质量，就应该赋予一线服务员工合理的权限，组织设计就应该向一线作业层分权，让给他们能有足够的权限及时提供符合顾客要求的服务。

4) 酒店发展阶段与规模

在酒店发展的不同阶段，组织结构的特点明显不同。初创时期，机构不正规、不稳定，部门间关系不规范，责权利关系不协调，分工不完善，规章制度不健全，权力集中程度高；发展时期，机构部门不断完善并且相对稳定，责权利关系比较协调，分工也不断明确，规章制度不断健全，集权程度降低，分权程度提高，酒店活力增大；成熟时期，组织结构更加完善，无论是机构部门设计、专业分工、责权利划分、部门关系规范、岗位职务设计都是比较成熟的，酒店运营比较有序；酒店处在衰退期，机构部门人员都开始减少，规章制度执行被打折扣，部门协调性降低。

酒店的发展规模不同，组织设计也不同。酒店规模小，集权程度高，分权程度低，机构简单，等级层次少；酒店规模大，部门机构多，分权程度提高，等级层次增多，责权利划分应该更加明确，部门关系应该更加规范。酒店组织设计变革一定要结合不同阶段的具体情况，根据酒店规模大小进行，绝不能脱离自身实际。

5) 酒店类型

酒店类型纷繁复杂，不同类型的酒店经营特色不同，组织结构一定存在差异。例如，商务酒店主要以接待商务、旅游者为主，环境设施设备要求高，单人间比其他类型酒店多，对服务员的文化素质和技能要求也高；度假型酒店以接待旅游度假为主，除了向客人提供常规服务设施外，健身康乐服务突出，通常有保龄球、网球、台球、高尔夫球、游泳池、酒吧、咖啡厅、卡拉 OK 厅、水上运动等，在部门岗位设计、员工服务技能等方面有着自身的特点。因此，酒店组织设计一定要考虑到酒店的类型。

6) 酒店发展战略

战略管理是当今企业管理的重要方式。酒店的战略选择不同，酒店的业务活动重点不同，组织结构就有所不同。当酒店战略重点发生转移后，工作的重点也随之发生转移，部门、岗位、职务也将随之发生一系列变化。例如，酒店发展选择稳定型战略，组织结构设计更多体现刚性，部门岗位职务设计变化较少，组织结构变化很小；酒店发展选择发展型战略，组织结构设计更多体现柔性，部门岗位职务设计根据酒店发展需要不断调整。

7) 酒店技术

影响酒店组织设计的技术主要是服务技术和信息技术。服务工作标准化程度、服务技术技能水平高低不同，组织结构就有差异。标准化程度高、服务技能高，岗位数量减少、管理幅度增大，管理层级减少，反之亦然。酒店利用信息技术的水平不同，对组织结构的影响也很明显。酒店利用信息技术水平越高，对员工素质要求也越高，部门间协调合作方便，沟通畅通，节省人力资本，工作效率提高，有助于酒店精简机构，管理层级减少。

8) 酒店员工素质

酒店员工素质包括管理人员素质和被管理人员素质。管理人员尤其是上层管理人员的管理能力、管理哲学、专业修养、品德修养在不同程度上影响组织管理幅度、管理层级、授权程度、指挥命令的效果。被管理人员的业务水平、服务技能、服务态度、接受管理的思想不同，影响组织协调合作，影响岗位任务完成，影响管理者的管理幅度。

3.1.3 酒店组织结构类型

企业的组织结构类型多种多样，传统的类型有直线制、职能制、直线职能制、直线职能参谋制；现代企业组织结构类型有事业部制、矩阵制、多维立体制、网络型组织结构等。酒店企业的组织结构类型主要有直线制、直线职能制，现在大型酒店或酒店集团也开始采用事业部制。目前，我国大多数酒店采用直线职能制组织结构形式。

1. 直线制组织结构

直线制组织结构指职权从组织上层直接"流向"组织的基层，酒店按照由上到下的权力划分实施指挥，是直线垂直领导的组织形式，也称为单线型组织结构。每个主管人员对其下属有直接指挥职权，主管人员在其管辖的范围内，有绝对的或完全的职权。每一层级的个人或组织只接受一个直接上级领导并向其汇报工作，领导隶属关系明确。直线制组织结构基本没有职能部门，有的设有助手或设一两个职能部门，但它不是真正意义上的职能部门，而是兼有保安、人事、财务、工会等多种职能。直线制组织结构的形式如图 3.1 所示。直线制组织结构适合规模小、业务简单的酒店或酒店初创时期。

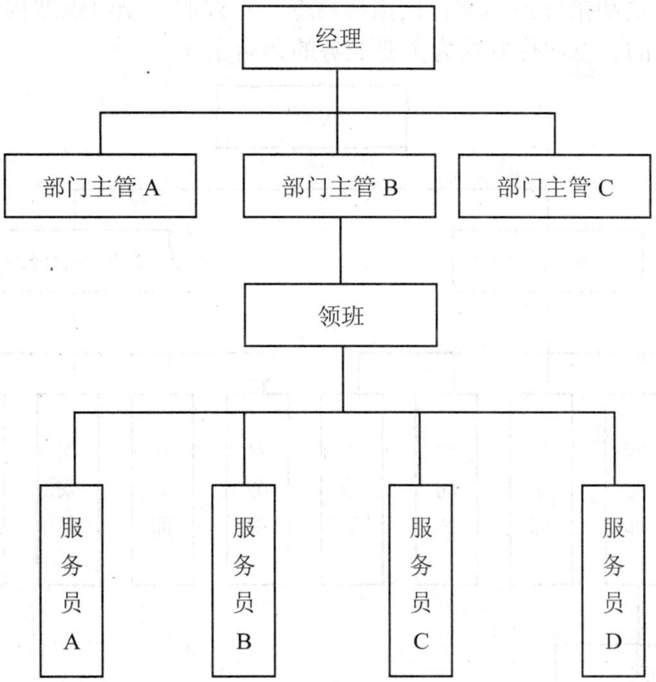

图 3.1 直线制组织结构形式

直线制组织结构的优点：结构比较简单；责任与职权明确；决策比较迅速、容易；信息传递途径单一，传递速度快。

直线制组织结构的缺点：在酒店规模较大的情况下，业务比较复杂，所有的管理职能都集中由一个人来承担是比较困难的；经理或上层管理人员权力过大，负担过重；对经理或上层管理人员要求比较高，它需要其具备酒店管理所需的全部能力和较高的管理水平；没有分工明确的职能部门，影响酒店运营效率；基层服务员权力小、自主性小，积极性容易受挫；由于各职位工作程序固定，容易导致僵化。

2. 直线职能制组织结构

直线职能制是由直线制和职能制结合起来的组织结构。在直线职能制的组织形式下，酒店根据专业分工，按照功能划分为若干个部门，诸多部门分为两大类：一类是业务部门，也称直线部门，是接待服务部门，直接从事酒店一线经营和接待业务，是酒店直接创造利润的部门，如客房部、前厅部、餐饮部、康乐健身部、商品部、工程部等；一类是职能部门，也称行政部门，一般不直接为宾客服务，这些部门是业务部门的后方保障部门，为业务部门服务，如人事部、办公室、财务部、保安部、采购部等。直线职能制组织结构的形式如图 3.2 所示。

直线职能制组织结构的特点是以直线为基础，权力集中于高层。上层行政主管(总经理)之下设置相应的职能部门，从事专项职能管理。职能部门拟定的计划、决策、方案、制度需要由业务部门执行，要由上层行政主管批准发布，由业务部门主管(部门经理)对本部门下达执行命令。业务部门遵守直线原则，实行垂直指挥，职能部门对业务部门只能提供建议和指导，不能直接指挥命令。直线职能制组织结构适合规模大的、没有跨行业经营的、以居住餐饮为主要业务的酒店企业。

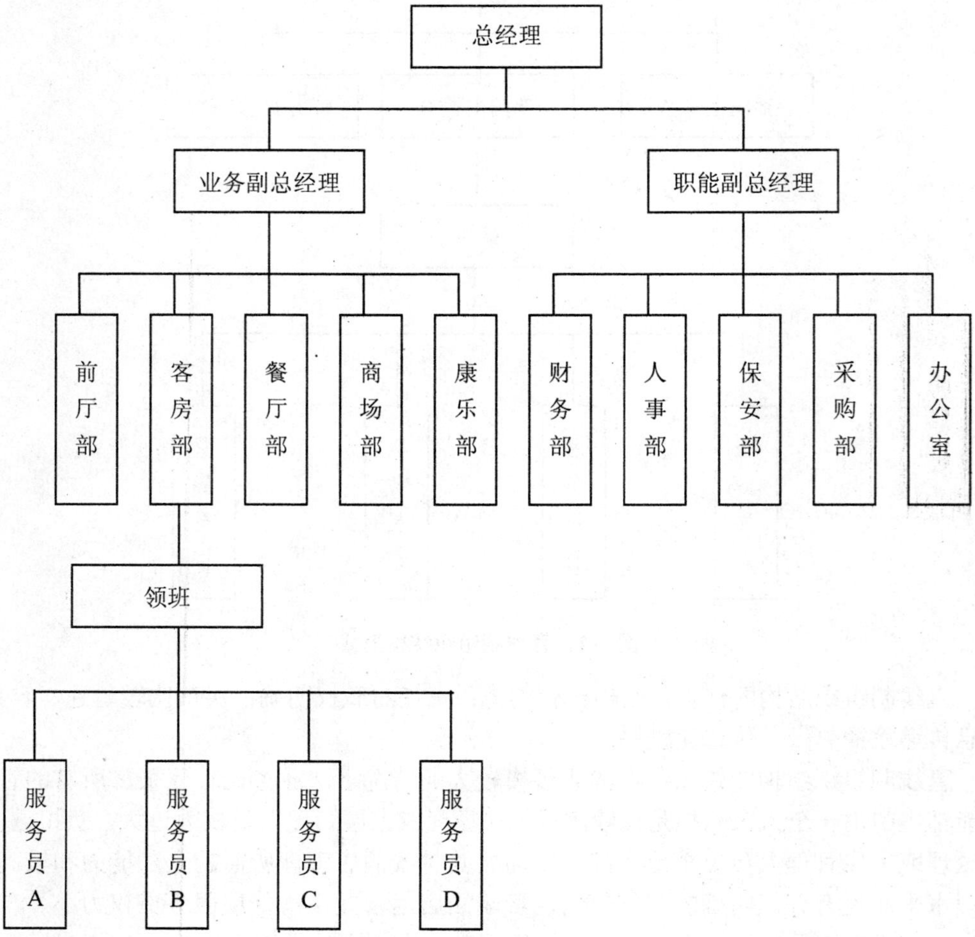

图 3.2　直线职能制组织结构形式

直线职能制组织结构的优点：既保留了直线制组织结构的集权特征，又吸收了职能制组织结构专业分工的优点，保证了酒店统一指挥，经营有序，有助于克服政出多门的问题，发挥了职能部门的专业管理，有利于各个部门之间的协调，有助于决策科学化、民主化。

直线职能制组织结构的缺点：权力过于集中，不利于调动下级人员的积极性，同时，高层领导者忙于日常经营活动，疏于考虑酒店长远的发展战略；随着酒店的发展，行政机构越来越庞大，各部门之间的协调也越来越困难，造成体制僵化，管理成本上升；若授权职能部门权力过大，容易干扰直线指挥命令系统，业务部门与职能部门之间的关系将更加复杂。

3. 事业部制组织结构

事业部制组织结构是一种分权式结构，遵循“集中政策，分散经营”的管理原则，在集中领导下进行分权管理。事业部制是在西方发达国家工业企业经营多样化背景下产生、发展起来的组织结构。其特点是总公司之下按产品、地区或经营部门分别设立若干事业部，该项产品或地区的业务，从产品设计直到产品销售，全部由事业部负责。每一个事业部都有自己的产品和市场，实行独立核算，自主经营。高层管理者只保留人事决策、财务控制、规定价格幅度以及监督等大权，并利用利润等指标对事业部进行控制。事业部制组织结构形式如图 3.3 所示。

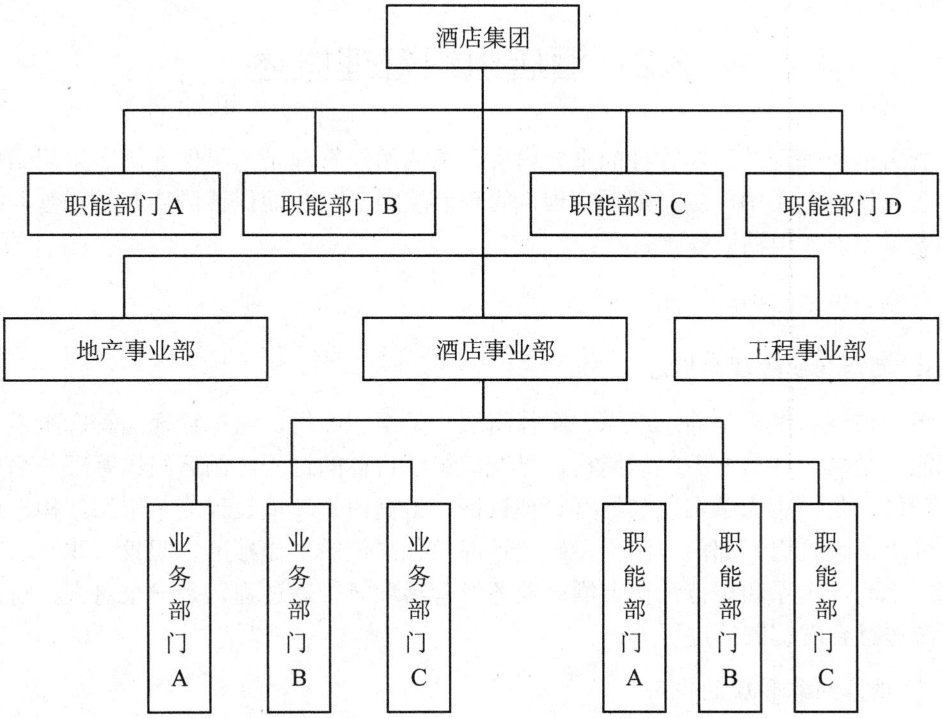

图 3.3　事业部制组织结构形式

随着我国旅游酒店业的发展，酒店行业公司化、集团化的趋势日益突出。大型酒店企业开始采用事业部制组织结构。在酒店集团企业，除了主营餐饮住宿外，还在不同区域经营房地产销售、工贸、印刷、工程设计、西餐咖啡等；大型的酒店公司除了公司旗舰酒店外，还拥有具有独立法人地位的酒店子公司。这些大型酒店企业作为总公司，除了设立人事部、办公室、财务部、保安部、采购部等职能部门外，其麾下的酒店、地产、工贸、印刷、工程等子公司成立事业部，事业部是总公司下面的一个利润中心，各事业部自主经营，独立核算。酒店总公司对各事业部人事、财务、利润进行控制，为总公司的发展做战略规划。

根据事业部制的特点，一般酒店企业不适合选择事业部制组织结构，酒店选择事业部制应该具备 3 个基本条件：①独立的市场，事业部的产品和服务能形成独立的市场和市场价格，市场比较稳定；②独立的自主权，事业部的产品和服务是独立的，能独立完成，实行自主经营、独立核算；③独立的利益，在独立核算的基础上，事业部的利益与利润挂钩，事业部为总公司(集团公司)创造的利润多，分享的利益就大。

事业部制组织结构的优点：权力下放，有利于高层领导集中精力研究企业的大政方针和战略问题；各事业部独立核算，能充分发挥他们的积极性、主动性和创造性；各事业部之间的竞争有利于提高公司的整体效率；便于培训高层管理人才。

事业部制组织结构的缺点：在总公司和各事业部都要设置职能结构，容易造成机构重叠，管理人员膨胀，管理费用增加；各事业部独立性强，考虑问题容易忽视整体利益，使协调性难度增大等。

3.2 酒店组织管理概述

酒店组织管理是酒店管理的重要内容。酒店组织管理是为了保证酒店组织结构合理，责、权、利明确，资源配置合理，管理制度科学，从而保证酒店有效运营，提高市场竞争力，实现酒店经营目标。

3.2.1 酒店组织管理的内涵

1. 酒店组织管理的概念

组织与酒店组织是静态组织、实体组织，是组织结构。组织管理是动态组织、组织职能，是指设计与变革组织结构，以完成组织目标的过程。酒店组织管理是酒店的组织职能，是酒店为了实现其经营管理目标，根据内外环境设计变革组织结构，进行专业分工，设置组织部门、岗位，确定各部门、岗位的工作标准、职权、职责，制定各部门之间的关系和规范，协调酒店业务经营活动等管理过程，是一个对人、财、物等资源进行合理配置的过程。

2. 酒店组织管理的作用

1) 酒店组织管理是实现酒店目标的重要保证

酒店组织仅仅是实现酒店运转的平台，而酒店组织管理是实现酒店高效运转和实现酒店目标的重要保证，是酒店组织生存发展的关键。酒店组织管理根据酒店目标，结合内外环境，设立变革与之相适应的组织机构，明确规定各部门的职权、职责关系；明确规定各部门之间的沟通渠道与协作关系，从而保证酒店的协调、高效运转。酒店组织管理合理地组织和调配酒店的人、财、物等各种资源，从而降低成本，提高资源利用率，形成高效的接待能力，增强酒店效益。

2) 酒店组织管理是提高酒店竞争力的关键

酒店企业是劳动密集型企业，酒店产品主要是无形服务，服务的质量不在于设施设备，而主要在于员工的服务水平、服务态度。酒店企业提高竞争力，关键是提高企业员工的积极性、主动性和创造性，提升服务质量。有效的酒店组织管理能够坚持以事为中心设置组织机构，因事设置机构、岗位、职务，并配备合适的人，做到人、事高度配合，让合适的人做合适的事。有效的酒店组织管理，能够确定科学的规章制度，实施以人为本的，关心员工的物质精神需要的，尊重、信任员工的，奖励为主、创造公平和谐的环境。有效的酒店组织管理通过合理的人事安排让人自觉合理地做事，提升服务质量，提高酒店竞争力。

3) 酒店组织管理是增强酒店凝聚力的保证

由于各种原因，当今酒店企业普遍存在员工流失率较高的现象。酒店能否留住员工有两个关键：一是待遇，二是职业成长。满足不了员工基本的要求，酒店就很难留住员工。有效的组织管理能够将组织的目标与员工的个人目标有效结合起来，在实现组织目标的过程中，重视员工的薪酬、奖励、职业成长，让员工对酒店产生认同感、归属感。而不是相反，只强调酒店的目标，一味地让员工服从组织、让员工奉献。员工对酒店产生认同感、归属感，酒店就有了凝聚力、吸引力，员工流失率就会下降。

4) 酒店组织管理是酒店重要的管理职能，贯穿于酒店管理的全过程

酒店组织管理是酒店其他一切管理活动的保证和依托，其优劣在很大程度上决定酒店管理的决策、计划的成败。酒店组织管理不是一劳永逸的，而是要根据内外环境的变化，不断变更组织结构，调整人事安排、变革职权职责等，所以酒店组织管理贯穿于酒店管理的全过程。

3.2.2 酒店组织管理的内容

酒店组织管理首先要在明确目标的前提下，确定酒店业务活动，确定各项业务应该让谁去做，承担不同业务的人享有什么权力、承担什么责任。这就需要划分部门、层次，形成组织结构，需要为组织结构中的每个职位配备合适的人员，并把监督每类业务活动所必需的职权授予给各个层次、各部门的主管人员，以及规定上下左右的协调关系；为了保证各项业务的有效开展，要制定酒店制度，整合酒店力量，开展酒店企业文化建设，正确引导非正式组织，还需要根据酒店内外诸要素的变化，不断地对酒店做出调整和变革，以确保酒店目标的实现。概括起来，酒店组织管理的内容主要包括组织结构设计、职权分配与授权、管理人员配备、组织力量整合等方面。

1. 组织结构设计

组织结构设计是组织管理的首要工作。其主要任务是部门和岗位的设计，各部门、岗位职责、权利的界定，确定各部门和岗位之间的层级关系。这项工作的开展，一定要在遵守组织结构设计原则、充分考虑影响组织结构设计因素的前提下进行，以保证组织结构设计工作的有效性和组织结构的科学性、合理性。

1) 根据组织目标确定业务内容

酒店组织结构设计首先要明确酒店目标，围绕酒店目标，确定酒店应该开展的各项业务活动、业务种类、业务范围。

2) 部门设计

部门是承担一定管理职能的组织单位，是由管理业务和人员所构成的集合，它分布在酒店组织的各个层次上。部门设计是确定酒店经营部门、管理部门的设置及其职权配置，按照酒店业务活动的性质与技能的相似性，把经营活动、管理活动进行分类所形成的管理业务组合。组合后的管理业务分别设置相应的部门来承担，并授予这些

部门从事管理业务所必需的各种职权。通过部门设计，确定组织中各项业务的分配、权力的界定、责任归属，达到分工合理、责任明确的目的。

不同的企业部门设计的标准不同，有按产品划分的，有按区域划分的，有按项目划分的，也有按客户划分的。酒店企业一般是按照职能划分，即按照管理业务活动的性质与技能的相似性进行划分。通过职能划分产生餐饮部、客房部、前厅部等业务部门，人事部、财务部、保安部等职能部门，以及在所有部门之上的最高管理部门。按照职能设计部门有优点，也有缺点。优点是管理权力集中，便于实施严格控制；避免人、财、物资源的重复配置；有利于强化专业管理，提高工作效率。缺点是横向协调性差；企业领导负担重；不利于培养素质全面的管理人才。部门设计要尽可能降低其缺点带来的不利影响。

部门设计应注意的事项有以下 3 点。

(1) 明确酒店的业务活动中的增值活动与非增值活动。承担酒店价值增值活动的部门是业务部门，在人力、物力、财力的资源配置中应该重点保证，把这些部门置于酒店组织结构的中心地位，确保酒店目标的实现；承担非增值活动的部门是职能部门(行政部门)，属于辅助部门，其不能直接为酒店创造利润，而是为业务部门服务的，因此必须明确职能部门与业务部门的协调关系。

(2) 避免部门之间职能重复，避免部分工作被遗漏；明确各职能部门的职能任务，各部门做到各司其职。同时要认真梳理酒店业务，明确各项业务的部门归属，确保各项任务有效落实。

(3) 部门的人员配置要与工作量、专业知识、专业能力相协调。避免工作量上出现“旱涝不均”、“鞭打快牛”现象，避免人员配备错位，造成人力资源浪费、降低员工积极性、降低工作效率。

3) 岗位设计

部门业务活动很多，往往需要若干人来承担，因此需要将具体的业务落实到岗位。岗位是组织为完成某项任务而确立的，由工种、职务、职权、职责、职称等内容组成。例如，收银员承担前厅部收款工作任务，传菜服务员承担餐厅传菜工作任务，客房部经理负责客房经营管理工作。岗位设计是用一定的方法将各种任务结合起来，将它们组合成完整的工作，将组织目标与员工满意度相结合，让合适的人做合适的工作。

岗位设计又称职位设计，是专业分工的需要。通过岗位设计，提高员工的工作熟练程度，减少因工作变换而损失的时间，使用设备专用减少培训需求，扩大劳动者的来源，降低劳动成本。

岗位设计应注意的事项有以下 6 点。

(1) 根据工作任务确立工作岗位名称及其数量。岗位名称指岗位从事什么工作，名称应准确；岗位数量应适中，避免岗位不足与岗位虚设。

(2) 根据岗位工种确定岗位职务范围，职务范围应确保工作任务的有效完成。

(3) 根据工种性质确定岗位完成工作所需要的工具、资料、机器设备与材料以及工作质量和效率。

(4) 明确岗位环境，确定岗位任职资格，即从事该工作应该具备的基本条件。

(5) 确定各个岗位之间的相互关系、岗位工作人员的正式联系以及上下级关系，确保工作的合作协调。

(6) 根据岗位的性质明确岗位目标责任，确保责权利统一，从而有效激励员工完成任务。

4) 层级设计

组织中有众多的员工，作为组织主管没有那么多时间、精力、知识和能力对每一个员工直接进行管理，这就需要设计管理层次，逐级进行指挥管理。管理层次是一个组织内设计的行政等级数是从上到下的层级关系，是组织的指挥链、命令链和报告关系，也是组织信息沟通通道。

酒店企业一般设 4 个层级：决策层、管理层、执行层(督导层)和操作层。决策层由董事长、总经理、副总经理、总经理助理等构成，其职责是确定酒店经营的目标和大政方针，决定酒店发展计划和和组织机构，负责重大的人事任免，协调酒店与政府的关系；管理层由部门正副经理、部门正副总监、部门经理助理、厨师长等构成，主要职责是根据决策层的决策，组织指挥本部门的工作，为本部门制定具体的目标，拟定、选择行动方案，配置部门资源，协调部门关系；执行层(督导层)由督导、领班等构成，主要职责是执行部门计划、安排日常业务，监督指导服务员的工作，有时也直接参与接待客人的服务；操作层由服务员和职能部门的作业人员构成，其职责是从事具体操作和为客人提供直接服务。

2. 职权分配与授权

职权是酒店各部门、各岗位在职责范围内决定影响他人行为的权力。职权设计就是正确处理酒店内各部门、各层级的职权关系，将不同类型的职权合理分配到各部门、各层级，建立协调合理的职权结构。职权设计包括职权的纵向结构设计和横向结构设计与组织授权。

1) 职权的纵向结构设计

组织不同的管理层担负不同的管理职责，同时拥有不同的管理职权，从纵向角度看，就形成职权在各个层级之间的分配。在酒店职权的纵向结构设计上，上层职权是涉及全局的战略决策权，中层职权是实现战略目标的局部性的战术决策权和专业管理权，基层职权主要是作业管理权、日常管理权。

2) 职权横向结构设计

职权横向结构设计指同一管理层次各个部门的职权配置形成的相互关系。酒店各业务部门之间、职能部门之间、业务部门与职能部门之间存在着分工合作的关系，分工决定各部门拥有各自的职权，各自的职权确保各部门完成任务、承担责任；合作决定各横向部门之间配合、协作的义务，职权横向结构的设计既要明确各部门的职权，又要明确各部门之间的合作关系。

3) 组织授权

授权指上级把自己的职权授予下属，主要是决策权，使下属拥有更大的自主权和行动权。授权包括委派任务、委任权力、明确责任。授权对酒店经营管理有积极意义。

对上级来讲，可以有更多的时间和精力研究酒店长远发展、集中精力做大事，做好重大决策；对下属来讲，将激发下属的积极性，有效完成部门目标任务。同时，改善上下级的人际关系，增强酒店组织凝聚力，提高酒店运营效益。通过授权还为组织改革、实现酒店组织扁平化提供了条件。

授权应遵循的原则有以下 7 点。

(1) 明确授权的目的和任务。授权人应该让被授权人明白自己的任务是什么，要做什么，该做什么。明确授权的目的，授权要达到的结果，这样才能让被授权人清楚该做什么，怎么去做，才能有助于任务的完成。

(2) 明确责任。授权人要让被授权人明确对委任的工作和任务承担的责任，这是对授予权力的约束，避免出现不负责任、逃避责任现象。

(3) 因事设人，视能力授权。授权前要对工作任务的难易程度做出客观估计，对被授权人的知识水平、能力大小做出客观评价，在此基础上将权力授予合适的人。

(4) 不要越级授权。授权人只能对其直接下级授权，不能越级授权。业务副总经理只能向客房部经理授权，不能向领班授权。

(5) 授权适度。授权不能太大，也不能太小，应该根据任务的难易而定。任务重，授权小，难易保证任务的完成，同时也不利于调动下属的积极性。同样，任务轻，授权大，容易造成权力滥用。同时，授权人应该明确哪些权力可以授予下属，哪些权力不应该授予下属，确保必要的集中。

(6) 相互信任。上级向下属授权就要信任被授权人，否则不应该授权于该下属。用人不疑，疑人不用。授权人应该大胆让下属解决问题，完成任务，不要轻易插手，这样才能调动下属的积极性。

(7) 加强制度监督。为了降低授权后的风险，避免滥用权力，授权之前应该建立监督制度，由制度监督被授权者，而不是上级领导不放心，不断插手、干预被授权者。

通过部门、岗位、层级设计和职责权限的分配，形成酒店系统的有机整体，部门之间、层级之间分工协作，形成酒店接待业务。组织结构设计的结果，产生酒店组织结构图和职务说明书(职位说明书、岗位说明书)。职务说明书一般是以文字的形式规定某一职务(职位、岗位)的工作内容、职责和职权，该职务与组织中其他职务或部门的关系，以及该职务担当者所必须具备的任职条件，如基本素质、学历、工作经验、技术知识和处理问题的能力等。

小阅读

月薪上万留不住人才

成都某准三星级酒店为了提高经营管理能力，高薪聘请了高层管理人员任职。例如，总经理月薪 10 000 元，餐饮总监月薪 8 000 元，厨师长月薪 6 000 元，就连部门经理的月薪也在 4 000 元左右。这样高的待遇，在成都同类型的酒店屈指可数。但为什么这些管理者拿着如此高的薪水还是要走人呢？经了解才知道，该酒店老板虽然把人招来了，却把他们的手脚捆绑起来，丝毫不放权。

例如，有一次，厨师长根据实际的工作需要，向总经理提出申请招聘一名洗碗工，总经理同意后，老板得知此事，却直接免掉。再如，厨房临时水果不够用，也必须请老板签字批准才可。久而久之，管理人员形成一种习惯——凡事少过问，大家的工作积极性不高，没有主动意识。最后，面对被老板架空的职能，职业经理人纷纷弃高薪而去，寻找自己的用武之地。

思考：

该酒店管理在什么方面出现了问题？

(资料来源：http://blog.meadin.com/u/huyufu/20098181399.html.)

3. 管理人员配备

人员配备是根据酒店目标和任务正确选择、合理使用、科学考评和培训人员，以合适的人员去完成组织结构中规定的各项任务，从而保证整个酒店目标和各项任务完成的管理活动。酒店的任何活动都要有人来承担，任何一个部门、任何一项任务、任何一项组织职能都必须有合适的人选，人员配备是组织管理的重要内容。人员配备包括管理人员配备和普通员工配备。组织层级设计、部门设计，必须为各层级、各部门配备管理人员，而且在人力资源中，管理人员对酒店运营、效益影响更大，因此管理人员配备是人员配备的重点、组织管理的基本要求。

1) 明确管理人员选聘的标准

管理人员的选聘标准也就是管理人员应该具备的条件，一般来说应该具备良好的道德品质、相应的专业知识，更重要的是具有强烈的管理愿望和较高的管理能力，包括决策能力、沟通能力、协调能力、控制能力等。当然，不同层次对管理能力的要求有所差别，如大堂副理，沟通能力一定要强。不同部门工作性质不同，选聘标准要有所差异。财务主管应该是财务专家，业务部门经理应该具有相关业务知识和业务经验，是相关业务专家。

2) 坚持选聘原则

坚持选聘原则，才能选聘到酒店需要的合适人才，才能合理地使用人才，让人才在工作中发挥作用。选聘原则一般包括职务要求明确、量才使用、用人之长、公开竞争、任人唯贤、因事择人等。

3) 确定管理人员选聘的方式

管理人员选聘方式主要是内部提升和外部招聘。两种方式有利有弊，酒店应该根据部门岗位工作任务的实际来确定。一般来说，酒店基层、中层管理人员从酒店内部提升，激发员工的积极性，高层管理人员既可以从内部提升，也可以从外部招聘。但是无论是从内还是从外选聘，都要坚持标准、坚持原则。

4) 科学考评管理人员

管理人员配备是一个动态的过程，对选聘的管理人员需要科学考评。管理人员考评是对管理人员的素质、行为以及绩效做出考核评价，了解掌握其业绩、管理能力、存在的问题，为岗位、薪酬调整、培训提供依据，为酒店人力资源整合、留住人才奠定基础。

4. 组织力量整合

1) 企业文化建设

企业文化是企业创造的物质文化与精神文化的总和。酒店企业文化是酒店在长期的经营过程中形成的具有自身特色的物质文化和精神文化，具体包括环境文化、产品文化、制度文化和精神文化。

环境文化主要指酒店的内部环境所体现出的具有自身特色的文化，包括建筑、装潢、设施、设备、员工着装、广告等。环境文化是酒店外在的社会形象，给人最直观的感受，优良的环境文化会让宾客认同、接纳、赞美。

产品文化主要体现在有形产品和无形产品上。有形产品主要是酒店提供给宾客的客房、餐饮、康乐等产品，宾客在酒店食宿不是简单的吃住，在吃住的同时还会感受特色餐饮文化、客房文化、娱乐文化带来的心理满足；酒店主要是为宾客提供服务的，服务作为无形产品是酒店内在的社会形象，热情周到、规范标准的服务会让宾客享受优质服务，从而赢得宾客好评。

制度文化是酒店各种规章制度的总和，包括酒店管理体制、组织机构、组织制度、业务流程等。完善的酒店制度文化让员工明确任务、职责职权，明确行为方式、方法、行为结果，是酒店有效运营的基础。

精神文化是酒店观念范畴的文化，是狭义的企业文化，包括酒店经营精神、经营哲学、价值观、理念、酒店作风、酒店伦理、经营宗旨等。精神文化是酒店企业文化的核心，是酒店经营的灵魂。精神文化决定环境文化、产品文化、制度文化，全方位影响酒店经营，大到酒店战略，小到酒店每一项业务、每一件事。“以人为本”的价值观、理念是酒店精神文化的核心。“以人为本”之人包括酒店员工和宾客。酒店是向宾客提供服务的劳动密集型企业，酒店服务质量如何关键取决于员工的技能、态度，酒店经营目标依赖员工的共同努力。尊重、关心、信任员工，公平对待员工，满足员工的物质精神需要，以优质的服务满足宾客的需要是“以人为本”的内在需要。

加强酒店企业文化建设是市场竞争的客观要求。企业文化是酒店核心竞争力，内资酒店之间竞争、内资酒店与外资酒店之间竞争最终都体现了酒店文化竞争。酒店企业文化对酒店经营管理有导向功能、凝聚功能、激励功能、规范功能、辐射功能，加强酒店文化建设，打造特色企业文化，有助于树立酒店良好形象，增强竞争实力。

小阅读

如何认识企业文化

广东某酒楼一次部门会议上，一位刚上任的部门经理因不了解老板的脾气，在会上提了一个建议：“酒楼必须建立自己的企业文化，没有企业文化的企业就像失去了灵魂。只有让员工都融入到企业中去，并认同酒楼的管理模式，看到酒楼的前途和希望时，他们才会安心工作。”这位经理的话音未落，老板就凶巴巴地骂开了：“我们是民营企业，不要给我谈什么企业文化，我对这个很反感。我开了几年的店，从来没有搞过什么企业文化，还不是一样挣钱。这家不行，我可以再开一家。你才来几天。”很多知情的员工讲，这个老板虽然在开店，但总是关了开，开了关。

(资料来源：http://res.meadin.com/ResManage/2010-11-30/ 1011303646_2.shtml.)

2) 正确引导非正式组织

精心构建的正式组织，是以有利于酒店经营管理，以酒店的目标为出发点和归属的。酒店员工的很多需要不能从正式组织中得到满足，在长期的工作中，共同的兴趣爱好、价值观念、利益和习惯等使员工们自发地形成若干小群体，这种没有分工、没有等级关系、以满足员工的需要为目的的群体是非正式组织。

传统的观点对非正式组织持否定态度，只看到它的消极作用——传播小道消息，不利于组织团结；当非正式组织目标与正式组织目标发生矛盾时，非正式组织对正式组织目标的实现产生消极作用；非正式组织的群体规范、群体压力，对正式组织的变革创新产生阻碍等。甚至有人提出消灭非正式组织。显然传统的观念是片面的，非正式组织是伴随着正式组织的产生而产生的。非正式组织产生的原因不能被消灭，它就不能被消灭，必须承认非正式组织的存在，充分认识其积极作用——满足员工心理需求；协调人际关系；工作中的相互合作等。正确引导非正式组织，利用非正式组织推动正式组织完善发展。利用非正式组织情感交流渠道，维持酒店员工的团结，加强工作协作，增强酒店凝聚力；重视非正式组织，为员工业余活动提供机会、场所等，提升员工精神面貌；积极倾听非正式组织的议论、诉求，改进管理，提高效益；尊重非正式组织，让员工有表达思想、发泄不满的场所，缓解工作生活压力；引导非正式组织的目标与酒店目标保持一致性，利用非正式组织的合作、凝聚力，保证酒店目的标实现。

3) 组织变革

经济全球化与知识经济对酒店企业的影响是前所未有的，外资酒店纷纷落户我国各省区市，内资酒店升级、重组，酒店集团化趋势加剧，酒店行业的竞争日益加剧；交通通信发展、信息技术提高、生活水平提高，旅游酒店业迅速发展并成为我国重点产业。在外部环境急剧变化的时代，酒店企业必须要跟上时代的步伐，顺势而变，主动进行组织协调与变革。这种变革不是局部简单的调整，而是根据酒店内外环境变化，主动及时地对酒店战略、组织结构、组织制度、企业文化、人员配备等进行全方位的变革。

市场是残酷的，在竞争激烈的市场环境下，酒店组织管理不变革或变革迟缓，不仅酒店的效益受到影响，酒店的生存发展也受到威胁。组织变革作为酒店生存发展的压力与动力，有助于提升酒店管理水平。通过组织变革，提高酒店主动适应环境变化的能力，提高酒店组织活力和竞争力，通过组织变革实现酒店的可持续发展。

3.2.3 酒店组织制度

小阅读

严格遵守程序和制度，避免突发事故发生

在北京某四星级酒店餐厅，正是午餐时间，实习生小丽接待了两位客人，客人共消费了 400 多元。客人要求签房账，小丽就让客人签上房号。因为小丽所在的 3 层餐厅上午没有收银员，服务员得到二层餐厅去收银，所以小丽拿了两位客人签的单去二

层收银台结账。收银员拿着签的房账立即与总台联系核对该房号的客人情况并将账入前台，可是总台说那个房间是空的。实习生小丽急忙回餐厅找两位客人，但客人已经走了。领班立即与小丽去客房找两位客人，她们按客人所签的房号敲了房门，门开了，正是那两位客人。经询问，原来这个房间是酒店的王总经理为他们订的，还没有到前台登记。这件事总算是有惊无险，实习生小丽这才放下心来。

(资料来源：http://www.canyin168.com/glyy/cygl/cyal/200806/11537_.html.)

1. 组织制度

酒店组织制度是酒店各级管理人员和全体员工的行为规范和行动准则。建立健全酒店组织制度的意义：①组织制度作为行为规范和行动准则，确保人们行动的自觉性、有效性；②科学严谨的组织制度是酒店有序运营的重要保证，是酒店各部门、各层级、各岗位有效开展业务的基本条件；③科学严谨的组织制度有助于酒店规范化管理，提高服务质量；④科学严谨的组织制度能降低组织成本，提高组织效率，确保酒店经营目标的实现。

2. 组织制度类型

酒店的制度很多，包括各种规章制度、业务程序等，以下 6 类制度是酒店企业的主要组织制度。

1) 总经理负责制

总经理负责制就是由总经理作为酒店的法人代表，全面负责酒店的经营管理。总经理根据上级主管部门、股东会(股东大会)或委托方的决策，通过层层负责、层层领导的垂直领导系统，控制、领导、指挥酒店全体员工，形成以总经理为首的组织管理体制。

(1) 总经理的权力：经营决策权，负责酒店经营战略和整体计划的制定、实施、检查；组织权，根据酒店的实际情况，对机构设置、权力分配、岗位分工等做出安排；人事权，有挑选录用、培养、任免、调配人力资源等权力，任免部门经理和中层管理人员的权力；指挥权，向下属部门或个人下达命令指示等，这是总经理实施决策、计划的必要保证；奖惩权，根据下属的功过表现进行奖励或惩罚的权力；财权，对酒店财产和资产调配使用，并对资金的分配、成本、投资有决定权；监督权，作为法人代表，对外代表酒店的权力。

(2) 总经理的责任：根据责权一致的原则，总经理作为酒店的最高层领导，对酒店的经营既有最大权力，也负有最大的责任，具体包括正确处理国家、所有者、企业、职工的多方面利益的负责；对组织机构运行效果负责；对酒店承担的社会责任负责；对酒店的资金财产负责；对酒店目标的实现负责；对酒店的生存发展负责。

2) 经济责任制

酒店经济责任制就是根据责权利结合的原则，把酒店的经营目标进行分解，层层落实到部门、班组、岗位，实行绩效收益挂钩的管理制度。经济责任制的实施过程包括明确酒店目标，进行目标分解，形成纵横交错的经济责任制体系，在此基础上具体实施，监督检查，考核评价。实行经济责任制的核心是责权利划分。严谨合理科学的责权利划分，能调动员工的积极性，促进酒店效率效益的提高。

3) 员工手册

员工手册是酒店全体员工共同遵守的行为规范。员工手册是酒店运用最广泛、最具普遍性的制度，每一个员工都必须遵守，从上到下无人例外。

员工手册的内容包括酒店目标、酒店组织结构、酒店劳动管理制度、福利制度、各种规章制度、奖惩制度、安全守则等，内容涉及全体员工一系列的权利与义务。

学习员工手册对酒店员工尤其是新员工是非常重要的事情。理解员工手册，使员工在行动前知道行动结果对自己、对酒店的影响，增强员工工作的主动性，避免被动工作带来的不利后果。实施员工手册制度首先是酒店各项业务开展的基础，进而是酒店实现有效管理、提高效益的保障。

4) 岗位责任制

岗位责任制是酒店具体规定各个岗位及岗位工作人员的职责、工作内容、范围、标准、权限等的管理制度。

建立健全岗位责任制，首先要准确设定酒店岗位，明确岗位名称，根据岗位规定职责、工作内容、范围、标准、权限；其次要准确核定工作量；再次要确定岗位纵向、横向关系，确保上下级之间的指挥秩序、部门岗位之间的协调合作；最后要明确规章制度，奖罚分明。

实行岗位责任制，有利于酒店各项任务的落实，使每一个人明确自己的岗位，明确该做什么，如何做，规范操作行为，减少违章行为和违章事故的发生，岗位责任制是酒店考核员工绩效、奖优罚懒的依据；有利于酒店合理配置酒店人力资源，节约人力资本，有效合理发现人才、使用人才、留住人才。健全的岗位责任制，能提高工作效率，改进工作质量，激发酒店员工的积极性，有利于内部竞争，增强酒店活力。

5) 部门制度

(1) 业务部门制度。业务部门的制度是由各个业务部门根据本部门的业务特点，规范本部门的行为而制定的行为规范。各部门的业务不同，因而业务部门的制度有明显的部门特点。同时各业务部门都是酒店的组成部分，部门制度的制定不能背离酒店目标、经济责任制、员工手册等，也就是在考虑部门业务特点的同时，要考虑与酒店全局的一致性、协调性。业务部门的制度有餐厅管理制度、客房管理制度、前厅管理制度等。

(2) 职能部门制度。职能部门制度是由各职能部门制定的、规范酒店全体员工的行为规范。也就是职能部门制定制度不是仅仅为本部门制定的，而是面向整个酒店，是酒店全体员工都要遵守执行的制度。职能部门制度有人事制度、行政制度、财务制度、安全保卫制度等。

6) 工作制度

工作制度一般是业务部门的服务规范、程序，职能部门的操作规范，酒店综合管理规章条例。总台接待员的接待程序与规范、客房服务员的工作程序与规范、餐厅服务员的工作程序与规范属于业务部门的工作制度；财务制度、仓库领货制度、培训制度等属于职能部门工作制度；会议制度、总结制度、民主评议制度、信息发布制度等属于综合管理制度。工作制度是酒店组织管理不可缺少的制度，是酒店开展工作、完成任务的基本要求。没有健全的工作制度，酒店营运将会混乱、无效。

小阅读

喜来登十诫

欧内斯特·亨德森(Ernest Henderson)，1897年3月7日生于离美国波士顿不远的栗树山镇，病逝于1967年9月6日。他于1937年创建喜来登(Sheraton)酒店公司，到2008年，喜来登酒店公司的酒店总数已达850家，遍布全球95个国家，是世界上最大的国际酒店公司之一。为使酒店有效经营，欧内斯特·亨德森制定了喜来登十诫。

第一诫：不要滥用权势和要求特殊待遇。这是对管理人员的约束。

第二诫：不要收取那些讨好你的人的礼物，收到的礼物必须送交一位专门负责礼品的副经理，由酒店定期组织拍卖这些礼物，所得的收益归职工福利基金。这一约束的目的在于防止有人因私人得到礼品好处，在交易中就用酒店的财物去做人情。

第三诫：不要让你的经理插手装修喜来登酒店的事，一切要听从专业的装潢师玛丽·肯尼迪(Mary Kennedy)的安排。这一约束在于强调专家管理。

第四诫：不能违背已经确认的客房预订。超额预订是酒店经理为了防止有一部分预订者不如约入住而造成损失的一种方式。如果预订者都到店住了，超额预订就会出现有预订的客人没有客房可住的情况。

第五诫：管理者在没有完全弄清楚确切目的之前，不要向下属下达指令。

第六诫：一些适用于经营小旅店的管理方式可能正好是经营大酒店的忌讳。在小旅馆里，老板的长处在于他能统管一切事务，可在大酒店里，必须授权于人。大酒店成功的根本点在于选拔部门经理，发挥他们的才干，靠他们去承担责任和行使权力。

第七诫：为做成交易，不能要人家的最后一滴血。

第八诫：放凉的茶不能上餐桌。就是要遵循服务的质量要求。

第九诫：决策要靠事实、计算与知识，不能只靠感觉。

第十诫：当你的下属出现差错时，你不要像爆竹那样，一点就火冒三丈。因为他们的过错也许是由于你没有给予他们适当的指导而产生的；你要从解决问题的角度去思考如何更好地去处理。

(资料来源：http://wenku.baidu.com/view/987fa6114431b90d6c85c760.html.)

3. 组织制度执行

制定制度是酒店各项业务有效开展的前提条件，而不是必然结果。要实现酒店各项业务的有效开展，就要靠每一级每一部门的管理者、靠全体员工自觉遵守、认真执行酒店各项制度。酒店的制度重在遵守执行，否则，制度将形同虚设，成为形式上的“标语口号”式的制度，组织管理也就难以实施。要保证酒店组织制度的有效执行，应该明确、重视以下6个方面。

1) 业务流程、管理制度方面

业务流程、管理制度应尽量达到科学、严谨、全面，并且保持一定的稳定性。科学、严谨、合理的纪律在执行过程中将产生权威性，有利于员工自觉遵守认真执行，否则，员工就会挑战它的权威性，形成明里遵从暗里抵触的现象。纪律应该具有全面、稳定性，朝令夕改的纪律将给酒店经营带来混乱无序。

2) 员工制度意识方面

强化员工制度意识，增强遵守制度、执行程序的观念。制度的执行离不开全体员工，员工如果缺乏制度观念，不按照制度规范工作，即便是科学权威性的制度，也难以较好地发挥作用。因此，必须加强对员工的宣传教育，提高员工执行制度的觉悟，同时，培训员工的业务，提高业务技能，加强酒店文化建设，提高员工的综合素质，通过员工素质的提高，推动制度执行。

3) 制定制度方面

制制度要吸收员工参与，制度执行应征求员工的意见。民主地制定、修改制度，一方面增强制度的科学性、全面性，不断完善制度，另一方面让员工产生认同心理，增强员工遵守制度、执行程序的自觉性。

4) 公平、严肃地执行制度

制度面前人人平等，无论有无职务，无论职务大小，都要受制度约束。在执行制度过程中，不能因人而异，网开一面，否则，无论多么科学的制度也难以服人，同时还将挫伤遵守制度的员工的积极性。

5) 制度执行要有灵活性

员工在承担任务、提供服务的过程中，会遇到突发意外、个性化的事情，如果没有灵活性，死板地执行制度，制度则成为有效完成任务、提供优质服务的绊脚石。因此，既要保证制度的严肃性，又要掌握执行制度的灵活性。

6) 实施制度要奖惩兑现

兑现奖励对调动员工积极性非常重要，奖励的形式要根据贡献的大小、员工的需要，一般有物质奖励、精神奖励、职务晋升等。不兑现奖励，无疑是鼓励落后；不兑现惩罚，无疑是怂恿违反制度。久而久之，制度的权威性就受到削弱，制度的约束力就大打折扣。

总之，制定组织制度是规范管理的前提，制度执行是实现规范管理的关键。有章可循，照章办事，才能提高酒店运营效益。

本 章 小 结

酒店组织管理是酒店管理的重要组成部分，本章从两个方面介绍了酒店组织管理：一是组织原则和组织结构类型，二是组织管理内容和组织制度。组织原则和组织结构类型主要从静态角度介绍组织、酒店组织、酒店组织设计的原则，影响酒店组织设计的因素；组织管理内容和组织制度主要是从动态角度分析组织管理，包括酒店组织管理的内涵、酒店组织管理的内容、酒店组织管理制度。酒店组织管理应该根据组织原则及影响组织设计因素设计变革组织结构，进行职权分配与授权、做好管理人员配备、进行组织力量整合，合理配置酒店资源，制定组织制度，从而保证酒店正常运营，形成有效接待能力，实现酒店经济效益目标和社会效益目标。

练习与思考

一、专业术语

1．酒店组织　2．直线职能制组织结构　3．酒店组织管理
4．总经理负责制　5．经济责任制　6．岗位责任制

二、单项选择题

1．组织是为了达到特定目标，在分工合作的基础上构成的人的集合。下列选项不属于组织特征的是(　　)。

A．组织有分工与协作　B．组织有不同层次的权力与责任制度
C．组织有相同的目标　D．组织是一个人为的集合系统

2．目前我国酒店企业的组织结构类型主要是(　　)。

A．直线制　B．职能制
C．直线职能制　D．事业部制

3．管理幅度原则是指一个管理者能够直接有效地管理下属的数量。下列选项正确的是(　　)。

A．管理幅度越宽管理效率越高　B．管理幅度与管理层次成反比
C．管理幅度与管理层次成正比　D．管理幅度与管理层次无关

4．酒店企业一般分 4 个层级：(　　)。

A．决策层、管理层、执行层(督导层)和操作层
B．上层、决策层、管理层和执行层(督导层)
C．上层、决策层、管理层和操作层
D．决策层、管理层、督导层和执行层

三、案例分析

某酒店是一家开业近半年、按照星级标准建设和管理的旅游酒店。开业前夕，酒店各部门制定了一系列的规章制度，并于开业后正式实施。半年来，酒店制度管理的情况不尽如人意，主要问题有两个方面：一是由于开业准备仓促，酒店及部门的制度基本上是根据国外酒店管理公司管理的一家中外合资酒店的制度制定的，有些条文缺乏实施的客观条件，导致执行上的困难；二是由于在制度管理问题上认识不一致，导致处理意见分歧。

情境一：某日，值班经理巡查时发现餐厅服务员小李在餐厅吃水果，就按酒店制度对小李做了处罚。但是小李感到非常委屈，有些员工及部分基层管理人员对此也有异议。事情是这样的：当天，小李接待一桌重要宴会，由于接到任务较迟，等到做好准备工作时，已是客人即将到达之际，所以小李只好放弃去职工食堂用餐而饿着肚子为客人服务。一直忙到22：30，客人才尽兴而归，但是小李已饿得头昏乏力。收台时，她就顺手拿了剩下的水果拼盘充饥，而恰好被值班经理看到。

情境二：某日，客房值班台服务员小张在楼层工作间休息，因为客人未能得到及时的服务而投诉酒店。据调查，小张前一天晚上患急性肠炎，一直吊针至 23：30。医生给小张请了两天病假，但是小张考虑到这几天旅游团队特别多，人手非常紧张，故第二天早上又拖着虚弱的身体前来上班。13：00 小张觉得两腿发软，感到很吃力，想到此时客人大多在午休，就暂时到工作间休息片刻，以便下午有充沛的体力为客人服务。谁知没过多久，就有客人来到服务台，因找不到服务员而投诉到大堂经理处。

情境三：某日，一位酒店管理专家来到酒店，临走时，对酒店的盛情款待表示感谢，并提出了几条建议，其中提到从管理人员到普通员工的行为举止比较随便，如手插口袋、在工作场所拨弄头发、两三人个并行等。酒店总经理听后觉得很有道理，当天就布置总经理办公室拟订一个员工的行为规范，并于第二天下午召开部门经理会议布置贯彻执行，第三天下午发放到每一个员工手中，第四天开始执行。为了加强执行的力度，规定凡是违反行为规范者，扣发当月奖金。但遗憾的是，执行的第一天就有相当一部分人违反了规范。

思考：

情境一：值班经理该如何处理小李吃水果一事？

情境二：如果你是大堂副理，遇到此情况应该如何处理？

情境三：总经理的做法对吗？该不该执行该行为规范？如何执行？

(资料来源：祁欣．酒店经营与管理[M]．北京：对外经济贸易大学出版社，2010．)

四、实训题

走访调查酒店，绘出酒店组织结构图，了解酒店岗位责任制、员工手册、业务部门责任制等制度规定。

课后阅读

推荐阅读书目

[1] 蒋丁新．饭店管理概论[M]．3 版．大连：东北财经大学出版社，2007．

[2] 姚李忠，齐新征．饭店管理实务[M]．合肥：合肥工业大学出版社，2005．

[3] 廖卫华．现代饭店管理原理[M]．北京：经济科学出版社，2007．

推荐学习网络

[1] http://www.chinahotel.org.cn/index.asp.

[2] http://www.zhongsou.net/酒店行业网/channel/13367841.

[3] http://www.ctha.com.cn.

4

酒店人力资源管理

学习目标

知识目标

1. 掌握酒店人力资源管理的概念、目标和内容，理解人力资源规划的重要意义
2. 了解酒店员工招聘的类型，掌握员工招聘的程序
3. 理解酒店员工培训的重要意义，掌握员工培训的原则和步骤
4. 熟悉酒店员工激励的概念、功能和方式

能力目标

1. 能够进行简单的酒店人力资源规划
2. 能够按照程序进行酒店员工的招聘
3. 能够按照培训的原则和程序进行员工培训
4. 能够灵活应用激励手段进行员工激励

知识结构

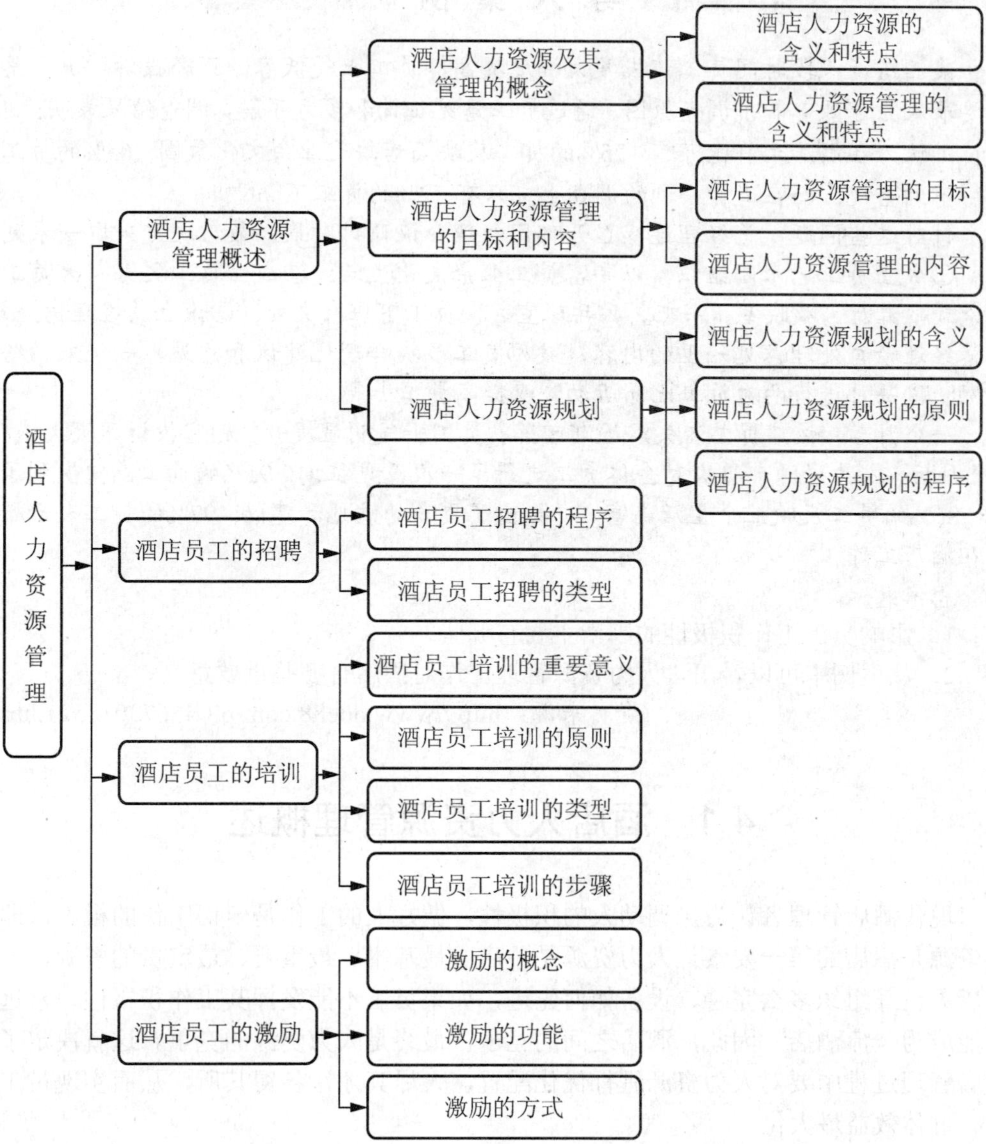
酒店人力资源管理
酒店人力资源管理概述
酒店人力资源及其管理的概念
酒店人力资源的含义和特点
酒店人力资源管理的含义和特点
酒店人力资源管理的目标和内容
酒店人力资源管理的目标
酒店人力资源管理的内容
酒店人力资源规划
酒店人力资源规划的含义
酒店人力资源规划的原则
酒店人力资源规划的程序
酒店员工的招聘
酒店员工招聘的程序
酒店员工招聘的类型
酒店员工的培训
酒店员工培训的重要意义
酒店员工培训的原则
酒店员工培训的类型
酒店员工培训的步骤
酒店员工的激励
激励的概念
激励的功能
激励的方式

导入案例

某酒店近一段时间员工流失率大幅度提高，员工士气低落，顾客投诉增加，总经理要求人力资源部着手调查原因。通过员工意见征询和多方了解，调查结果表明：89%的员工认为在酒店无前途可言；75%的员工反映酒店缺乏业余文化氛围；65%的员工感觉得不到重视；而在工资福利的调查上却只有12%的员工不满意。

针对这些问题，总经理连夜召开部门经理会议商讨对策，最后决定采取一系列措施：①成立员工艺术团组织，以丰富员工业余文化生活；②成立员工之家，为员工设立免费歌舞厅、放映室、书吧、乒乓球室，使员工下班有去处；③设立总经理意见箱，由总经理亲自处理意见箱里的内容，鼓励员工多提合理化建议和意见，一经采纳给予奖励；④每月进行两次员工比赛活动，以提高员工士气。

一个月后，该店员工流失率逐渐回落，员工士气明显提升，顾客投诉率大大减少。3个月后，人力资源部再次对全体员工进行了一次意见征询：95%的员工感觉受到了重视；86%的员工反映业余生活丰富，并提出了更多的意见和建议；97%的员工表示愿意留在酒店工作。

思考：

1．影响员工工作积极性的因素主要有哪些？

2．从案例中可以看出，人力资源管理工作对酒店有哪些重要意义？

(资料来源：http://www.doc88.com/p-045673018521.html.)

4.1　酒店人力资源管理概述

现代酒店管理者认为，调动人的积极性，做好人的工作是一切工作的根本，即人力资源是酒店的第一要素。人力资源是酒店中最基本、最重要、最宝贵的资源，一个酒店无论其组织多么完善、设备如何先进，如果员工不能发挥其工作积极性，永远不可能成为一流酒店。因此，酒店之间的竞争，最终是人力资源的竞争。这就决定了在酒店管理过程中要对人力资源进行优化配置，人尽其才，各得其所，从而实现员工个体、群体效益最大化。

4.1.1　酒店人力资源及其管理的概念

人力资源的概念是建立在传统的人事管理基础上的，但范畴比传统人事管理更深、更广。现代意义上的人力资源管理不再是劳动人事部门的工作，而是酒店所有管理者的职责。也就是说，企业的每一个管理者，不单要完成企业的生产、销售目标，还要培养一支为实现企业组织目标能够打硬仗的员工队伍。

1. 酒店人力资源的含义和特点

人力资源是指能够推动整个经济和社会发展的劳动者能力，即处于劳动年龄、已直接投入建设的人口的能力。酒店人力资源是指一切能为酒店创造财富、提供服务与管理等的人及其具有的能力。它的含义分为 4 个方面：①酒店员工本身的体质；②酒店员工的智力；③酒店员工所具有的工作才干；④酒店员工的职业观念状态和道德准则。具备了以上 4 个方面的条件才能成为酒店的人力资源。

与物质资源、信息资源等酒店其他资源相比，酒店人力资源的特殊性体现在 3 个方面：①人力资源是“活”的资源，物质资源是“死”的资源，物质资源只有通过人力资源的加工和创造才会产生价值；②人力资源是创造利润的主要来源，人力资源的创新能力是酒店利润的源泉；③人力资源是可以无限开发的资源，人的创造力是无限的，通过对酒店人力资源的有效管理和开发可以极大地提高酒店的工作效率。

2. 酒店人力资源管理的含义和特点

酒店人力资源管理是恰当地运用现代管理学中的计划、组织、指挥、协调、控制等科学管理方法，根据酒店的特殊需要，对酒店的人力资源进行有效的开发、利用和激励，使其得到最优化的组合和积极性的最大限度发挥并实现酒店经营目标的一种全面管理活动的总称。

酒店人力资源管理主要有以下 4 个特点。

(1) 酒店人力资源管理是对人的管理。酒店作为劳动密集型行业，其人力资源管理面对的是大量的差异化的员工。做好酒店的人力资源管理工作首要的就是树立以人为本的意识，正确认识和看待员工，重视员工广泛的心理和社会需求，了解员工的思想感情。针对不同员工的特点，进行培训和教育，使员工能够做到用诚意感动客人，用服务赢得客人。

(2) 酒店人力资源管理是科学化的管理。酒店人力资源管理是系统性、综合性的管理，强调管理的标准化、程序化、制度化和定量化。标准化是酒店对所有工作制定的有关数量、质量、态度、时间等的详细、具体、统一的标准，如每个岗位有明确的职责任务，完成每项任务有固定的程序和方法等；程序化是将管理或工作的过程划分成若干环节，并规定各个环节的工作任务、要达到的标准、负责人及完成时间；制度化是指酒店的人力资源管理各项工作都是有严密、适度而有效的规章制度作为保障的；定量化是指在员工配置时，注重定量分析，合理定额定员。

(3) 酒店人力资源管理是全员性管理。酒店人力资源管理包括所有管理者与全体员工，即不仅包括人力资源部对全体员工的培训和考核，也包括各部门各层级管理者对下属的督导和管理。因此，每一位酒店管理人员都应当了解并掌握人力资源管理的理论与方法，调动员工的工作积极性。

(4) 酒店人力资源管理是动态性的管理。管理者不仅要根据酒店的整体目标选拔合适的人才，对酒店员工的录用、培训、奖惩、晋升和离职等全过程进行管理，更要注重员工工作过程中动态的管理，即重视员工的心理需求，及时了解员工的情绪变动和思想动态，并采取相应措施调动员工的工作积极性，充分发挥员工潜在的各项能力。

小阅读

人本管理思想在酒店人力资源管理中的应用

人本管理是重视人的生产经营活动，以人为核心、以人为根本的管理，具体是指组织中的人作为管理的首要因素，是一切管理活动的主题或主导因素；同时，作为管理的本质因素，又是组织管理的出发点和归宿。

近年来，人本管理的思想在酒店管理中得到了普遍应用，尤其是酒店人力资源管理方面。以人本管理的理念进行员工管理被称为“员工满意”。“只有满意的员工，才能产生满意的顾客”，企业以员工为中心，注重感情投资，根据人本观念来理顺企业、顾客与员工三者间的关系，把管理核心放在如何让员工满意从而具有良好的工作状态上，并由此产生真正意义上的顾客满意，这一过程称为“员工满意”。通过对员工满意程度的了解，酒店可以掌握经营状态、福利水平和员工意见，改进和提高企业管理水平。员工是酒店运作的根本，员工满意是顾客满意的前提，这主要表现在：①员工是酒店主体及顾客的直接接触层面，酒店产品的特殊性决定了员工行为会对顾客产生重大影响。酒店提供的主要产品是人对人的服务，员工在执行任务时除了按标准做以外，还必须运用判断、采取主动，这就与员工对工作倾注感情的程度和员工满意程度息息相关；②员工满意将极大地提高服务质量，只有员工相互联系与协作，强化命运共同性的企业意识，发挥酒店的整体功能，才能达到顾客满意的 3 个核心要素——熟谙客人的要求；物超所值的服务；创造亲切、温馨、自在的氛围。

(资料来源：http://info.hotel.hc360.com/2010/10/291029256020.shtml.)

4.1.2 酒店人力资源管理的目标和内容

1. 酒店人力资源管理的目标

人力资源管理的最终目标是促进企业目标的实现。从“人”和“事”的角度讲，是要达成“人”与“事”、“人”与“人”的和谐，这种和谐会带来生产效率的提高，从而达成最终目标。根据阿姆斯特朗(Armstrong)在《计划与行动》一文中明确指出的人力资源管理体系目标，我们将酒店人力资源管理的目标确定为以下 10 点。

(1) 酒店目标的最终实现是通过酒店的员工来完成的。

(2) 为了使员工和酒店都能得到发展，员工应该把促使酒店成功作为自己的工作目标。

(3) 酒店有效利用资源，实现其商业目标的前提是，酒店必须制定与自身业绩紧密相连、具有连贯性的人力资源方针和制度。

(4) 人力资源管理政策应该与商业目标寻求统一。

(5) 当酒店的企业文化合理时，人力资源管理政策应起支持作用；当企业文化不合理时，人力资源管理政策应促使其改进。

(6) 创造理想的环境，鼓励员工创造，培养积极向上的作风；人力资源管理政策应为合作、创新和全面质量管理的完善提供合适的环境。

(7) 创造反应灵敏、适应性强的组织体系，从而帮助酒店实现竞争环境下的具体目标。

(8) 增强员工工作时间和工作内容的灵活性。

(9) 提供相对完善的工作和组织条件，为员工充分发挥其潜力提供所需要的各种支持。

(10) 维护和完善员工队伍以及产品和服务。

2. 酒店人力资源管理的内容

酒店人力资源管理具体来说包括以下7项基本内容。

(1) 人力资源规划。根据酒店企业的发展规划，通过对酒店未来的人力资源供需状况的分析制订出人力资源部门的智能性计划。通过这一规划，一方面保证人力资源管理活动与酒店的战略方向相一致；另一方面协调好人力资源各个环节的活动，避免相互冲突。

(2) 工作分析和职务设计。通过分解酒店的工作任务，把各项工作内容设计为不同的职务，同时规定每个职务所承担的职责和工作条件。

(3) 招聘管理。利用各种方法和手段从酒店内部或外部吸引应聘人员，经过受教育程度、工作经历、健康程度等方面的审查，从应聘人员中初选出一定数量的候选人，经过严格的程序，如笔试、面试、情景模拟等方法进行筛选，最终择优录用。

(4) 员工培训管理。针对酒店岗位的不同要求，对被录用的员工进行培训。这一过程的目的是帮助新员工了解和适应酒店企业，接受酒店的企业文化，具体包括职业知识、职业技能、职业态度、职业习惯等。

(5) 员工绩效管理。为了公平地评价每位员工的工作表现，酒店必须建立一套完整的考核体系和奖惩制度，并定期评估修正。对员工完成工作目标或执行酒店各项规定的实际情况的考查结果是奖惩的依据。

(6) 薪酬管理。酒店的薪酬福利制度不仅直接涉及酒店的费用支出，而且直接影响员工工作积极性的调动与发挥。它除了是员工生活的保障外，还是员工自身价值的具体体现，也反映了酒店对员工劳动价值认同的程度。

小阅读

酒店的整体薪酬设计

李祥最近又辞职了，这已是他第五次跳槽。在离开那家酒店前几天，老板刚刚给他加了工资。年薪10万元的待遇对一般人来说是个不小的诱惑，可是李祥每次跳槽都有自己的理由。我在那家酒店工作期间一直生活在水深火热中，没完没了地加班，没有法定节假日，更不用说年假了。虽然工资比较高，可是我没有了自己的生活。如果让我选择加薪还是旅游度假，我宁可选择旅游度假，可是老板绝不会接受这种选择，所以我只好另谋高就了。可见，老板们认为的“美味”未必适合员工的口味，就像最舒适的旅馆未必是最豪华、最昂贵的那一家一样。

旧的薪酬模式在很多时候已经失效，高薪留不住想要留的人，金钱刺激不再是唯一可行的手段。加薪可能无法使员工提高效率，但换一种方法，也许一个悠长的假期就能让他心花怒放，喜上眉梢。现在到了换一种思维去设计员工薪酬的时候了。整体薪酬应运而生，越来越受到欢迎。

整体薪酬，是指企业在员工充分参与的基础上，建立每个员工不同的薪酬组合系统，并定期随着他们兴趣爱好和需求的变化，做出相应的变更。这是一种自主风格的薪酬制度，各个雇员可以按照事业发展、工作和个人生活的协调比例，决定自己的薪酬组合以及组合中各种薪酬元素的比例。整体薪酬一般由以下5个部分组成。

(1) 保障薪酬——基本工资。

(2) 激励薪酬——奖金激励，可以是现金形式，也可以是股权形式。

(3) 薪酬的替代品——福利，它更强调对员工的未来提供保障，大部分费用由酒店承担，如商业医疗保险、汽车保险、商业养老保险等。员工在规定的时间和范围内，有权按照自己的意愿组合自己的一揽子福利计划，他们享受的福利待遇将随着他们的生活改变而改变。

(4) 薪酬的补充——额外津贴。例如，购买酒店产品的优惠权，低息的个人贷款，可带配偶旅游等。这部分虽然是薪酬领域中比较模糊的部分，但对提高员工忠诚度有很好的效果，可以让员工对酒店产生认同感，提高凝聚力。

(5) 薪酬的柔性部分——个人发展、心理收入、生活质量，如晋升和发展机会、生活质量、工作成就感与满足感等。

(资料来源：http://www.maigoo.som/maigoocms/2010/0721/40040.html.)

(7) 培养高素质的管理者。酒店管理人员素质的高低直接影响酒店的整体管理水平，应不断培养并选拔高素质的管理人员，提高员工的凝聚力和团队合作精神，有效激发员工积极性，最终实现酒店经营管理目标。

4.1.3 酒店人力资源规划

酒店人力资源规划是人力资源管理的一项基础性工作。为获得所需的人力资源，酒店必须对目前和未来的人力资源供求关系进行预测，并据此制定人力资源规划。由于酒店的内外环境，如酒店发展战略、销售状况、酒店员工流动状况、人才市场供需矛盾等，不断地发生变化，对人力资源不断地提出新的要求，这就要求人力资源规划对这些变化进行合理的、科学的预测，使酒店的人力资源管理始终处于主动地位，才能保证在需要的时候及时得到各种所需的人力资源，做到人力和物力之间的适当匹配，实现酒店的良性运行与发展。

1. 酒店人力资源规划的含义

人力资源规划有广义和狭义之分。广义上的人力资源规划是人力资源开发战略或总体目标，即根据酒店的发展战略、酒店内外环境的变化来预测未来酒店发展对人才的需求，制定相应的供求平衡政策，它包括了酒店人力资源的战略思想、战略目标、战略步骤、战略措施等多方面内容；狭义上的酒店人力资源规划是为保证酒店目标实现的各种具体的人力资源规划，如人力资源配备规划、培养开发规划、薪酬规划、员工职业生涯规划等。

2. 酒店人力资源规划的原则

在制定人力资源规划时，要遵循以下3点原则。

(1) 充分考虑内外部环境的变化。人力资源规划只有充分考虑到内外部环境的变化，才能适应需要，真正做到为酒店发展目标服务。内部变化主要表现为酒店发展战略的变化、酒店销售状况的变化、员工流通的变化、酒店开发项目的变化等；外部变化主要表现为社会消费市场的变化、政府人力资源政策的变化、人力资源供需矛盾的变化等。为了能更好地分析和适应这些变化，在人力资源规划中应该对可能出现的情况做出预测和风险分析，最好有面对风险的应急策略。

(2) 确保酒店的人力资源供给。酒店的人力资源保障问题是人力资源规划要解决的核心问题。它具体包括人员的流入预测和流出预测、人员内部流动预测、社会人力资源供给状况分析、人员流动的损益分析等。只有有效保证了酒店的人力资源供给，才有可能进行更深层次的人力资源管理与开发。

(3) 使酒店和员工都得到长期的利益。人力资源规划不仅是面向酒店的规划，也是面向员工的规划。如果只重视酒店的需要而忽视员工的发展，必将阻碍酒店发展目标的达成。

3. 酒店人力资源规划的程序

酒店人力资源规划的程序可以分为以下4个步骤。

(1) 准备阶段。收集酒店人员信息并加以分析，用于预测酒店对人员的总体供给和需求。分析酒店内外环境的变化，确定酒店经营战略和发展规划，了解相关的政治、经济、法律和法规。

(2) 预测阶段。在充分掌握信息的基础上，选择有效的预测方法，对酒店在未来某一时期的人员供给和需求做出预测。在整个酒店人力资源规划中，这是最关键的一部分，也是难度最大的一部分，直接决定了规划的成功与否。只有准确地预测出需求与供给，才能采取有效的措施和方法进行平衡供求关系。

(3) 实施阶段。在供求结果预测出来之后，将两者之间的结果进行比较，选择并实施平衡供求的措施，使酒店对人力资源的供求得到平衡。这也是酒店人力资源规划的最终目的。在制定相关的措施时，应该使酒店人力资源的总体规划和业务规划与酒店的其他规划相互协调、相互一致，只有这样所制定的各项措施才能得到有效的实施。例如，如果要制订人员招聘计划，那么相应地增加财务预算中的工资费用就是非常必要的。

(4) 调整评估阶段。对酒店人力资源规划实施的效果进行调整评估是整个规划过程的最后一步。因为预测不可能完全准确，所以酒店人力资源规划也需要根据内外部环境的变化适时地调整评估措施。对预测的结果以及制定的措施进行评估，对预测的准确性和措施的有效性做出衡量，总结其中存在的问题及有益的经验，为以后的规划活动提供借鉴。

4.2 酒店员工的招聘

酒店员工招聘是酒店为了满足自身运行和发展，吸引各类人才来应聘，并从中挑选合适人选的过程。在整个酒店人力资源管理工作中，招聘是一项基础性工作，也是一项日常工作。从实践中看，酒店员工的流动性比较大，优秀合格的员工往往有很多选择工作的机会。因此，酒店人力资源部能否招聘、甄选与录用到高质量的合格员工是保证酒店正常运转的重要前提。

4.2.1 酒店员工招聘的程序

员工招聘工作是一个复杂的、系统的程序化操作过程。一般而言，酒店员工的招聘大致可包括 3 个阶段：招聘准备阶段、招聘实施阶段和招聘评估阶段。狭义上的员工招聘仅指招聘实施阶段。

1. 准备阶段

员工招聘的准备阶段主要是通过招聘需求分析，明确酒店是否需要进行招聘活动。确定了招聘需求后制订招聘工作计划，即明确待招聘的工作岗位有什么特征和要求，这些岗位对应聘者的知识和技能等方面有什么要求。在完成上述工作的基础上，制订具体的、可行的招聘计划和策略，确定招聘工作的组织者和执行者，并明确各自的分工。

2. 实施阶段

招聘的实施阶段是整个招聘活动的核心，也是最关键的一环，主要包括招募、选择和录用 3 个步骤。

招募阶段主要是根据招聘需求所确定的用人条件和标准进行决策，采用适宜的招聘渠道和相应的招聘方法，吸引合格的应聘者，以达到预期的效果。

选择阶段主要是在吸引了众多符合标准的应聘者后，运用恰当的方法挑选出最适合的人员。常用的选聘方法主要有笔试、面试、情景模拟和心理测验等。

录用阶段主要是招聘者和求职者最终做出决策，达成工作意向。在求职者接受酒店的聘用条件后，双方正式建立劳动关系。

4.2.2 酒店员工招聘的类型

酒店员工招聘分为内部招聘和外部招聘两种形式，各有其不同的特点和程序。

1. 酒店内部招聘

当酒店某一岗位产生空缺时，首先应考虑从现有员工中调剂解决，或是在酒店内部按照有关标准考核提拔。这种方法的优点在于能够提供激励因素和培养员工的忠诚度。同时，通过内部招聘，酒店比较容易对员工进行全面了解，所需要的培训较之外部人员少，省时，省力，省资金。并且，被提升的员工熟悉工作环境，可以迅速适应新的工作岗位，有利于酒店和员工自身的发展。但其缺点是不利于引入新思想，同时，大量从酒店内部提升管理人员还会导致人际关系复杂、人际矛盾加剧、经营思想保守、墨守成规等不利后果，并由此产生不公正现象和庇护关系。

酒店内部招聘主要包括酒店内部员工的提升和内部职位的调动两种方式。

1) 酒店内部员工的提升

提升内部员工不仅可以将有管理才能的员工放在更合适的位置上，更重要的是对酒店员工的工作积极性能产生激励作用。因此，酒店管理者应掌握好酒店内部员工提升的方法，真正做到任人唯贤。要使内部提升计划取得成功，必须做好以下 3 项工作。

(1) 考查员工是否具有提升的资格，确定提升候选人。考查一个员工是否具有提升资格，必须严格按照“才、职相称”的原则。通常包括个人才能、个人品德、个人的工作表现、个人的工作年限4个方面。

(2) 测试提升候选人。在酒店内部招聘员工时，必须对候选人进行一些测试，以考查他的管理能力，即测定其分析问题和解决问题的能力、决策能力、领导能力以及人际交往的能力等，以便于确定他是否真正具备晋升的潜力。

(3) 确定提升人选。确定提升人选是在测试的基础上，利用测试得出的分数，将非量化的事实转化为可定量比较的事实，做到各尽所能、人尽其用。

2) 酒店内部职位的调动

内部职位的调动是指酒店将员工从原来的岗位调往同一层次的空缺岗位去工作。酒店内部职位的调动通常由以下原因引起。

(1) 酒店组织结构调整的需要。由于经营环境的变化，酒店需要对原先设置的部门进行调整与重新组合或设立新的部门，这种变化必然会涉及职位的调动问题。

(2) 对员工培养的需要。为了增强员工的适应能力，酒店通常会使用流动培训的方式来训练他们。另外，将要提升至管理层的人选，也会被安排在各部门间轮流实习，以便对酒店各部门的运作有更清晰的认识，使其更胜任领导岗位的工作。

(3) 调动员工的积极性。某些员工经过长期的同一岗位的工作，会对原工作岗位失去兴趣，为了调动其工作积极性，需要重新安排该员工到其感兴趣的工作岗位上去。

2. 酒店外部招聘

酒店外部招聘是管理者通过对酒店人事资料的检索，查明和确认在职员工中确实无人能胜任和填补职位空缺时，而从社会中招聘和选择员工。

酒店外部招聘主要可以通过以下4个途径来进行。

1) 职业介绍机构与人才交流市场

酒店可以通过职业介绍机构和人才交流市场招聘员工。其优点是应聘者面广，中间环节少，人员选用耗时较短，并且可以避免裙带关系的形成；缺点是在招聘过程中，应聘人员的素质高低不齐，招聘时间短，对他们的情况了解不够全面。因此，运用这种招聘方式时，要选择信誉较高的机构，并尽可能多地了解应聘者的情况。

2) 猎头公司

猎头公司是一些专门为企业招聘高级人才或特殊人才的职业招聘机构。当企业需要雇用对基层有重大影响的高级专业人员或当企业需要多样化经营、开拓新的市场或与其他企业合资经营时，就会委托猎头公司代其选择人才。猎头公司以其专业优势准确把握关键的职位所需要的工作能力、关键品质，科学评价应聘的人选，从而快捷、有效地完成招聘，而且被聘用的人员不需进一步的培训就可以马上上岗并发挥重大作用，为企业管理带来立竿见影的效果。但这种招聘方式所需费用较高。

3) 校园招聘

大中专院校和职业学校是酒店招聘管理人员和专业技术人员的重要途径之一。学生通过3年或4年的系统学习，基本掌握了酒店经营管理的基础知识；初步具备了酒店服务与管理的技能，具有专业知识较强、接受新事物能力快、个人素质较高等特点；

并且学生在校期间也接受了一定时间的专业训练和专业实习，具有一定的实际工作经验。酒店只需对其进行短时间的培训，就可以上岗工作，并能够很快适应工作需要。应届毕业生年轻、求知欲旺、成才快，录用他们是保证酒店员工队伍稳定和提高员工整体素质的有效途径。

4) 公开招聘

公开招聘是酒店利用广播、电视、报纸、杂志、因特网和海报张贴等多种途径向社会公开宣布招聘计划，为社会人员提供一个公平竞争的机会，从而择优录取合格人员的招聘方式。通过公开招聘所吸引的应聘者层次不齐，筛选工作量大，所以不适合急于填补某一关键岗位人员的招聘需要。

4.3 酒店员工的培训

对于劳动密集型的酒店业来说，人力资源是一项最重要的资源，人才的引进和培养是重中之重。本着以人为本的原则，为了更好地增加酒店竞争力，培训作为酒店人力资源开发的核心尤为重要。美国培训专家L. C. 福雷特斯曾在《餐旅业人员培训》中指出："一个不培训的决定，实际上是一个不要效率、不要利润的决定"。因此，酒店应认识到职业培训将直接影响酒店的经营成败。培训实质上是一种投资，而高质量的培训对酒店而言是一项回报率极高的投资。因此，加强酒店员工的培训、发掘和培养酒店人力资源是酒店成功的必由之路和发展的后劲所在。

酒店员工培训就是根据不同岗位要求，按照酒店市场发展变化以及酒店工作的实际需要，通过各种教导以及经验传播的方式在知识、技能、态度、职业道德等方面对员工进行培养和训练，提高员工综合素质的活动。

4.3.1 酒店员工培训的重要意义

酒店行业主要是凭借专业服务人员的知识、技能和素质为宾客提供服务的行业，做好员工的培训是当务之急，对员工自身和酒店的发展都有重要意义。一方面，员工培训可以大大提高员工的自身素质、技能，激励员工的士气与战斗力，强化员工的敬业精神，调动员工的工作积极性，增强他们在这个行业工作的信心和决心；另一方面，员工培训可以提升酒店的人力资本水平，使酒店在激烈的市场竞争中赢得优势地位，减少员工流失率，培养优秀人才，赢得酒店更好的形象与效益。酒店员工培训的重要意义具体有以下4点。

(1) 员工培训有利于提高服务质量，增强酒店竞争能力。随着竞争的日趋激烈和消费者自我保护意识的增强，宾客对酒店服务质量的要求越来越高。而酒店服务质量的提高有赖于高素质的员工。培训可以使员工树立正确的观念与意识，改善服务态度，更新本职工作所需的知识，提高管理与服务能力，从而提高酒店服务质量。而酒店服务质量的提高，可从根本上增加宾客在生理、心理两方面的满意程度，使更多的宾客成为酒店的忠诚消费者，无疑会使酒店的竞争能力大大增强。

(2) 员工培训有利于降低劳动力成本，减少损耗，提高经济效益。日本松下酒店曾有一句培训格言：培训是要付出代价的，但没有培训所要付出的代价远远大于培训付出的代价。没有经过培训的员工操作不熟练，有可能因达不到质量标准而导致宾客不满意；员工本身也会在工作中时常感觉到压力、缺乏成就感和发展无望，同时产生不满情绪，且没有正确的疏导，最终不是辞职就是解聘。因此，没有抓培训的酒店的劳动力成本必将大幅度上涨。而通过培训可强化员工的服务意识，丰富其服务与管理知识，为酒店带来更多的收益。另外，通过培训还可使员工更好地了解酒店的服务标准，从而降低损耗，减少事故的发生。根据美国酒店协会对纽约州酒店业的统计，像客房、餐饮部等损耗较大的部门，培训可以减少73%的浪费。

(3) 员工培训有利于培育良好的团队精神。酒店业务需要所有人员的精诚合作才能实现其预定目标。而培训，尤其是各部门间的交叉培训，可以让员工增进相互之间的了解和理解，并能够设身处地地为其他部门或员工着想，做好配合工作，且能在出现问题时及时弥补其他部门工作的不足，体现出良好的服务意识和团队精神。

(4) 员工培训有利于员工自身的发展，帮助酒店吸引并留住人才。从酒店员工本人的期望来看，相当一部分员工，特别是年轻员工，都有追求自身发展的欲望，希望从事具有挑战性的工作。而要做到这一点，培训是一条重要的途径。培训不但使员工熟练掌握现有工作岗位所需的知识和技能，还使他们了解和掌握本专业或本行业的最新动态，以增强他们在实际工作中的创新能力和补位意识，为晋升和发展创造必要的条件。

4.3.2 酒店员工培训的基本原则

酒店管理者要做好员工培训工作，制订和实施培训计划时必须要实事求是，从实际出发，针对酒店员工的实际需要。因此，培训工作的总体原则是干什么，学什么；缺什么，补什么。

1. 实用性

培训所传授的知识、技能应该是员工工作中急需了解和掌握的，学习以后能很快应用到工作实践中去。进行员工培训时切忌空洞地讲理论，应紧密结合受训者的岗位需要和个人需要，从需要出发，理论联系实际，使培训内容具有较强的实用性。

2. 针对性

培训应当分层次、分部门、分岗位进行，即在培训过程中，无论是培训内容、形式、方法、进度等都从员工的实际情况出发，适应其年龄特征、工作经历、岗位要求、现有的知识水平和服务技能等。

3. 时机的合理性

实践中，许多酒店往往是在时间比较方便或培训费用比较便宜时提供培训，如不少酒店把培训计划放在经营淡季，殊不知这可能会因为培训的不及时而造成服务质量下降，客户投诉增多，得不偿失。通常有下列情形之一时，就需要对员工进行培训：①新员工入职时；②员工即将晋升或者岗位轮换时；③由于环境改变，要求不断培训老员工时；④满足补救需要时，如由于劳动力市场紧缺等原因不得已招聘了不符合要求的员工。

4. 方法的多样性

酒店员工培训的方法多种多样，如讲授法、案例法、讨论法、角色扮演法等，各种方法都有其自身的优缺点，往往需要针对不同的培训对象和培训内容相互配合，灵活使用。

小阅读

TSFC 四步培训法

TSFC 四步培训法，是国内外酒店在员工技能培训中广泛运用的一种方法。这种方法将培训过程划分为 4 个步骤，每项培训内容都依据此程序进行，对员工进行训练和监督。TSFC 四步培训法可以描述为以下内容。

第一步：Tell you，重点在于讲解。讲解工作情况，说明工作的目的及重要性，提高员工对培训的兴趣，同时了解员工对该工作的认识。如果发现员工不准确的理解要及时纠正，使培训员工能够安心学习，放松自如，达到良好的学习效果。

第二步：Show you，重点在于示范。表演、示范该项工作各环节的动作，强调要点，动作力求缓慢、准确、到位，对需要准确掌握的重点、难点内容，最好要反复示范。但是也要有“度”，注意示范的动作不要超过学员一次的接受能力，稳中求进。

第三步：Follow me，让员工多尝试。让员工试着演习或操作，让其逐个环节反复进行操作，理解重点培训内容，教师在旁观察员工的操作情况，指正不足之处，并要及时表扬与鼓励，以增加员工的培训积极性，直到其能够正确掌握该项工作为止。

第四步：Check you，做好检查工作和跟踪辅导。在主要人员的指导下，让培训员工独立上岗操作，同时要经常检查员工的操作情况，做好督导工作，并及时解答疑难问题，辅助员工熟练掌握该项工作并良好应用。这一环节所需的时间最长。

(资料来源：http://www.canyin168.com/glyy/yg/ygpxih/201110/35119.html.)

4.3.3 酒店员工培训的类型

根据培训对象和培训内容的不同可以将酒店员工培训进行如下分类。

1. 根据培训对象不同

1) 高级管理层

酒店的高级管理层主要包括酒店的总经理、各部门总监及各部门经理。对其培训的重点在于如何树立宏观经济观念、市场与竞争观念；销售因素分析与营销策略制定；如何进行预算管理、成本控制和经营决策等一系列宏观课题。

2) 督导管理层

酒店的督导管理层主要包括部门经理以下各级管理员，如主管、领班，这一层次在管理中起着举足轻重的作用。对督导管理层的培训重点在于管理概念与能力的训练，酒店专业知识的深化培训以及如何处理人际关系、宾客关系等实务技巧等。

3) 基层操作人员

酒店服务员是酒店运行的基层操作人员，其业务熟练程度与工作态度直接影响整个酒店的经营水准与服务质量。因此，对基层服务员的培训目标应着眼于提高他们的素质水准，即从专业知识、业务技能与工作态度 3 方面进行培训。

2. 根据培训内容不同

1) 新员工入职培训

新员工入职培训是培训工作的重要课种，迎新工作做得好，可以为确立新员工与酒店之间的良好关系打下基础。新员工入职培训主要包括介绍酒店概况，介绍员工岗位及工作安全，介绍员工薪酬与福利待遇，介绍酒店主要规章制度，介绍员工发展前途，酒店服务基础技能培训等。

2) 员工职业素质培训

酒店员工职业素质水准是决定酒店服务质量的关键，对员工进行提高职业素质的培训是酒店培训的主要内容之一，包括旅游酒店行业信息、职业道德教育、个人卫生与仪容仪表标准、服务礼仪训练、人际关系处理技巧等培训内容。

3) 部门业务实务培训

部门业务实务培训主要是酒店各部门对本部门员工进行旨在改进工作方法、提高工作效率的在职培训。这种培训是长期的，贯穿于酒店经营的日常工作中，培训的实施效果取决于各部门主管对培训的意识及技巧运用，培训的成果直接从酒店的服务质量中获得反映。

4) 酒店服务及管理技巧专项培训

酒店服务用管理技巧专项培训是针对性较强的深化培训，其内容及对象的选择是根据改进管理与服务工作的需要，主要内容包括酒店督导技巧培训、营销技巧培训、公共关系常识及应用培训等。

4.3.4 酒店员工培训的实施步骤

酒店员工培训是一种有计划的人力资源管理活动，在实践中，酒店员工培训一般经过分析培训需求、制订培训计划、实施培训计划和培训效果评估 4 个步骤。

1. 分析培训需求

这个阶段主要是分析在什么时间、需要对哪些人员进行哪些方面的培训。酒店管理者要根据酒店发展目标和目前员工实际状况之间的差异，采用各种方法和技术进行分析和鉴别，最终决定是否要进行培训以及选择何种方式进行何种内容的培训。准确的培训需求分析能够避免培训的盲目性，有效降低不必要的培训成本消耗，是搞好培训工作的关键。

2. 制订培训计划

在分析并确认了培训需求后，根据培训需要，按照一定的程序和要求制订培训计划。培训计划主要包括培训内容、培训时间、培训对象、培训方式、培训费用预算等。

3. 实施培训计划

培训工作的实施，主要由酒店的人力资源管理部门主导、内部或外部培训师全面协作完成。在培训实施的过程中，有时会对培训计划进行局部调整。

4. 培训效果评估

培训效果评估是酒店员工培训过程中全面收集反馈信息、修正调整、完善提高的重要环节，包括对教师教学效果考评、培训组织管理过程考评、培训人员学习结果反馈等，为以后的培训工作改进和提高提供必要的资料。

小阅读

一次“令人满意”的培训

W 大酒楼是华东某市的一家私营餐饮企业，拥有 1 000 余个餐位。该酒楼是由一个小型供应云南过桥米线的特色小吃店逐步发展起来的。随着市场竞争的日趋激烈，一直以来专注于菜品的管理者开始对服务质量加以重视，决定首先开展员工培训。酒楼为此指定了总经理办公室的一位副主任担任培训工作的总负责人，各部门经理成为培训领导小组的成员。领导小组首先召开了会议，决定由各部门经理给员工培训，讲解服务的意识和业务流程问题。但首次培训结束后，员工的提高程度不明显，对经理们讲的课似乎兴趣不大。

于是，领导小组又研究了一次，决定外请老师来授课，授课内容为餐饮服务意识。酒楼这次请了一位培训公司所谓的“讲师”，据说该讲师具有极强的语言表达能力和感染力。过来上课果然如此，整个课堂很活跃，讲师慷慨激昂，讲到激动之时甚至跳上了讲台，员工们听得也群情激奋。授课结束，培训领导小组得到的员工反馈是“老师讲得很好，很满意”。领导小组十分高兴并向总经理做了详细汇报。但总经理亲自去询问员工们从讲课中学到了什么时，员工们似乎都说不上来，都觉得“当时很激动，过后也就没什么了”。酒楼所期望的培训后的全员服务意识的提升自然也实现不了。面对这次“令人满意”的培训，培训领导小组都困惑了：到底什么环节出错了？

评析：在严酷的市场竞争下，国内一些大型私营餐饮企业逐步意识到了服务的重要性，也把员工培训放到了经营管理的日程表上，但由于缺乏经验和对培训目的的正确认识，犯了不少错误。本案例说明该酒楼在员工培训工作方面出现了以下失误：培训开设前没有充分地培训需求调查，只是由几个负责人讨论了一下，因此，也就没有详尽地培训计划，只是“想到了什么就培训什么”；并且，在培训师选择上出了一些问题，培训是为了传授知识、灌输意识、提高技能，而不仅仅是为了课堂气氛好一点，员工“满意”一点。培训公司的一些培训讲师在培训气氛的调节等方面有优势，但对餐饮方面的专业知识相对匮乏，很难在授课中能让受训者有所得和有所提高。其培训作用往往局限于一时的令人振奋，而企业所希望看到的事后的长期效果却很难实现。目前许多餐饮企业苦于内部教员教学效果(课堂效果)较差而求助于外请讲师，但又走向了另一个极端：过于强调课堂气氛和“员工满意”而忽略了培训内容。“员工满意”的培训不一定是能收到效果的培训。

(资料来源：http://chen.zj001.net/show_hdr.php?xname=VHLNFV0&dname=DO68TV0&xpos=13.)

4.4 酒店员工的激励

激励是现代管理学的核心，在人力资源管理中更有着特殊的意义。目前，酒店业面临的最大困惑之一就是人才流失，特别是频繁的核心人员跳槽。这与酒店采取的激励手段的有效性不足密切相关。只有通过各种方式有效激励员工，调动员工的积极性，激发员工的工作热情，才能留住员工，提高工作效率，从而实现酒店的目标，创造出良好的经济效益和社会效益。

4.4.1 激励的概念

激励是激发人的动机，使人有一股内在的动力，朝着一定的目标行动的心理活动过程，即调动人的积极性的过程。员工激励是指通过各种有效的手段，对员工的各种需要予以不同程度的满足或者限制，以激发员工的需要、动机、欲望，从而使员工形成某一特定目标并在追求这一目标的过程中保持高昂的情绪和持续的积极状态，充分挖掘潜力，全力达到预期目标的过程。

在具体的人力资源管理实践中，激励的效果一般与 3 个要素密切联系：①激励的时机，即选择什么时间给激励对象以激励；②激励频率，即单位时间内对激励对象激励的次数；③激励程度，即激励作用力的大小。在酒店管理中，若要取得良好的激励效果，必须做到各个要素的密切配合。

4.4.2 激励的功能

1. 有效的激励有利于形成员工的凝聚力

组织的特点是把不同的人统一在共同的组织目标之下，使之为实现目标而努力。因此，组织的成长与发展壮大依赖于成员的凝聚力。酒店作为一个组织，其管理的成功需要酒店全体员工形成强大凝聚力，在认同酒店目标的基础上共同努力。激励是形成凝聚力的一种基本方式。通过激励，可以使员工理解和接受酒店目标，认同和追求目标，拥有强烈的归属感、自豪感和成就感，并推动员工为实现酒店目标而努力。

2. 有效的激励有利于提高员工的自觉性和主动性

个人的行为不可避免地带有个人利益的动机，利益是调节员工行为的重要因素。在了解员工心理需求的基础上进行有效的激励，可以使员工认识到在实现酒店最大效益的同时，也可以为自己带来利益，从而可以将员工的个人目标与酒店目标统一起来。二者统一的程度越大，员工的工作自觉性就越强，越能释放出潜能，其工作的主动性和创造性也越能得到发挥，越能够做出最佳的表现。

3. 有效的激励有利于员工开发潜力和保持积极状态

在客观条件基本相同的前提下，员工的工作绩效与员工的能力和激励水平有关。通过激励，可以使员工充分挖掘潜力，利用各种机会提高自己的工作能力，这是提高和保持高水平绩效的重要条件。另外，通过激励还可以激发员工持之以恒的工作热情。

4. 有效的激励能够提高酒店服务质量

酒店服务的最大特点就是它的难以衡量。它的提供者是具有个性的酒店员工，接受者是具有偏好和重视主观感受的客人，服务要求和评价标准都具有明显的不确定性。因此，对服务质量控制最有效的人是员工自身，只有满意的员工才能够自觉自愿地为客人提供高质量的服务。而使员工满意的最佳方法就是有效的激励，通过激励使员工以主人翁的姿态去工作，最终达到提高服务质量、为酒店赢得客人的最终目的。

4.4.3 激励的方式

酒店根据自身实际情况，会制定出不同的激励政策和措施。但激励政策与其他人力资源政策最大的不同之处在于：激励政策有更大的风险性，如果它不能给酒店带来正面的影响，就很可能带来负面的影响。因此，在制定和实施激励政策时，一定要谨慎，注意遵循一定的原则，提高激励的效果。

1. 员工激励的原则

员工激励要取得最佳效果，必须遵循以下 3 个原则。

(1) 激励要因人而异。由于不同员工的需求不同，所以，相同的激励政策起到的激励效果也不尽相同。即便是同一个员工，在不同的时间或环境下，也会有不同的需求。由于激励取决于内因，是员工的主观感受，因此，激励要因人而异。在制定和实施激励政策时，把握不同员工不同时期的不同主导需要，进行正确的引导和满足，可以开展需求调查或制作“需求菜单”让员工选择。

(2) 正激励与负激励相结合，做到奖惩适度。正激励指奖励符合组织目标的行为，使之强化和重复；负激励指约束和惩罚违背组织目标的行为，使之消退。但无论是正激励还是负激励，不适度都会影响激励效果，同时增加激励成本。正激励过重会使员工产生骄傲和满足的情绪，失去进一步提高自己的欲望；过轻则起不到激励效果，或者让员工产生不被重视的感觉。负激励过重会让员工感到不公平，甚至产生怠工(故意不积极工作，使工作效率降低)或破坏的情绪；负激励过轻则会让员工轻视错误的严重性，从而可能还会犯同样的错误。因此，必须要做到奖惩适度。正激励保持间断性，时间和数量尽量不固定，以保持最好效力；负激励则要坚持连续性，及时予以惩罚，消除员工的侥幸心理。

(3) 激励要保证公平性。公平性是员工管理中一个很重要的原则，员工感到的任何不公都会影响他的工作效率和工作情绪，并且影响激励效果。取得同等成绩的员工，一定要获得同等层次的奖励；同理，犯同等错误的员工，也应受到同等层次的处罚。如果做不到这一点，管理者宁可不奖励或者不处罚。 管理者在处理员工问题时，一定要有一种公平的心态，不应有任何的偏见和喜好。虽然某些员工可能让你喜欢，有些你不太喜欢，但在工作中，一定要一视同仁，不能有任何不公的言语和行为。

2. 员工激励的方法

在酒店管理实践中，根据激励的性质不同，可以把常用的激励方法分为 4 类：物质激励、成就激励、能力激励和环境激励。

1) 物质激励

物质激励包括酒店为员工提供的工资、奖金及各种福利。它是一种最基本的激励手段，因为获得更多的物质利益是酒店普通员工的共同愿望，它决定着员工基本需要的满足状况。同时，员工收入及居住条件的改善也影响着其社会地位、社会交往以及文化娱乐等精神需要的满足情况。

物质需求是人们从事任何社会活动的源动力。因此，物质奖励是工作激励的主要方式，也是目前酒店行业内部运用得最普遍的一种激励方式。把同一级别的工资按档次分开，为得到高档次的工资，处于同一级别的工作人员就必然会积极投入到工作当中去。对能积极提出合理化建议以及对工作能做到创新的员工应给予一定的报酬奖励，从而激励员工工作的创造性和积极性，也必将有利于酒店管理及生产上的改进和发展。另外也可采用员工持股分红的管理形式，这样员工的自身利益就与酒店的兴衰紧紧联系在了一起，员工工作创造性和主动性就会最大限度地发挥出来，这样不仅提高了工作效率，也增加了酒店的经济效益，达到了个人与酒店共赢的最终目标。

小阅读

巧用物质激励：1 张服务卡＝10 元钱

天天渔港餐厅总经理钱某有段时间十分头疼餐厅的留人问题，他曾在 1 个月内收到过 10 多封辞职信，逼得没办法，半夜出去贴招工广告。

起初，钱经理是通过加工资来安抚、留住员工，可人都有攀比心理，今天刚为前厅加了薪，第二天厨房就有意见，也要求加薪。久而久之，养成了一种坏风气：员工用辞职的方法来“要挟”管理层为他们无休止地涨工资。作为管理者，钱经理并不怕员工收入高，加薪不是问题，但关键在于凭什么加薪。

为了让员工的工资拿得“有据可依”，杜绝员工随意要求加薪的情况，钱经理取消了前厅员工的底薪，推行“服务卡绩效工资制”，即实际工资＝绩效工资＋开瓶费＋全勤奖。绩效工资是按以下方法计算的。客人落座后，服务员会递上两张服务卡，就餐结束后，客人将服务卡按照就餐的满意度返还给服务员，如非常满意，则返还两张；服务一般，则返还一张；不满意，则一张都不返还。每天收餐后，服务员将自己当天收到的服务卡上交给专人统计，总数填写在办公室外的公示表上，月底计算每个人当月得到服务卡的数量，按照每张卡 10 元折算成相应的金额，这就是该员工当月的绩效工资。实行这项制度之后，前厅工资的发放有据可依了，也不会有员工为了涨工资的事情而辞职，更重要的是员工一改往日懈怠的工作态度，客人进门都会主动迎上去。

(资料来源：http://www.canyin168.com/glyy/yg/rsgl/ygjl/201202/38935.html.）

2) 成就激励

对酒店员工而言，工作除了是获取物质利益和谋生的手段外，更多地是为了获得一种成就感。因此，成就激励是员工激励中一个非常重要的内容。酒店管理中常用的榜样激励、荣誉激励、绩效激励、目标激励等都属于成就激励。

(1) 榜样激励，就是酒店将优秀的员工树立成榜样，让其他员工向其学习。这个办法虽然传统，但实用性很强，优秀的榜样可以改善员工的工作风气。

(2) 荣誉激励，就是为工作成绩突出的员工授予荣誉称号，代表着公司对这些员工工作的认可，让员工知道自己是出类拔萃的，更能激发其工作的热情。

(3) 绩效激励，就是在绩效考评工作结束后，让员工知道自己的绩效考评结果，有利于员工清醒地认识自己。如果员工清楚自己工作获得的评价，就会对他产生激励作用。

(4) 目标激励，就是为那些工作能力较强的员工设定一个较高的目标，并向他们提出工作挑战。这种做法可以激发员工的斗志，激励他们更出色地完成工作。这种工作目标挑战如果能结合一些物质激励，效果会更好。

3) 能力激励

随着时代的发展，每个社会人都有发展自己能力的需求。酒店可以通过培训激励和工作内容激励满足员工这方面的需求。培训激励对青年人尤为有效。通过培训，可以提高员工实现目标的能力，为承担更大的责任、更富挑战性的工作及提升到更重要的岗位创造条件。在酒店管理实践中，培训已经成为一种广受员工欢迎的正式的奖励。工作内容激励实质上是用工作本身来激励员工，让员工干其最喜欢的工作，就会产生这种激励。管理者应该了解员工的兴趣所在，发挥各自的特长，从而提高效率。另外，管理者还可以让员工自主选择自己的工作，通过这种方式安排工作，员工的工作效率也会大大地提高。

4) 环境激励

环境激励包括政策环境激励和客观环境激励两种方式。酒店企业制定受员工欢迎的良好的制度、规章可以对员工产生激励。这些政策可以保证对员工的公平性，而公平是员工的一种重要需要。如果员工认为自己在平等、公平的环境中工作，就会减少由于不公而产生的怨气，提高工作效率。同样，公司的客观环境，如办公环境、办公设备、环境卫生等也可以影响员工的工作情绪。在高档次的环境里工作，员工的工作行为和工作态度都会自觉地向“高档次”发展。

小阅读

环境激励出新招：让员工参与制度制定

众所周知，制定制度不难，难在执行。农门阵餐饮管理有限公司为酒店制度的强效执行想出了新办法：让员工参与制度的制定。

首先，管理层参照其他酒店行之有效的管理制度制定出大体框架，然后发放给员工，让员工将自己认为无法做到的条款去掉，再添加一些根据自身情况制定的条款，公司将这些添加的制度汇总、整合，拿到员工大会上公布，让员工逐条举手表决，通过率在 2/3 以上的条款予以保留。保留下来的制度在酒店有一个月的试运行期，在试运行期间根据实际执行情况予以调整。调整后的制度作为最终版本公布上墙。

这样做的好处有 3 个：①员工参与制度增删，他们就要用心体会每条制度的内容和可行性，才能判断出这条制度制定后，自己是否能够遵守，是否适合在酒店推行，这是一个很好的自我培训过程；②提高了员工执行制度的自觉性——制度是我自己制定的，我当然有义务将其执行好；③能够让员工有主人翁意识，当店里来了新员工之后，那些参与制定制度的老员工会主动为新员工讲解酒店每条制度的制定原因和执行方法，比酒店统一培训的效果更好。

(资料来源：http://www.canyin168.com/glyy/yg/rsgl/ygjl/201202/38935_2.html.)

本章小结

本章主要介绍了酒店人力资源管理的含义、目标和内容，并在此基础上阐述了人力资源规划、员工招聘、培训以及员工激励的相关内容。本章内容旨在说明在现代酒店管理中，人力资源管理已经成为一项重要的工作内容。做好人力资源管理工作是保证酒店正常运行，为宾客提供高质量服务，并获得令人满意的经济效益和社会效益的重要保证。

练习与思考

一、专业术语

1. 酒店人力资源管理　　2. 员工激励
3. 员工职业素质培训　　4. 员工招聘

二、不定项选择题

1. (　　)是人力资源开发战略或总体目标，即根据酒店的发展战略、酒店的内外部环境的变化来预测未来酒店发展对人才的需求，制定相应的供求平衡政策。

A. 人力资源规划　　B. 人力资源招聘
C. 人力资源培训　　D. 人力资源激励

2. (　　)主要是指酒店各部门对本部门员工进行的旨在改进工作方法、提高工作效率的在职培训。

A. 入职培训　　B. 实务培训
C. 职业素质培训　　D. 专项培训

3. 酒店员工的招聘大致可包括(　　)3 个阶段。

A. 招聘准备　　B. 招聘实施

C. 招聘评估　　D. 招聘反馈

4. 酒店员工外部招聘的途径有(　　)。

A. 职业介绍机构与人才交流市场　　B. 猎头公司

C. 校园招聘　　D. 公开招聘

5. 酒店员工激励常用的方式有(　　)。

A. 物质激励　　B. 成就激励

C. 能力激励　　D. 环境激励

三、案例分析

盛源酒店集团最初只是一家普通的国有宾馆，由于地处国家著名的旅游景点附近，故迅速发展壮大，原有宾馆已经推倒重建成为一家五星级大酒店。集团在此尝到甜头后，先后在 4 个旅游景点附近收购了 4 家三星级的酒店。对于新收购的酒店，集团只是派去了总经理和财务部全班人马，其他人员都采取本地招聘的政策。因为集团认为服务员容易招到，而且经过简单培训就可以上岗，所以只是进行简单的面试，只要应聘者长相顺眼就可以。同时，为了降低人工成本，服务员的工资比较低。

赵某是集团新委派的下属一家酒店的总经理，刚上任就遇到酒店西餐厅经理带着几名熟手跳槽的事情。他急忙叫来人事部经理商谈此事，人事部经理满口答应，立即解决此事。第二天，赵某去西餐厅视察，发现有的西餐厅服务员摆台时经常把刀叉摆错，有的不知道如何开启酒瓶，领班除了长得顺眼和只会一味傻笑外，根本不知道如何处理顾客的投诉。紧接着仓库管理员跑来告诉赵某说发现丢失了银质的餐具，怀疑是服务员小张偷的，但现在已经找不到小张了。赵某一查仓库的账本，发现很多东西都写着丢失。赵某很生气，要求人事部经理解释此事，人事部经理辩解说，因为员工流动率太大，多数员工都是才来不到 10 天的新手，餐厅经理、领班、保安也是如此，所以做事不熟练，丢东西比较多。赵某忍不住问：“难道顾客不投诉吗？”人事部经理回答说：“投诉，当然投诉，但没关系，因为现在是旅游旺季，不会影响生意的。”赵某对于人事部经理的回答非常不满意，又询问了一些员工后，发现人事部经理经常随意指使员工做各种事情，如接送人事部经理的儿子上下学、给他的妻子送饭等，如果员工不服从，立即开除。赵某考虑再三，决定给酒店换血——重新招聘一批骨干人员，于是给集团总部写了一份有关人力资源规划的报告，申请高薪从外地招聘一批骨干人员，并增加培训投入。同时，人事部经理也给集团总部写了一份报告，说赵某预算超支，还危言耸听造成人心惶惶，使管理更加困难，而且违背了员工的本地化政策。

思考：

1. 赵某的做法是否正确？酒店是否必须从外地雇佣一批新的骨干人员？

2. 赵某应当采取哪些措施以解决酒店目前面临的问题？

四、实训题

找一家当地的酒店进行调查，了解其招工情况以及激励员工的主要方式，并对其效果进行客观评价。

课 后 阅 读

推荐阅读书目

[1] 蒋丁新．饭店管理概论[M]．2 版．大连：东北财经大学出版社，2004．
[2] 姚李忠，齐新征．饭店管理实务[M]．合肥：合肥工业大学出版社，2005．
[3] 廖卫华．现代饭店管理原理[M]．北京：经济科学出版社，2007．

推荐学习网络

[1] http://www.chinahotel.org.cn/index.asp.
[2] http://www.zhongsou.net/酒店行业网/channel/13367841.
[3] http://www.ctha.com.cn.

5 酒店营销管理

学 习 目 标

知识目标

1. 了解酒店营销的内涵、特点与主要内容
2. 了解营销策略组合的概念与主要理论
3. 了解酒店产品的概念，熟悉产品策略组合
4. 了解酒店产品价格的概念，熟悉定价策略
5. 了解酒店营销渠道的含义及基本模式
6. 了解酒店促销及促销组合的概念和作用
7. 了解酒店营销创新理念的内容

能力目标

1. 能够运用酒店营销的相关理论开展市场营销活动
2. 学会运用 4P 营销策略组合
3. 学会运用营销外部环境分析，找出机会与威胁
4. 学会运用内部环境分析，找出优势与劣势
5. 学会运用市场细分，为酒店进行市场定位与目标市场的选择
6. 能够运用促销策略组合进行酒店营销策划
7. 学会酒店营销策划案的撰写

知识结构

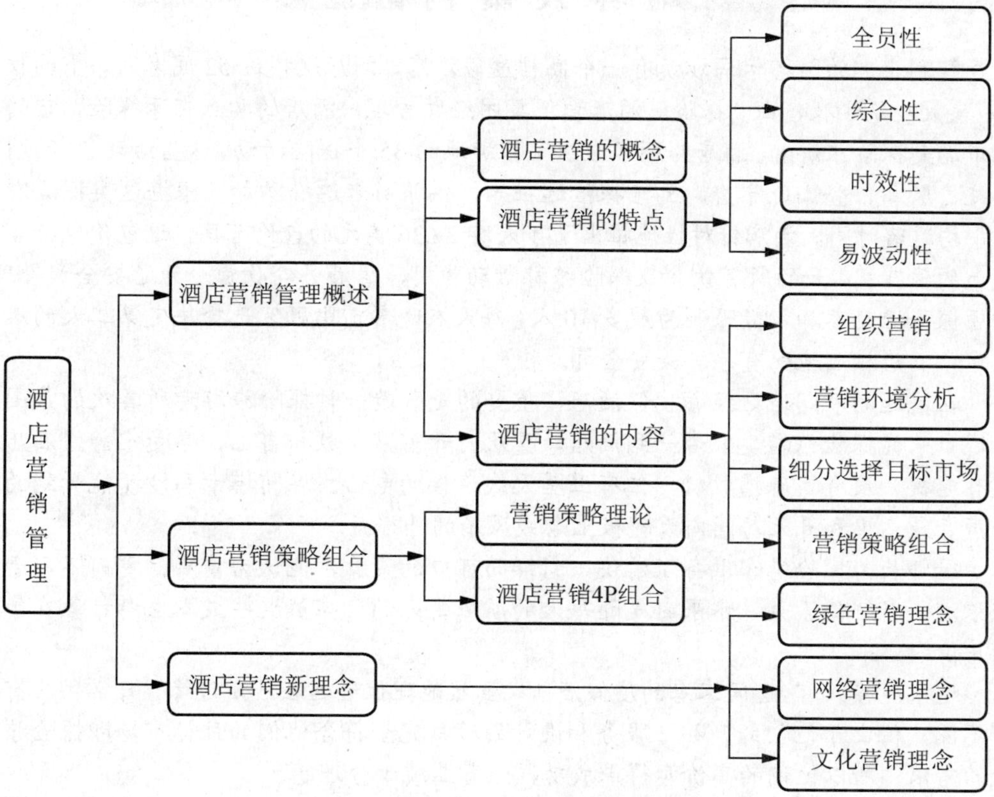
酒店营销管理
酒店营销管理概述
酒店营销策略组合
酒店营销新理念
酒店营销的概念
酒店营销的特点
酒店营销的内容
营销策略理论
酒店营销4P组合
全员性
综合性
时效性
易波动性
组织营销
营销环境分析
细分选择目标市场
营销策略组合
绿色营销理念
网络营销理念
文化营销理念

导入案例

智利北部的阿塔卡马沙漠有一个高档度假酒店，酒店规模达52间客房，平均收费659美元/人/间/夜，由“探险”酒店管理集团经营管理。酒店的卖点在于探险，它的目标市场是探险旅游者。酒店为顾客组织了旅游地的35个探险活动，这些活动包括步行、远足、骑马、登山、攀岩、驾车探险远征等，供旅游者选择参加。根据这类探险游客的平均逗留时间，酒店针对性地推出了4天游2 636美元的包价节目。这包价包括4个晚上的住宿、4天的所有饮食及探险旅游活动费用，喝酒另外收费。为了安全和管理，每项探险活动参加人数限制为最多10人，每天在晚餐前由顾客选择决定第二天的活动内容，酒店相应地配有导游兼安全员。

在遥远的沙漠地区经营度假酒店，重要的是营造一种探险旅游者所喜欢的氛围。从城市来的探险旅游度假者一到酒店，喜欢打开窗户，放松自己，享受宁静。酒店内没有电视，没有影碟播放机，但有卫星天线连接的电话。在阿塔卡马沙漠能听到的唯一声音是鸟鸣和夏天房间内天花板上老式风扇的呼呼声。

厨师长为探险游客准备了清淡、新鲜而可口的菜肴，他认为重油、重肉不利于探险旅游。新鲜的素菜、水果都是随每天的航班运来的，当然这些成本也都计算在昂贵的房价内。

这家规模只有52间客房的度假酒店，虽然地理位置远在沙漠边缘，日常供应有诸多不便，但由于他们的产品、服务和设计的节目完全符合他们的目标市场即探险旅游者的需求，所以他们的高价卖得很成功，经营业绩十分理想。

思考：

1．“探险”酒店管理集团成功的秘诀是什么？

2．酒店如何才能做出特色？请谈谈你的认识。

(资料来源：http://www.arsa.com.hk/show/2005-8-25/20058251735415491 4.htm.)

5.1 酒店营销管理概述

随着我国酒店业日益发展且与国际接轨，酒店营销意识在我国酒店业中不断得到发展，成功的营销已经成为酒店在激烈的市场竞争中处于不败之地的有效保证。在现代酒店的经营中，市场营销的核心作用已是势必所趋。

5.1.1 酒店营销的概念

美国营销协会认为，市场营销是对产品(包括主张、商品和服务)的构思、定价、促销、销售进行策划实施的过程，以创造出使个人及组织的目标都能得到满足的交换。

酒店营销是市场营销的一种，同时也是酒店经营活动的重要组成部分。它贯穿于酒店提供产品和服务的整个过程，主要研究宾客的需要和促进酒店客源的增长的方法，致力于开发酒店市场的潜力，增进酒店的收益，最终使酒店实现其预设的经营目标。

简而言之，酒店营销就是为了满足客户的合理要求，为使酒店赢利而进行的一系列经营、销售活动，其核心就是满足客人的合理要求，最终目的是为酒店赢利。

5.1.2 酒店营销的特点

酒店营销具有市场营销的一般特性，但同时又有自身的特点，主要表现在以下 4 个方面。

1) 全员参与

酒店提供的是人与人之间面对面的服务产品，酒店服务过程是员工与宾客的互动过程。在这个过程中，宾客需求的多样化，又决定了其与酒店员工之间接触的广泛性，宾客可能接触到不同的部门、不同的岗位和不同的工种，这其中任何一个环节出现差错，都会影响到宾客对酒店服务的整体印象。

因此，在酒店内部倡导全员营销的氛围，形成一支全员营销的团队显得至关重要。每个员工都要明白营销绝不是营销部一个部门的事情，而是涵盖了酒店的每一个部门、贯穿于每一个工作过程、落实到每个人。所有的工作都应该紧紧围绕“营销”二字进行，以全面优质管理作为基本保证，做到酒店中每一个直接接触顾客的员工都具备强烈的营销意识，在企业内形成一种人人关心、处处支持营销的工作氛围。通过所有员工的共同努力树立企业形象，使更多的顾客前来消费，大幅提高酒店的经济效益。

小阅读

“有心”的接线员

圣诞节的前一晚，某酒店总机当班的王小姐接到了某外贸公司一位客人的电话，询问圣诞节活动一事，并说曾打电话到另外一家酒店，那家酒店总机接待员告之订票处已经下班，于是他这才打电话到该酒店询问。

王小姐是个有心人，事先已经将酒店的圣诞节活动安排了解得一清二楚，于是她马上热情地将有关情况向客人做了详细介绍。客人听了非常满意，第二天就来酒店订了 35 张圣诞活动票。

启示：由于酒店服务的特殊性，所以营销绝不仅仅是销售部门的责任，而是和每一个员工都息息相关的。当宾客或者潜在宾客有需要时，不会只找销售部门的员工，而是认为酒店的所有员工都有为其服务的义务。因此，酒店只有树立全员营销的理念，才能全面满足客人的需求，实现全方位的服务过程。

(资料来源：http://www.cotsa.com/News/T-14705.)

2) 综合性

顾客对酒店的需求除了宿、食等基本外，还包括美食、购物、娱乐、信息交流、商务活动等综合需求。现代酒店营销与酒店各部门的员工密切相关，只要有一个员工的服务使宾客不满意，就会造成 100－1＝0 的效果。

3) 时效性强

酒店产品主要是无形的服务，宾客需要先行购买，然后才能消费，服务的生产和消费同步进行。酒店产品被顾客购买后，只是在一定时间和空间上拥有使用权，而无法占有他们，即酒店产品的不可储存性。

4) 易波动性

季节性波动，即人们通常所讲的淡季、旺季。另外，酒店受政治、经济、社会及自然因素的影响较大。例如，四川汶川大地震、金融危机等事件对旅游业、酒店业都造成了巨大的影响。

5.1.3 酒店营销的内容

全员营销是一种理念，并不是真的让每个员工都做营销的工作，专业的事情需要专业的部门来做，营销部即承担着这个重任。酒店营销的内容十分广泛，概括来说主要包括以下 4 个方面。

1. 组织营销

1) 设计合理的组织机构

一方面，根据酒店的实际情况设计合理的组织架构；另一方面，营销部还要根据客户的地理位置和类别综合考虑，组织销售人员按地理位置分工销售，减少路途时间，提高工作效率。常见的酒店营销组织结构如图 5.1 所示。

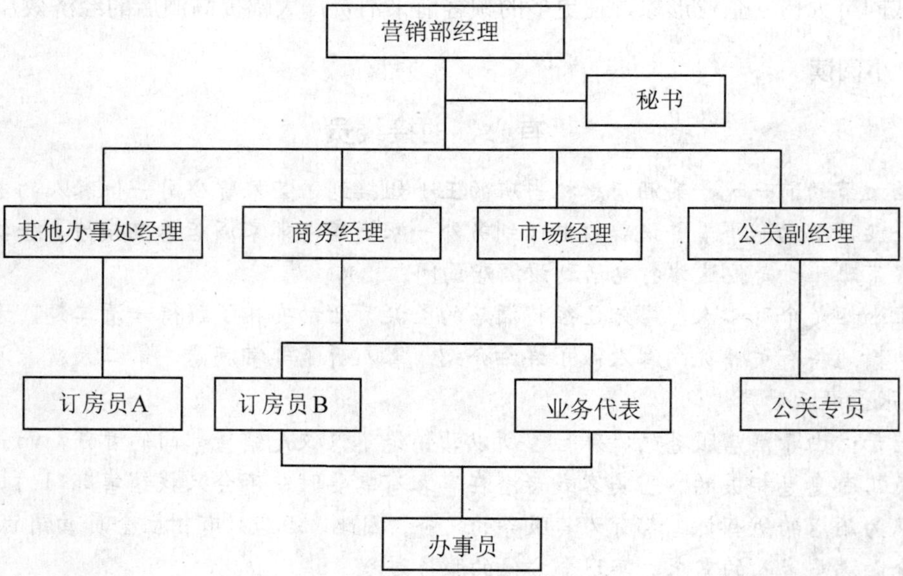

图 5.1 星级酒店营销部组织架构

2) 划定销售区域和范围

营销部经理配合销售人员划定销售的区域和范围，积极引导销售人员拓展销售面，销售区域和范围的分配要根据常客的销售潜力、客户的地理位置和类别来加以分配。

3) 制定销售指标

营销部经理根据酒店的销售目标和政策制定销售指标。销售指标分为数量指标和质量指标。

其中数量指标有①销售数量，如客房销售的天数、餐饮销售额、平均房价、销售收入等；②销售次数，每天或每月应进行的销售访问次数；③销售费用的指标与控制，每月销售人员所涉及的销售费用，如交通费和招待费用等。

由于各销售人员分管的客户需求潜力不同，在规定销售人员达到销售数量的同时，还要确定销售的质量标准。质量标准有销售人员的产品和销售知识、销售访问的效果、销售人员的工作态度、工作能力以及与客户的关系等。

4) 销售人员的考核

销售管理人员应采取合适的途径了解和获取销售人员工作的成绩信息，制定销售人员每月上报的各种报表，了解销售情况，及时反馈销售信息。

制定合理的薪酬制度，这是销售队伍建设的关键。在制定薪酬制度时，要注意以下 3 点。

(1) 根据自身特点量身定做。没有任何一个制度是完美的，也没有任何一个制度可以适用于所有的行业和企业。因此，要根据酒店自身的情况、销售人员的特点等来制定薪酬制度。

(2) 贡献与收入相符，体现公平性。对于有能力的销售人员，不怕给高工资和奖金。只有贡献与收入相符，才能真正地起到激励作用。用更高的工资和奖金来激励销售人员提高业绩，也就是为酒店创造更高的业绩和利润。

(3) 要有一定的灵活性。制度是死的，运用却要灵活。营销环境因素千变万化，所以在执行中必须要依据实际情况对其进行适当的调整。

2. 营销环境分析

1) 宏观环境

(1) 经济环境。社会经济运行状况及发展趋势会对酒店营销活动产生直接或者间接的影响，包括消费者收入水平、消费支出模式与结构、消费者储蓄和信贷、地区经济发展情况、城市化程度等因素。

(2) 政治与法律环境。酒店的营销活动是社会经济的组成部分，因而必然要受一定的社会形态、政治体制、方针政策和法律法规的约束与影响，包括政治局势，政府态度，政府的法律、法规、条例及有关方针政策等因素。

(3) 人口环境。人口环境指酒店所在区域的人口状况，如人口分布、性别比例、年龄结构、流动状况、文化水平、家庭结构、民族种类等。

(4) 地理环境。不同的自然环境会形成不同的自然资源，另外，在不同的国家、地区，人们的消费偏好、消费口味、可消费标准等完全不同。

(5) 社会文化环境。社会文化环境主要指人们受社会地位的影响和受社会文化的长期熏陶而形成的生产方式、价值观念和行为准则。不同的国家、民族、地区，有着不同的文化背景，其价值观念、民族传统、风俗习惯和宗教信仰均有所不同，需求自然也不相同。

2) 微观环境

(1) 酒店的内部环境。酒店的内部环境指酒店所推行的经营观念、发展目标、管理系统、人力资源、服务模式、经营项目、物质支持、规章制度、总体形象、人际关系等。

小阅读

了解自己比了解对手更重要

作为营销人员，你对所在酒店的这些信息是否了如指掌？

1. 酒店的范围有多大？

酒店建筑物有多高？有多长？最多可供多少人住宿？

2. 酒店的设备如何？

酒店有多少间客房？停车场可停多少辆车？餐厅有多少间？中餐厅可容纳多少人？西餐厅可容纳多少人？咖啡厅可容纳多少人？酒吧可容纳多少人？酒店有多少个厅可用作舞会、宴会、集会、会议等用途？每个厅可容纳多少人？酒店附近有哪些娱乐场所与消遣的设备？

3. 酒店位于何处？

酒店所在的城市有多少人口？酒店靠近什么主要工业区或商业中心？吸引人的地方有哪些？酒店是否靠近高速公路、普通国道或在机场附近？

4. 酒店的顾客主要是什么人？

做生意？参加会议？家庭旅游或是观光客？外国客人多还是国内客人多？

5. 什么时候营业最好？

一年中哪几个月是旺季？一个星期的哪几天生意最好？一天的什么时间生意最好？

俗话说，“知己知彼，百战不殆”。“知己”看似简单，但实际上往往被人们忽略。作为酒店的营销人员，如果不能做到对自身的情况了如指掌，那么再“知彼”也是无用，就更谈不上与客户的沟通、谈判了。

(资料来源：杨卫，刘慧明.酒店营销经理岗位培训手册[M].广州：广东经济出版社，2011.)

(2) 酒店的中间商。酒店的中间商指协助酒店与宾客之间实现交易或者直接与客人交易的中介企业，如酒店经销商、代理商、预订机构、广告媒体等。中间商是酒店销售系统的重要组成部分，是酒店营销成败的关键因素之一。

(3) 酒店的供应商。酒店的供应商指向酒店提供满足其经营活动所需各种资源的企业，直接关系到酒店的经营成本，进而影响酒店的竞争力和市场形象。

(4) 顾客。顾客就是产品的购买和使用者，是企业的目标市场。酒店营销的最终目的是在满足顾客需要的基础上实现利润的增加，可以说顾客是营销的起点和终点。

(5) 酒店的竞争者。酒店的竞争者指在一定范围内，提供的产品或服务在内容上或档次上相同或近似，面对相同客源市场的企业。

3. 细分与选择目标市场

所谓市场细分，指营销者通过市场调研，依据消费者的需要和欲望、购买行为和购买习惯等方面的差异，把某一产品的市场整体划分为若干消费者群的市场分类过程。每一个消费者群就是一个细分市场，每一个细分市场都是具有类似需求倾向的消费者构成的群体。

市场细分的种类或者方法有以下 4 种。

(1) 地理细分：按照国家、地区、城市、农村、气候、地形等因素。

(2) 人口细分：按照年龄、性别、职业、收入、教育、家庭人口、家庭类型、家庭生命周期、国籍、民族、宗教、社会阶层等因素。

(3) 心理细分：按照生活方式、个性等因素。

(4) 行为细分：按照时机、追求利益、使用者地位、产品使用率、忠诚程度、购买准备阶段、态度等因素。

对于酒店营销来说，必须要在营销环境分析的基础上进行市场细分，划分出若干可供选择的子市场，然后才能选择目标市场，进行营销策略组合。

目标市场即最有希望的消费者群体。酒店的目标市场应具备的特点：既是对酒店产品有兴趣、有支付能力的消费者，又不存在过多竞争对手，而本酒店也有能力满足其需求。

小阅读

洗温泉浴的钟点房

河南省三门峡市管辖的陕县有个以温泉闻名省内外的村子，名叫温塘村。温塘村的温泉具有奇特的医疗功能。据有关部门的化验结果表明，它含有 24 种有益于人体健康的微量元素，不亚于驰名全国的青岛崂山的温泉。它的储藏量相当大，挖一口井连续抽取 48 小时还不见水位降低。周围的居民经常饮用井水，健康状况明显强于其他地区，因此，前来洗温泉浴、喝矿泉水的人络绎不绝。

温塘村筹资开了一家华源宾馆，规模不大，设施一般，大堂内不见豪华陈设和典雅布置，但一切是那么有序、干净，客人不少。

某天，来了 10 位灵宝人，他们都是靠家乡的金矿脱贫的年轻人，他们此行专程为了享受一下温泉浴的乐趣。一到大堂接待处，服务员告诉他们可以以钟点计房价，这样一说正合他们的心意，因为他们出发时便有顾虑，当天傍晚必须得赶回灵宝，但不知华源宾馆可不可以给不过夜的客人在房价上打个折扣。因此，一听到有钟点房，不胜欣喜，仔细打听后知道，每间标准房一天房价是 120 元，但如使用 1 小时仅需 25 元，2 小时为 50 元，3 小时则以半天计价，即 60 元。几位灵宝客人一合计，觉得相当划算，租 2 小时一间标准房，既可洗个舒舒服服的温泉浴，还可小憩一个多小时，他们决定租 5 个房间各 2 小时。

这里的温泉浴的确惬意。其他酒店都是把冷水加热，通过管道输送到各个房间，而这里的温泉水从井里打出输送到宾馆，仍有 65℃，所以还得让温泉水冷却一会儿才行。两个龙头一打开，在浴缸里泡上半小时，真是舒服极了。

那几位灵宝客人走出房间后意犹未尽，到总台后面看到有欢迎游泳的告示，于是向服务员打听，知道游泳也是他们利用温泉水资源增设的服务项目。宾馆拥有小游泳池 4 个，大游泳池 1 个，每个小游泳池可同时供 10～12 人游泳。游泳池的计价有按人数和包池两种形式，都以小时计费，每人每小时仅收费 15 元，如是住店客人只需付 12 元；要是包池，每池 1 小时收费 160 元。几位灵宝客人一看时间尚早，决定包一个池子游上1小时。

临别时他们算了一笔账，一共享受了3个小时的温泉，每人平均才耗费41元。他们商定，下个周末邀一些朋友再来尽情享受一番。

启示：任何一家酒店要获取利润，就一定得进行科学的市场定位，向目标客源提供符合对方需求的产品。

本例中陕县华源宾馆是一家村办宾馆，它的目标客源主要是三门峡市和灵宝市等地的居民以及去那儿出差的宾客，其中有相当比例的人是冲着温泉而去的。陕县温塘村附近提供温泉浴的澡堂有好几家，另有数家酒店也设有大游泳池。摆在华源宾馆经营者面前的路只有一条：利用宾馆较有吸引力的硬件设施，采取灵活多样的方式，以特色求发展。

与那些澡堂相比，华源宾馆的设施设备先进得多，灵宝市民由于金矿的开发，比以前富裕得多，他们需要较好的洗澡与休憩场所。此外，还有许多来自全国各地做黄金生意的商人，他们同样不喜欢去设施简陋的普通澡堂。因此，华源宾馆的出现正好填补了当地市场需求的一块空白。然而，那些刚摆脱贫困不久的灵宝人，毕竟还不是大把大把用钱的富翁，他们既期盼较舒适的休憩环境，又要适当节省开支。华源宾馆按钟点计价供应可洗温泉浴的标准间，符合目标市场的需求，所以取得了成功。

(资料来源：王大悟，刘耿大．酒店管理180个案例品析[M]．北京：中国旅游出版社，2007．)

4．营销策略组合

目标市场选定后，就要根据目标市场的需要，确定营销策略组合，制定经营策略，以实现酒店的预期目标。营销策略组合就是为了在目标市场中实现预期的目标，而对可控制的各类营销因素的特殊组合和综合运用，包括产品策略、价格策略、渠道策略、促销策略等。

5.2 酒店营销策略组合

营销策略组合是营销的精髓、框架，是现代市场营销理论体系中的一个非常重要的概念，它是和市场细分、目标市场等概念相继产生的。

5.2.1 营销策略理论

1．4P营销策略组合

1960年，美国市场营销专家E.J.麦卡锡(E．J．Macarthy)在人们营销实践的基础上，提出了著名的4P营销策略组合理论，即产品(product)、价格(price)、渠道(p1ace)和促销(promotion)。“4P”是营销策略组合通俗经典的简称，奠定了营销策略组合在市场营销理论中的重要地位，它为企业实现营销目标提供了最优手段，即最佳综合性营销活动，也称整体市场营销。本书着重介绍的也正是这最经典的4P营销策略组合。

2. 6P 营销策略组合

1986 年美国著名市场营销学家菲利普・科特勒(Philip Kotler)提出了大市场营销策略，在原 4P 组合的基础上增加 2P，即权力(power)和公共关系(public relations)，简称 6P。

科特勒给大市场营销下的定义：为了成功地进入特定市场，在策略上必须协调地使用经济心理、政治和公共关系等手段，以取得外国或地方有关方面的合作和支持。此处所指的特定市场，主要指壁垒森严的封闭型或保护型的市场。贸易保护主义的回潮和政府干预的加强，是国际、国内贸易中大市场营销存在的客观基础。要打入这样的特定市场，除了做出较多的让步外，还必须运用大市场营销策略，即 6P 组合。

大市场营销概念的要点在于当代营销者益愈需要借助政治力量和公共关系技巧去排除产品通往目标市场的各种障碍，取得有关方面的支持与合作，实现企业营销目标。

小阅读

现代市场营销学之父——菲利普・科特勒

菲利普・科特勒是现代营销的集大成者，被誉为“现代营销学之父”，任西北大学凯洛格管理学院终身教授，是西北大学凯洛格管理学院国际市场学 S・C・强生荣誉教授，还是美国管理科学联合市场营销学会主席、美国市场营销协会理事、营销科学学会托管人、管理分析中心主任、杨克罗维奇咨询委员会成员、哥白尼咨询委员会成员、中国 GMC 制造商联盟国际营销专家顾问。

(资料来源：http://baike.baidu.com/view/175448.htm)

3. 4C 营销策略组合

20 世纪 90 年代初，世界进入了一个全新的电子商务时代，消费个性化和感性化更加突出，企业为了了解消费者的需求和欲望，迫切需要与消费者进行双向信息沟通。1990 年美国市场学家罗伯特・F. 劳特伯恩(Robert F.Lautherborn)教授提出了 4C 理论，即顾客(customer)、成本(cost)、便利(convenience)和沟通(communication)。

该理论针对产品策略，提出应更关注顾客的需求与欲望；针对价格策略，提出应重点考虑顾客为得到某项商品或服务所愿意付出的代价；强调促销过程应用是一个与顾客保持双向沟通的过程。4C 理论相对于 4P 理论有着实质上的不同，如表 5-1 所示。

表 5-1 4P 与 4C 营销策略组合力量的对比

卖方立场	买方立场
产品(product)	顾客需求与欲望(customer needs and wants)
价格(price)	购买成本(cost)
渠道(place)	便利(convenience)
促销 (promotion)	沟通(communication)

4. 4R 营销策略组合

20 世纪 90 年代末，信息技术和知识经济迅猛发展，消费者的生活节奏越来越快，市场竞争空前激烈，消费者对产品的忠诚度和信任度在不断下降。人们开始认识到建立企业与顾客之间的战略协作关系十分重要。于是，整合传播营销理论的创始人美国学者唐·E. 舒尔茨(Don E. Schultz)在4C营销理论的基础上提出了4R营销新理论，即关联(relativity)、反应(reaction)、关系(relation)和回报(retribution)。

4R理论以关系营销为核心，重在建立顾客忠诚。它阐述了4个全新的营销策略组合要素。4R理论强调企业与顾客在市场变化的动态中应建立长久互动的关系，以防止顾客流失，赢得长期而稳定的市场；面对迅速变化的顾客需求，企业应学会倾听顾客的意见，及时寻找、发现和挖掘顾客的渴望与不满及其可能发生的演变，同时建立快速反应机制以对市场变化快速做出反应；企业与顾客之间应建立长期而稳定的朋友关系，从实现销售转变为实现对顾客的责任与承诺，以维持顾客再次购买和顾客忠诚；企业应追求市场回报，并将市场回报当作企业进一步发展和保持与市场建立关系的动力与源泉。

5. 4V营销策略组合

在新经济时代，培育、保持和提高核心竞争能力是企业经营管理活动的中心，也成为企业市场营销活动的着眼点。4V理论正是在这种需求下应运而生的。4V营销组合理论是指差异化(variation)、功能化(versatility)、附加价值(value)和共鸣(vibration)。

差异化营销就是企业凭借自身的技术优势和管理优势，生产出性能上和质量上优于市场上现有水平的产品，或是在销售方面，通过有特色的宣传活动、灵活的推销手段、周到的售后服务，在消费者心目中树立起不同于一般的良好形象。值得一提的是，差异化营销所追求的“差异”是在产品功能、质量、服务和营销等多方面的不可替代性，因此也可以分为产品差异化、市场差异化和形象差异化3个方面。

功能化营销指以产品的核心功能为基础，提供不同功能组合的系列化产品供给，增加一些功能变成高档品，减掉一些功能就变成中低档产品，以满足不同客户的消费习惯和经济承受能力。其关键是要形成产品核心功能的超强生产能力，同时兼顾延伸功能与附加功能的发展需要，以功能组合的独特性来博取细分客户群的青睐。

附加价值指除去产品本身的价值，包括品牌、文化、技术、营销和服务等因素所形成的价值。

共鸣指企业为客户持续地提供具有最大价值创新的产品和服务，使客户能够更多地体验到产品和服务的实际价值效用，最终在企业和客户之间产生利益与情感关联。共鸣强调的是企业的创新能力与客户所重视的价值联系起来，将营销理念直接定位于包括使用价值、服务价值、人文价值和形象价值等在内的客户整体价值最大化。

5.2.2 酒店4P营销策略组合

1960年，麦卡锡提出了著名的4P组合。他认为，企业从事市场营销活动，一方面要考虑企业的各种外部环境，另一方面要制定市场营销组合策略，通过策略的实施，适应环境，满足目标市场的需要，实现企业的目标。

所谓的4P，即产品(product)、价格(price)、渠道(place)、促销(promotion)。在这里，产品就是考虑为目标市场开发适当的产品，选择产品线、品牌和包装等；价格就是考虑制定适当的价格；地点就是要通过适当的渠道安排运输储藏等把产品送到目标市场；促销就是考虑如何将适当的产品，按适当的价格，在适当的地点通知目标市场，包括销售推广、广告、培养推销员等。

1. 产品策略

1) 酒店产品

酒店产品是由多种利益组成的组合型产品，从酒店提供的多种经营项目，如餐饮、客房、娱乐及各种服务等可以判断酒店产品具有组合性特点。因此，在设计和构思酒店产品时，要针对顾客的不同需要开发各种受顾客欢迎的组合产品，吸引客源。一般来说，现有的酒店产品组合方式有以下 8 种。

(1) 公务客人组合产品。公务客人组合产品是指针对公务客人的特殊服务，为公务客人提供优惠，如免费在客房供应一篮水果，免费提供饮料，免费使用康乐中心的设施和器材，免费参加酒吧、歌舞娱乐活动等。

(2) 会议组合产品。会议组合产品包括使用会议厅，会议休息时间供应点心咖啡，会议期间工作餐，按每人一个打包价格优惠提供。

(3) 家庭住宿组合产品。包括双人房供全家住宿，小孩与父母同住免费加床，提供看管小孩服务，小孩免费使用康乐设施，餐厅提供儿童菜单等。

(4) 蜜月度假产品。蜜月度假产品只向新婚夫妇提供，一般需要漂亮而宁静的客房以及一些特殊的服务，如一间布置漂亮的洞房，免费床前美式早餐，免费奉赠香槟酒，客房里供应鲜花、水果篮等。

(5) 婚礼组合产品。这类产品主要针对当地居民市场，结合婚礼消费的形式，适应消费的心理，强调喜庆的气氛，吸引消费。该产品组合内容有豪华级京式或广式筵席，免费提供全场软饮料，4 层精美婚礼蛋糕一座，以鲜花和双喜横幅隆重地布置婚宴厅，根据具体要求制造婚宴气氛，播放婚礼进行曲，洞房花烛夜免费提供新婚套房、鲜花、水果和香槟酒，免费美式早餐送到客房等。

(6) 周末组合产品。可吸引客人在一周工作之余来休息和娱乐，因而需策划组织一些娱乐体育活动，如举办周末晚会、周末演出等，将娱乐性活动加上酒店的食宿服务组合成价格便宜的打包价产品。

(7) 淡季度假产品。在营业淡季时，酒店以一周、10 天住宿加膳食以包价提供给客人。同时，为了吸引宾客，还要策划组织宾客免费享受娱乐活动。

(8) 特殊活动组合产品。这类组合产品的开发需要营销人员具有创造性及事实思维，设计出既新颖又在经济和销售上可行的产品，可利用现有的设施和服务组织，如乒乓球赛、网球赛、保龄球赛等活动，提高酒店的声誉及形象。

2) 酒店产品组合

酒店产品组合是酒店提供给顾客的全部产品线和产品项目的组合与搭配，即经营范围和结构。酒店产品线就指相互关联或相似的一组产品，如酒店的餐饮产品线就包括自助餐、快餐、零点、早茶和宴会等。酒店产品项目指产品线中不同品种、规格、质量和价格的各种产品，如自助餐是餐饮产品线的一种产品，它包括高档、中档、低档简易自助餐等。

3) 产品组合策略

(1) 增加产品组合的广度。产品组合的广度指一个企业所拥有的产品线的数量。较多的产品线，说明产品组合的广度较宽。所谓增加产品组合的广度，就是指一个酒店生产经营的产品生产线多且宽，这样就能充分发挥酒店各项资源的潜力，提高效益，减少风险。这种组合策略适用于大型酒店及酒店集团。

(2) 扩大产品组合的长度。酒店产品组合的长度指酒店所有产品线中的产品项目总和。扩大产品组合的长度，即酒店根据市场需求及竞争情况，适时扩大经验项目，使产品线更加丰富，同时给每种产品增加了更多的变化因素。

(3) 增加产品组合的深度。酒店产品组合的深度指产品线中每种产品所提供的样式、口味、规格的多少。例如，某酒店的餐厅有 3 种规格(高档、中档、低档)，3 种风格(中式、日式、西式)。酒店可提供差异性的产品来增加酒店产品组合的深度，以适应不同顾客的需要，吸引更多的顾客。

(4) 调节产品组合的相关性。酒店产品组合的相关性指各个产品线在最终使用、生产条件、销售渠道、促销等方面相关联的程度，也可以称为产品组合的密度。酒店产品组合相关性的高低，可以决定酒店的竞争能力。

小阅读

宁波开元名都的产品设计

宁波开元名都酒店从筹建期开始，就一直关注酒店产品的设计和品质，包括软硬件两方面。

首先是在产品的设计方面。在筹建期间，酒店根据自身的品牌定位、硬件情况、所处的地理位置、同档次酒店的产品等初步设计了开业初期的产品体系。经过实践证明，大多数产品的设计还是非常合理的，也受到了宾客的肯定。例如，康体产品以俱乐部的形式推出，采用会员制的操作模式，获得了宾客的高度赞赏；又如，“启笑轩”中餐宴会厅结合独特的形式规格和装修特点，将之定位于高档宴请场所，受到了高档次宾客尤其是政府单位的高度认可，酒店开业至今的高规格宴请基本上都在“启笑轩”举行。但在部分产品的设计上还是略有不足，尤其是棋牌、足浴方面。在酒店最初的产品体系中并没有棋牌和足浴，但经过一段时间的经营，宾客对这两方面产品的需求还是非常大的。

为了慎重起见，酒店先将两间客房简单调整，以棋牌房的形式出售，结果这两间棋牌房的使用率非常高，远远高于其他房型。这也促使酒店最终下了决心，将部分房间改造成专业的棋牌室和足浴。虽然目前仍在改造中，但酒店有信心，棋牌室和足浴的推出不仅能够进一步提升酒店的营业额，而且还能提高宾客的满意度，带动酒店其他产品的销售。此外，为了解决宾客打的难的问题，酒店经过多方讨论，最终开通了往来于酒店和万达广场之间的免费穿梭巴士。同时客房噪声与冷量问题、玻璃台阶的安全性问题、会议室规模和品种问题等宾客集中反映的产品问题都是酒店今后要予以整改的问题。

其次是在产品的质量方面。酒店从筹建期开始就以总经理负责制的形式进行严抓，从施工的质量、设备的选型到原材料的选择，每个环节都进行严密的监控。开业后，酒店更是加大了产品的质量管理，首先是建立酒店层面的质量管理体系，加大了监督和奖惩力度，从制度层面来提升酒店的产品质量。其次是全面向标杆企业学习，通过学习优秀高档酒店来提升自身产品的品质。例如，为了打造真正的贴身式管家服务，房务部组织专人前往上海瑞吉红塔进行考察；为了提升高档宴会的接待水平，餐饮部专门成立了 VIP 接待小组，从礼仪、形象、语言艺术、服务标准等进行全方位的培训，每次重要接待后都会进行总结并整改，历经开业宴请、集团年会、军区司令宴请等高档宴请后，餐饮部的 VIP 接待水平有了质的提升。最后是广泛收集宾客的意见，通过大堂副理的每日拜访、参观房的宾客意见收集、会议接待后的宾客意见反馈、宴会预订的宾客拜访等渠道来收集，并多次召开专题会议讨论宾客的意见并督促相关部门进行有效、及时的整改。

启示：酒店产品是一切营销策略的基础，如果产品的设计不符合宾客需求、产品的质量达不到标准，那么再好的公关手段、再有效的广告宣传、再有吸引力的促销手段也将是“镜中花，水中月”，不仅不会增加酒店长期的经营效益，甚至会起到反作用，降低酒店的美誉度。

(资料来源：http:/wenku.baidu.com/view/cfe7452f2af90242a895e5e9.html.)

2. 价格策略

价格是酒店营销组合的重要组成因素，是影响顾客选择的主要因素之一。因此，酒店定价是关系营销成败的重要问题。同时，价格也是营销组合中十分敏感的因素。如果价格制定得不合理，会直接影响需求量的多少和酒店利润的高低，并且还影响到酒店营销组合的其他因素。

1) 影响酒店定价的因素

在制定产品价格时，酒店必须全面地考虑影响价格制定的众多因素。通常影响酒店价格制定的因素有两大类。

(1) 不可控因素。不可控因素指酒店无法控制的那些定价因素，包括国家价格政策、政治、经济、文化、市场竞争等。

(2) 可控因素。可控因素包括定价目标(销售、竞争及利润等目标)、成本、产品本身特征及酒店资源等。

2) 酒店价格组合的设计

由于酒店面临的市场不同，经营又有较明显的季节性等特点，这就造成了酒店提供同样的产品组合但提供不同的销售价格的现象，这样就形成了价格差异。因此，这也就有利于经营者针对不同市场、季节及销售时机，设计不同的价格组合及不同的价格政策。酒店价格组合或价格结构通常由基本价格、优惠价格、合同价格等组成。

(1) 酒店基本价格。酒店基本价格指酒店价目表公开列出的、要求顾客支付的普通价格。客房标价及菜单上的标价均属于基本价或市场价。其制定方法主要有成本导向法、利润导向法、营销导向法和竞争导向法 4 大类。

(2) 酒店优惠价格。这是对酒店基本价格做出的各种折扣价格。通常，酒店在价格上的让步应在市场营销及其他方面获得应有的利益，这些利益足以补偿价格方面的损失。酒店日常采用的优惠价格包括数量折扣、季节性折扣、付款条件折扣、现金折扣等具体方式。

(3) 酒店合同价格。合同价格也称批发价，它反映酒店给予中间商的优惠价。酒店中间商为酒店推销产品、提供服务并为酒店做宣传，从中获得利润。为此，他们与酒店定期协商(一般一年一次)，确定散客和团体的优惠价，使他们能将酒店产品以市场价或低于市场价的价格销售给顾客后仍有足够的毛利支付费用并获得利润。

3) 酒店定价策略

(1) 心理定价策略。心理定价策略是基于对酒店客人购买决策的心理变化和对价格数字的敏感及联想而采取的定价策略。一般来讲酒店客房价格较少采用尾数定价，而多采用整数定价。因为酒店房价往往高于日常生活消费品价格，客人常有“穷家富路”的思想准备和爱“面子”的心理，一般不会凭下意识的感觉确定购买决策，因而如果采用尾数定价反而让人感到酒店“小气”和计较，从而失去亲切感。相反，整数定价可以显示酒店的大度，方便客人的计算。

当然，高档酒店还可利用客人仰慕酒店声望的心理来制定价格，把房价故意调高一个整数位，以满足客人显示身份、地位的心理。因为在一般情况下，客人对酒店的经营成本并不了解。一般人除酒店外表装饰及硬件条件外最容易以价格判断服务档次，并认为高价格代表着高享受，入住高档酒店是财富、身份和地位的象征。

除此之外，酒店有时也会迎合顾客的美好心理企盼来定价，如利用客人对某些数字的联想和偏好，在价格中使用“6”、“8”等吉利数字以满足客人心理暗示的需要，让客人花钱花得舒心。

(2) 差异定价策略。差异定价指酒店对同一种服务报出两种或两种以上的差异价格。这种定价不是根据成本费用的高低来制定的，而主要是针对顾客之间的差异来制定的，目的为通过价格的提升或让利来促进及扩大销售。

差异定价也有不同的方式，常见的有以下 3 种。

① 位置差异定价。酒店客房的固定性决定了不同位置的客房所体现的享受价值是不一样的，如客房的朝向、方位决定了室内观望窗外景色的效果、阳光的采集等有所不同，由此引发客人对客房的挑剔。这样可能会造成客人满意度的降低和客房使用率的高低不均。酒店可以利用价格进行调节，把朝向好的客房适当提价，把朝向不好的客房适当减价，这样就会平衡顾客的心理，减少抱怨。此外，酒店所处的地理位置也影响酒店整体的定价。根据客人前来的便利程度来制定出本酒店的整体价格水平。

② 购买时间差异定价。现在酒店客房价格一般是按房间和时间为单位计算的。客人无论一天中在酒店停留多长时间都不会引起房价的增减。这是因为客人在酒店的实际消耗对酒店的各项成本支出影响不大。然而，如果仔细考查酒店客人特殊的购买时间就会发现它对客人的心理和酒店的管理能产生一定的影响。

目前，酒店一般按每天中午 12 点作为客人计算入住天数的分界时间，超过中午 12 点离店就要付第二天的相应费用，客人的入住时间则是从每天早上 8 点钟以后开始算起的。这种计费方式有一定的合理性，酒店与客人一般均能接受。但如果购买时间和入住时间差距较大时，客人就会感觉酒店与客人之间的价值交换不对等，心理平衡就会被打破，从而影响实际销售效果。例如，在午夜以后的凌晨入住，客人就会感觉对客房的实际占有时间与付出的房费不成比例，出入较大，此时若选择入住就有吃亏的感觉，选择等待又确有很多不便。如果酒店能对此时入住的客人在早上 8 点以前按小时计算房价就会化解客人的“吃亏”心理，并解决客人现实的困难，使客人感到酒店的公平和人文体贴，从而大大增进对酒店的信任感，提高忠诚度。

另外，还有些客人是提前很多天预订客房的。如果客人在一段较长时间前愿意全额支付预定的房费，酒店就应该给予适当的折扣优惠，以鼓励客人多采用这种方式购买。客人的这种购买方式可使酒店在制订财务计划、维修计划、采购计划时做到早有准备，有的放矢地安排计划，提高计划的严谨性和合理性，减少很多浪费，降低管理成本，所以用优惠价格来刺激和鼓励客人全额预订客房不失为一项有远谋的营销策略。

③ 顾客差异定价。顾客差异定价主要针对社会特殊客人而给出的价格优惠，如国家功勋人物、模范、伤残军人、社会贤达等。这种定价不在于直接吸引顾客、扩大市场，而在于它所产生的社会影响、起到的宣传效果和酒店形象的树立。当然，这种定价策略需要与其他营销手段配合才能充分发挥预期效应。

(3) 促销定价策略。酒店的价格折扣有虚实之分。前述心理定价策略中的对比定价是利用顾客购买决策的心理路程而设计的一个合理合法的“圈套”，属于真价虚折，此处所述的折扣则是以宣传促销费用为补偿的真实折扣。真实价格折扣是用适量的价格损失来换取两个营销目标的实现：一是促销，扩大市场，达到一定的规模效益；二是鼓励提前付款、大量购买和淡季消费。主要包括数量折扣、贸易折扣、淡季折扣、促销折让等方式。

促销定价策略主要有以下 3 种。

① 借题促销定价。酒店在某些事件发生日、节日及酒店特定的促销活动期间，降低客房价格，最大限度地吸引消费者，这一方法称作借题促销定价。酒店采取这种方法一般需有广告宣传和其他促销手段的运用，还要掌握好销售时机。

② 关系定价。关系定价是一种适合酒店与顾客之间有持续接触的定价策略。这种策略特别适合中国国情。国内消费者在购买行为发生时往往相信“熟人多吃四两豆腐”这一逻辑，因而经常托熟人以“走后门”的形式购买。尤其在外地消费更是如此。酒店可以利用这一特点，给内部职工定出一个特别优惠的价格，吸引众多与酒店有直接和间接关系的潜在客人住店消费，使其无形中发挥促销作用。

③ 组合定价法。组合定价法是将客房和其他酒店服务“捆”在一起销售的方法，或者叫做“套票销售”。这种组合价格必须使顾客了解并相信一篮子购买这些服务比分别购买要便宜得多才行。实际上，由于酒店提供的单项服务成本总是高于配套服务成本，组合定价能降低成本，酒店并不“吃亏”，顾客也能受益，即达到“双赢”，所以在某些条件下大多数酒店和顾客都乐意接受这种销售定价形式。

3. 渠道策略

酒店营销渠道是营销组合的第 3 个要素，其作用就是能使顾客更加方便地购买到酒店的产品，为顾客提高时间和空间效用。

1) 酒店销售渠道的类型

酒店销售渠道指用来让顾客更容易购买到酒店产品，而在酒店与顾客之间建立起的由一系列组织或个人组成的一种“桥梁”或者“通路”，它可以分为直接渠道与间接渠道两大类。

(1) 直接渠道。直接渠道指顾客直接预订或直接进入酒店住宿或进行其他消费，也称为零级渠道。

(2) 间接渠道。间接渠道指顾客通过中间媒介的推荐入住或预订酒店客房、进行其他消费，即酒店产品是经过中间商的转移而达到顾客手中的。它一般分为一级渠道、二级渠道和三级渠道。酒店中间商通常包括旅行社、航空公司、各企事业单位、酒店销售代理机构、独立的酒店预订介绍组织及酒店集团的预订系统等，如表 5-2 所示。

表 5-2 酒店营销渠道模式

类型		途径
直接渠道	零级渠道	酒店——最终消费者
间接渠道	一级渠道	酒店——旅游代理商——最终消费者
		酒店——旅游经销商——最终消费者
		酒店——其他销售渠道——最终消费者
	二级渠道	酒店——旅游经销商——旅游代理商——最终消费者
		酒店——其他销售渠道——代理商——最终消费者
	三级渠道	酒店——旅游批发商——旅游经销商——旅游代理商——最终消费者

2) 酒店销售渠道决策及影响因素

酒店在销售过程中采用直接渠道还是间接渠道，采用长渠道还是短渠道，利用这家还是那家中间商，都属于酒店销售渠道决策的过程。长渠道与短渠道的取舍，称为渠道长度决策。在间接渠道中决定容纳多少中间商，称为渠道宽度决策。一般来说，酒店在做出销售渠道决策时所要考虑的主要因素有以下 3 点。

(1)酒店自身情况。酒店本身的条件是销售渠道决策的内部制约因素，包括酒店的类型和特点、酒店的品牌知名度、酒店的规模、酒店的利润与成本结构。

(2) 市场情况。市场情况包括目标市场定位和市场竞争情况。

(3) 各种销售渠道的特性。

3) 酒店营销渠道的构建和设计要点

(1) 多途径。要根据客源市场的类型选择合适的经销商，组建不同的销售途径。

(2) 注意各销售渠道的销售量和销售能力。定期分析总结各销售渠道为酒店提供的客源数量、层次、质量以及为酒店带来的经济效益和利润。同时还应考查各销售渠道组织客源能力的强弱、销售网络是否处于客源较丰富的地区等。合理的销售渠道结构及其经销的百分比才能为酒店带来真正的经济效益。

(3) 注意中间商档次的控制。销售渠道大致可以分为高档、中档、经济 3 大类，应分析和了解各种销售渠道所属档次、其组织及接待客源的层次。

(4) 注重中间商的信誉。在选择中间商时，要着重分析其债务偿还能力，并查明是否有过拖债赖账的现象。只有选择信誉好的中间商作为合作伙伴，才有可能减少不必要的损失。

(5) 合理的佣金制度。在选择中间商时，还要重点考虑中间商要求的报酬或佣金的多少、价格折扣的高低及付款方式等。

4. 促销策略

促销是酒店营销组合的第 4 个要素，是将有关酒店及其产品等信息通过各种方式传递给顾客，促进其了解、信任并购买，最终达到扩大销售的目的。实际上，酒店促销就是顾客与酒店之间信息沟通的过程。

1) 促销组合

酒店促销是一个综合性的概念，它包括广告、人员推销、公共关系、营业推广等多种方式。我们把由这些方式组合成的结合体称为酒店促销信息沟通组合，如表 5-3 所示。

表 5-3 酒店促销组合要素及其特点

方 式	特 点
广告	公众性、渗透性、表现性
人员推销	直接沟通、培养感情、反应迅速
公共关系	高可信度、解除防卫心理、戏剧化
营业推广	吸引顾客、刺激购买、短期效果

2) 促销策略

(1) “推”式策略。“推”式策略强调产品沿着销售渠道垂直地向下推销，即以中间商为主要促销对象，再由中间商转售给最终顾客。其形式有派出酒店推销人员登门推销产品、设立酒店销售门市部、服务性酒店促销、举办酒店产品推介讲座等。其适用条件概况如表 5-4 所示。

表 5-4 “推”式策略的适用条件

角 度	适 用 条 件
从酒店本身看	有很强的酒店产品销售队伍和销售能力，管理水平较高
从酒店产品看	一般是单位价值比较高的酒店产品，根据顾客需求特点设计制造的酒店产品，以及某些当地生产当地销售的酒店产品
从酒店渠道看	直接渠道或短渠道
从酒店市场看	酒店产品的市场比较集中
从酒店公关看	酒店与目标市场顾客之间的关系有待解决

(2) “拉”式策略。“拉”式策略指酒店花费大量的金钱做广告对最终顾客推销，使顾客对酒店产品产生需求，从而向旅行社、会议组织机构要求预订客房与餐饮。其形式有酒店价格促销、酒店广告促销、组织酒店产品展销会、通过试用等方式促销、酒店公共关系促销等。其适用条件包括酒店的销售人员、酒店销售经验不足；酒店的市场范围大；酒店产品必须以最快速度告知广大的用户和消费者；酒店产品已经在市场上有了一定的销路，且市场需求呈日益增长趋势；酒店产品富有特色；酒店产品能够激发消费者的感情购买动机，经过宣传顾客会迅速采取购买行动。

“推”式策略与“拉”式策略的区别如图 5.2 所示。

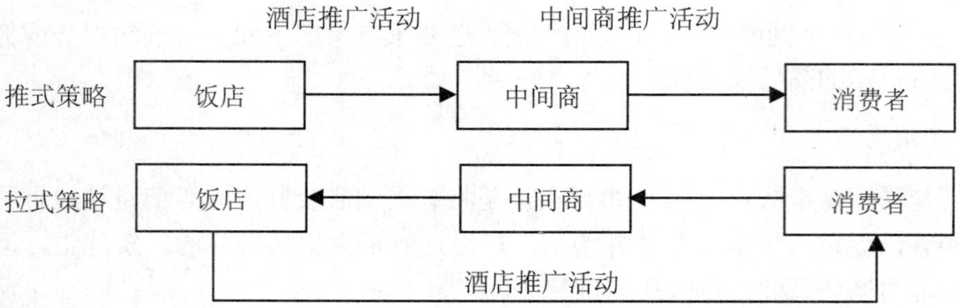

图 5.2 “推”式策略与“拉”式策略的区别

小阅读

《功夫熊猫 2》热映，餐饮企业借势促销

3 年前一只肥胖可爱的熊猫阿宝获得了无数影迷的喜爱，3 年后熊猫阿宝又重出江湖了。2011 年 5 月 28 日起《功夫熊猫 2》将全面登陆各大影院。影片中，大量融入的麻婆豆腐、担担面等饮食元素吸引了无数影迷前往观看。而线下，不少食品、餐饮企业也纷纷瞄准商机，大打“功夫熊猫”牌。

2011 年 5 月 30 日上午，一场名为“和麦当劳一同寻找中国功 Food”的活动在南京汉中门大街麦当劳店上演。麦当劳有关人士称，值《功夫熊猫 2》热映之际，他们在餐厅全面出招“中国功 Food”，为消费者带来全新就餐体验。据悉，结合“六一”儿童节，麦当劳不仅将在“六一”期间在各地举行多场“中国功 Food”同乐会，更从 6 月 1 日起，推出全新功夫熊猫 2 主题开心乐园餐，顾客在购买开心乐园餐的同时有机会获得全新功夫熊猫 2 主题玩具。

除了麦当劳，3 年前与成都大熊猫繁育基地合作成立“派派福基金”的好丽友食品，此次还出资赞助《功夫熊猫 2》的推广和发行，并携手《功夫熊猫 2》在“六一”期间推出了一系列回馈活动。此外，以生产咖啡、奶粉而闻名的雀巢公司据称也将推出一款与《功夫熊猫 2》搭售的早餐谷物食品。可以预见，随着影片的上映，线下必然掀起一场新的“功夫熊猫”商机热潮。

思考：

麦当劳等餐饮企业为什么要借《功夫熊猫 2》热映的时候促销？都用了哪些促销组合？

（资料来源：http://www.6eat.com/Info/2011/05/29/252103.htm.）

5.3 酒店营销新理念

当今时代，科技迅猛发展，信息瞬息万变，经济全球化日趋加快，竞争愈演愈烈。作为第三产业的酒店业，同样要顺应时代的发展，不断发展新的营销理论，树立新的营销观念，不断进行营销创新，才能在竞争激烈的环境中生存和发展，才能赢得顾客、赢得市场。

酒店营销理念指酒店营销中所遵循的指导思想。它随着营销实践的不断发展而创新，经历了从产品导向到顾客导向、市场导向、社会导向的逐步更新过程。近年来由于网络的飞速发展、环保观念的不断加强，它又有了一些新的变化。

小阅读

星巴克创新营销——“冲泡”数字网络

作为咖啡连锁的巨头，星巴克经历了神话般的发展，短短40年，它从一家位于西雅图派克市场大街一角的咖啡小店，发展成了在全球50多个国家拥有17 000余家店面的咖啡帝国。在人们眼里，星巴克不仅是一小杯香气腾腾的意浓咖啡，更是一个时尚文化的符号象征。

然而，如今的星巴克在卖好咖啡的同时，在互联网领域也做出了大文章。全美店内的免费Wi-Fi和数字网络服务，使星巴克成为跨界尝试的新典范。2010年是星巴克史上赢利最好的年度，它被福布斯杂志评为年度最理解消费者的5家公司之一。

1. “冲泡”数字网络

我们生活在一个网络时代，上网查收邮件、浏览新闻、发表微博、观看娱乐视频、体验网上购物等已经成为人们日常生活中不可或缺的一部分，而笔记本电脑、iPad、智能手机、3G网络、无线Wi-Fi等工具更是为人们随时随地上网提供了可能。正是在这样的大背景下，星巴克实施了跨界服务战略，它将店内的咖啡实体服务延伸到虚拟的互联网数字服务，让顾客一边享受美味的咖啡，一边体验“冲泡”数字网络的乐趣。

2. 超越免费上网，提升服务附加值

2010年7月1日，星巴克与美国电话电报(AT&T)公司合作，决定在全美6 800家店内全面提供“一键免费登录”的无线网络服务。这不是普通地提供免费上网信号，而是星巴克提升免费Wi-Fi服务附加值的一个新举措：顾客只要在星巴克店内就可以免费上网登录一些付费的网站，如免费登录华尔街日报浏览新闻、登录苹果应用商店免费下载5首歌曲(每周)、免费观看最新影视预告片等。通常这类网站的内容都是付费浏览或付费下载的，但是在星巴克店内，这些都是免费的。

目前，与星巴克合作的内容提供商有30多家网站。可以看出，星巴克很好地实现了店内“第三空间”与互联网数字空间的对接。这种做法最大的受益者无疑是星巴克的顾客，但服务不限于此，正如星巴克总裁舒尔茨所说，这只是一个开端！

3. 突破服务疆界，创建数字网络服务

卖最好的咖啡，提供体贴周到的服务，按理说已经是一个咖啡店能做到的优质服务了，但是星巴克不这么认为。为进一步给顾客提供更好更丰富的店内体验，在原来提供的内容的基础上，星巴克重新整合了资讯内容资源，于2010年10月20日推出了“星巴克数字网络”服务。这个数字网络是搭建在Yahoo平台上的，设有6个频道，包括新闻、娱乐、健康、商业与职场、地区新闻动态以及星巴克市场活动，全部提供免费在线服务，如阅读文章、下载音乐、收看视频和浏览当地新闻等。为此，星巴克还专门成立了一个负责编辑网络内容的团队，为顾客提供所需要的资讯。

“星巴克数字网络”的建立，不只是星巴克希望顾客能在店内逗留更长的时间，希望他们再买一杯咖啡，让他们成为重度消费者，更是星巴克延伸“第三空间”服务理念的体现。以前，顾客大多是在星巴克店内阅读售卖的《纽约时报》、《今日美国》等报纸或者是自己带来的书籍，如今，更多的顾客是带着自己的笔记本电脑、ipad或智能手机上网。让他们在舒适的环境中享受咖啡的同时，也能够在网络上找到有用的信息，这是提高服务附加值的最好体现，而顾客给予星巴克的最大回报就是他们对星巴克的忠诚。

数字网络服务的推出，获得了星巴克新老顾客的一致好评与认可，截至2010年年底，“星巴克数字网络”的月访问量已经达到了3000万次。显然，“星巴克数字网络”已成为近似独立的媒体。

(资料来源：http://catering.yidaba.com/201104/ 062185510021001000213077822_2.shtml.)

5.3.1 绿色营销理念

随着人们的环保呼声和可持续发展呼声的日益高涨，出现了社会营销观念，这就要求酒店不仅要比价格，比服务，还要比谁更关心顾客和社会，于是便出现了绿色营销理念。

1. 绿色营销理念的基本内涵

酒店企业的服务对象不仅是单一的顾客，还包括整个社会、整个环境。所谓绿色营销，就是一种通过选择不危害环境、又不损害未来各代人的产品和服务来满足人们的生活需要的一种理性、健康的营销方式。

2. 绿色营销管理

绿色营销管理是一项系统工程，首先要求酒店树立正确的绿色消费理念，在这一基本方针的指导下进行绿色营销管理活动。其内容有树立绿色营销理念、成立相应的组织体系、拟定相关制度、推行绿色教育、开展绿色行为。

中国酒店协会早于2001年就制定了“全国‘绿色酒店’标准”，提出了“绿色酒店”的基本条件及管理要求，具体为运用绿色观念，从绿色销售、节约用水、能源管理、环境保护、垃圾管理、绿色客房、绿色餐饮、绿色管理8个方面做好绿色酒店。

不过，真正意义上的低碳营销，酒店除做好以上8个方面之外，更重要的是引导顾客进行低碳消费，如此才能全面推行低碳服务。例如，酒店“六小件”(一次性牙刷、一次性牙膏、一次性香皂、一次性浴液、一次性拖鞋、一次性梳子)的取消，就不能“一刀切”，要循序渐进，逐渐引导培养顾客自备洗漱用品的习惯。

酒店还可以举办各种低碳营销活动，在节约酒店资源的同时，为顾客带来优惠并宣传低碳理念。

小阅读

丹麦哥本哈根塔皇冠假日酒店的绿色营销

为秉承低碳环保理念，丹麦一家名为“哥本哈根塔皇冠假日”的酒店近日首创了“客人脚踏自行车发电换取晚餐”的活动。酒店将两辆健身脚踏车连接到发电机上，客人们可以在骑车锻炼时顺便发电——产生足够电量的客人更能获得一次免费晚餐。该酒店在声明中提到，“任何能为酒店发电10千瓦时以上的住店客人将获得在本酒店免费用餐的机会作为奖励，这样做意在提醒游客，在关心自身健康的同时也应注意减少碳排放量、节电和省钱。”酒店发言人称，奖励餐饮包括餐厅的任意一款主菜或者大堂酒吧菜单中的任意一款，价值约为 240 丹麦克朗(44 美元)。据称“脚踏自行车发电换取晚餐”活动将试运行一年，如果成功，将扩展到更多皇冠假日连锁酒店。

(资料来源：http://world.huanqiu.com/2011/2010-041779804.html.)

5.3.2 网络营销理念

互联网为人们的生活带来了很多便利，让人们在第一时间知道第一信息，让沟通跨越空间，形成互动。同时，信息化也在酒店业引起了一场革命，形成了“网络营销”新理念，并日渐成为酒店最有效、最便捷、最经济的营销手段。

在美国，旅游业的电子商务占整个电子商务的 20%，由此可以想象中国旅游电子商务的发展空间。目前，中国酒店业已经愈来愈认识到这一新的交流工具的巨大潜力，以至各酒店纷纷建立了自己的网站或加入代理类网站，以获得更大的市场空间与赢利机会。

但也应看到很多网站还有很多不足，如有的打开速度太慢，有些功能虽然很好但打不开，所以还需管理层给予充分重视，积极建设自己的实体网站，使之更人性化、更能体现出企业的文化底蕴，而不仅仅是靠介绍。同时也应不断地开展网络营销活动，采取行之有效的网络营销策略来吸引顾客，以求获得更大的市场空间与赢利机会，这样才能提高点击率，给酒店带来更多销售额。

5.3.3 文化营销理念

酒店文化营销主要在于环境文化营销、产品文化营销。酒店内外的装修布局、设计装饰、挂件饰品、环境烘托都要有充分的文化内涵，为顾客营造一种文化氛围，如西藏酒店，整体外形似布达拉宫雄伟，内部设计装饰也处处体现藏族元素。

另外，酒店的产品的设计、制作、包装也要充分体现主题元素，凸显出酒店文化知识特点，充分体现酒店的文化价值，让顾客享受独特、优质、饱含文化的酒店产品。例如，京川宾馆在中秋佳节期间推出的三国胡饼，在制作和包装上都充分体现了酒店的三国文化。

小阅读

浪里白条鱼肉饺子的启示

“鱼肉饺子”在许多饺子馆基本上都可以吃得到。客人在不同的饺子馆吃这道饺子，也不会产生多少新奇的体验。如果对这道非常普通的饺子进行文化营销，其策划和实际操作应该怎样做呢？

“鱼肉饺子”只是指饺子的馅心是鱼肉罢了，本身没有什么文化。但如果对它进行文化营销，它就变成文化载体，这道普通的饺子就有了文化内涵。而鱼肉饺子的可适用文化是什么？经过探讨，发现古典名著《水浒传》人物中的张顺称“浪里白条”，其文化内涵可以与鱼肉饺子进行嫁接，因而“浪里白条鱼肉饺”、“浪里白条饺子宴”这一鱼肉饺子文化营销策划就找到了餐饮经营与文化嫁接的基本思路。经过对产品与菜谱的特别文化设计，销售环境、服务礼仪、服务语言、服务推广形式等文化营销各元素的整理、创造和组合，使酒店向顾客推出一道亮丽的主题文化菜肴营销亮点，完成了“鱼肉饺子”文化营销策划与实际操作过程。

此实例使用的是餐饮与古典文学作品进行嫁接的策划方法。如果对《水浒传》这一古典名著文化内涵进一步挖掘，能善于不断地发现和创新，人们不仅可以推出“浪里白条饺子宴”，还可以推出“野猪林饺子宴”，并且可以推出主题文化酒楼。

(资料来源：http://www.91canyin.com.kcxc/jyjq/2456.html.)

本章小结

本章主要介绍了酒店营销管理的内涵、特点和主要内容，并在此基础上阐述了酒店营销策略组合以及酒店营销新理念的相关内容。本章内容旨在说明，在现代酒店经营中，酒店营销管理已经成为一项核心的工作内容。做好酒店营销管理，是保证酒店正常运行、为宾客提供高质量服务、并获得满意的经济效益和社会效益的重要保证，更是酒店在激烈的市场竞争中处于不败之地的有效保证。

练习与思考

一、专业术语

1．酒店营销　　2．营销策略组合　　3．酒店产品线
4．酒店直接渠道　　5．酒店间接渠道

二、单项选择题

1．绿色营销以(　　)为最终目标。

A．可持续发展　　B．环境保护
C．绿色文化　　D．消费者的绿色消费

2．酒店销售目标中包括企业形象目标、质量目标、季节延长指标等。这些指标为(　　)。

A．营业目标　　B．非营业目标
C．利润目标　　D．其他销售目标

3．酒店的内部环境是酒店的(　　)。

A．可控因素　　B．非可控因素　　C．经济因素　　D．环境因素

4．市场细分的对象为(　　)。

A．同质市场　　B．异质市场　　C．导入期市场　　D．竞争型市场

三、案例分析题

来自钟点房的收入

某二星级宾馆毗邻火车站，该酒店销售人员发现每天来火车站中转换车和等候乘车的旅客数以万计。本着“宁早勿误”的通则，人们总是提前几个小时到站，尤其是远地赶来的旅客等上大半天的情形屡见不鲜。对于花上几百元在酒店住几小时，大多数人看来实在不划算。但是许多人确实需要在上车前有个舒适的环境休息几小时，该酒店的销售人员敏锐地感到，这是个可开发的潜在市场。于是他们先试探性地推出酒店钟点房服务，一间标准房一天房价 280 元，以两小时为一节，价格 50 元。这一招果然奏效，天天有人来开钟点房，酒店客房出租率上升了近 20 个百分点。在此基础上，该酒店进一步加大了开发钟点房的力度。一方面，在火车站的售票厅、候车室、出站口和车站广场等处设置醒目的广告，大力宣传钟点房的服务内容和价格，吸引顾客的关注；另一方面，改进内部服务管理，特辟钟点楼层，增加人手，改善服务。例如，原来客房的床单、枕巾等用品一天一换，现在改为一客一换；原来一天整理一次房间，现在改为一节时段整理一次，客房里都添置了石英钟，电话总机和服务台还按照客人的要求及时提醒客人按时进站上车……年终报表显示，来自钟点房的收入占其客房总收入的 40%左右。

思考：

1．该酒店是在怎样的市场需求状态下开展营销活动的？

2．酒店采取了怎么样的营销方式？采取了何种策略？

3．该酒店的经济效益得到了怎样的改变？为什么会有这样的效果？

四、实训题

1．结合当地情况，运用所学，为自己顶岗实习的酒店做营销环境分析。

2．以一个中国传统节日为例，为自己的顶岗实习酒店做一次营销活动策划。

课 后 阅 读

推荐阅读书目

[1] 刘叶飙．酒店营销学[M]．2 版．北京：高等教育出版社，2008．

[2] 陈云川，张洪刚．饭店市场营销[M]．北京：机械工业出版社，2009．

[3] 何丽芳，李飞，等．酒店营销实务[M]．广州：广东经济出版社，2005．

推荐学习网络

[1] http://www.ecm.com.cn.

[2] http://catering.yidaba.com.

[3] http://211.144.131.116/lvxhWeb/web/default/default.aspx.

6 酒店公共关系管理

学习目标

知识目标

1. 理解酒店公共关系的基本内涵
2. 了解酒店公共关系的构成要素
3. 理解酒店公共关系的活动内容
4. 掌握 CIS 的含义及构成要素
5. 理解酒店 CIS 构建需要注意的问题

能力目标

1. 能够收集酒店经营所需要的基本信息
2. 能够结合酒店的基本特征，有效策划、组织和开展酒店的系列公共关系活动
3. 能够参与酒店 CIS 的策划、设计、推广工作

知 识 结 构

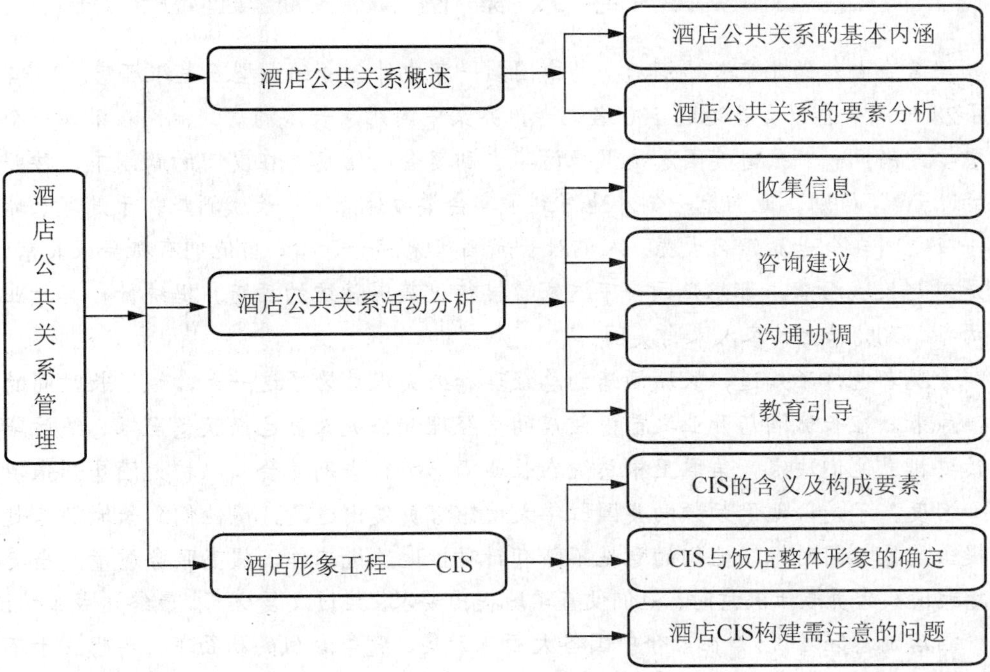
酒店公共关系管理
酒店公共关系概述
酒店公共关系的基本内涵
酒店公共关系的要素分析
酒店公共关系活动分析
收集信息
咨询建议
沟通协调
教育引导
酒店形象工程——CIS
CIS的含义及构成要素
CIS与饭店整体形象的确定
酒店CIS构建需注意的问题

导入案例

闻名海内外的北京长城酒店，是中国第一家中外合资的大型五星级酒店。1984 年 4 月 28 日，来自世界各地的 500 名记者，齐聚中国北京长城酒店。他们在采访一个非常重要的新闻——报道美国总统里根访华告别宴会的信息。在发回的新闻中，按照新闻的“5W”原则，他们无一例外地写到了宴会举办地点——长城酒店。于是，长城酒店一夜之间在全世界声名大振。人们对长城酒店充满好奇心，当他们有机会来北京时，总是想起长城酒店，都想光顾一下这家曾接待过美国总统的酒店。据统计，其开业的前两年，70%以上的客人来自美国。

旁观者也许不知道，长城酒店的总经理和公关人员为了这一天，做了长时间的准备。原来，在长城酒店开业之前，该店的总经理和公关人员已经获悉里根总统访华的大致安排。他们决定，争取里根总统在长城酒店举行告别宴会，以扩大酒店开张伊始的知名度。于是，他们频频向美国驻华大使馆官员发出邀请，请他们到长城酒店赴宴并提出意见，同时根据他们的意见不断有针对性地改进工作，提高服务质量。当美国驻华大使及官员表示满意时，他们便直率地提出要求。经过反复磋商，最终达成了协议。

酒店副总经理说：“在当今中国各大酒店云集、竞争激烈的局面下，要想立于不败之地，除了有完善的设施和优质服务外，公关活动是至关重要的，凡是有眼光的企业家都非常重视。我们在酒店成立之际就设立了公关部，这在北京的酒店行业中是第一家。我们招收和培训了一批高质量的公关人员，制定了一套公关活动计划和准则，把公共关系贯穿于酒店的各个环节，大至国家元首来访，小至一举一动，都与树立良好的形象有关。”

思考：

1．公共关系在长城酒店的经营管理中发挥了什么作用？是通过什么手段实现的？

2．根据长城酒店的成功案例，思考公共关系的活动领域集中在哪些方面？

(资料来源：郭海鹰．与公关高手过招[M]．广州：华南理工大学出版社，2003．)

随着改革开放的深入，我国酒店业发展迅速，竞争也越发激烈。长城酒店之所以能够在激烈的竞争中立于不败之地，成为京城酒店的佼佼者，公共关系工作在塑造酒店形象方面发挥了极其重要的作用。酒店公共关系是公共关系在酒店企业中的具体应用，在现代酒店的经营管理中具有不可替代性。

6.1 酒店公共关系概述

酒店公共关系的主要目的是树立酒店的良好形象。只有充分理解酒店公共关系的基本内涵，才能有效开展公关活动，为酒店创造良好的公众舆论，树立良好的社会形象，从而获得长足发展。

6.1.1 酒店公共关系的基本内涵

1. 公共关系的误区

长期以来，人们对公共关系的理解都存在误区。公共关系被人们理解为“美女＋交际”，一提起公关就是公关小姐，所谓的公关活动也只是漂亮公关小姐通过各种手段达成公关目的。公共关系被某些人理解为“拉关系＋走后门”，把公共关系等同于庸俗关系，认为公共关系就是请客送礼，就是拉关系、走后门，“有关系好办事”、“吃小亏占大便宜”被视为公关的精髓。也有人把公共关系局限于各种色彩浓厚的专题公关活动。鉴于人们对公共关系的误解，我们必须还原公共关系的本来面目。

2. 公共关系的基本内涵

“公共关系”一词，源于英文的“public relations”，中文译为“公共关系”或“公众关系”。关于公共关系的定义有很多种，一般认为对公共关系的理解中要包括以下5个方面的基本内容：①公共关系的主体是组织机构；②公共关系的客体是相关公众；③公共关系的手段、媒介是传播沟通；④公共关系的本质是双向的信息交流；⑤公共关系的目的是为组织机构树立良好的社会形象。

因此，所谓公共关系，即组织机构在经营管理中运用传播沟通手段，促进组织与相关公众之间的双向交流，从而为其树立良好的组织形象。

当然，对于“公共关系”这个概念，从不同角度理解，就有不同的含义。

(1) 从静态角度分析，公共关系表现为一种状态。

这种状态即一个组织所处的社会关系状态和公众舆论状态，也就是这个组织在内外公众心目中的现实形象及公众对组织的评价。

(2) 从动态角度分析，公共关系表现为一种活动。

当一个组织意识到公共关系状态的存在并意识到这种存在对于组织发展的意义时，就会主动地、有目的地开展改善公共关系状态的活动。公共关系活动就是为了创造良好的社会关系环境、争取舆论支持、树立组织良好形象而开展的一系列活动。

(3) 从思想观念的角度分析，公共关系表现为一种意识。

这种意识经过公关实践的积累，对公关工作的概括和升华，是一种尊重公众、自觉致力于塑造组织形象、传播沟通、争取公众理解与支持的观念和指导思想，包括形象意识、公众意识、传播意识、协调意识、互惠意识、危机意识等。

小阅读

35次紧急电话

一天下午，在日本东京奥达克余百货公司，售货员彬彬有礼地接待了一位来买唱机的女顾客。售货员为她挑了一台未启封的“索尼”牌唱机。事后，售货员清理商品时才发现，他错将一个空心唱机货样卖给了那位美国女顾客。于是，售货员立即向公司警卫做了报告。警卫四处寻找那位女顾客，但不见踪影。经理接到报告后，觉得事关顾客利益和公司信誉，非同小可，马上召集有关人员研究。当时只知道那位女顾客叫基泰丝，是一位美国记者，还有她留下的一张“美国快递公司”的名片。据此仅有的线索，奥达克余公司公关部连夜开始了一连串接近于大海捞针的寻找，连续打了35次电话才找到顾客的住址和电话，并于第二天一大早打电话致歉并登门给顾客送上合格的唱机和礼品。

百货公司用实际行动感动了这位叫基泰丝的美国记者。这位记者当天回住处发现电唱机是空心后以为自己上当受骗，愤而写下题为《笑脸背后的真面目》的新闻稿,准备第二天一早发出去。不曾想百货公司一早就主动登门致歉，于是她重写了新闻稿,题目改为《35次紧急电话》。《35次紧急电话》稿件见报后，反响强烈，奥达克余公司因一心为顾客服务而声名鹊起，门庭若市。后来，这个故事被美国公关协会推荐为世界性的公关范例。

思考：

你从这则案例中可以得到什么启示？

(资料来源：叶倾城．你也可以创造传奇[M]．重庆:重庆出版社，2005.)

3．酒店公共关系的基本内涵

酒店公共关系属于公共关系的一个行业分支，指酒店企业为了树立良好的公众形象而组织实施的各项双向信息沟通活动。

(1) 从静态的角度看，酒店公共关系表现为一种关系状态。这种关系状态反映了酒店与其相关公众之间的关系是亲近还是疏远、是合作还是对抗，公众对酒店的评价是赞扬还是批评、是喜欢还是讨厌等。无论酒店是否喜欢，它总是处于一定的酒店公共关系中。

(2) 从动态的角度看，酒店公共关系表现为一种活动。这种活动即一个酒店为了协调各方面关系而开展的一系列活动的总和。公关活动贯穿于酒店发展的全过程，包括酒店公关日常业务活动和酒店公关专题活动。

(3) 从思想观念的角度看，酒店公共关系表现为一种意识。如酒店员工以自己彬彬有礼的举止、真诚的微笑与服务赢得对方的信任等都属于这种意识，无论是否为专职的公关人员都应具有敏锐的公关意识。

小阅读

这就是公共关系

长城酒店在成立之际就设立了公共关系部，招收和培训了一批高质量的公关人员，制订了一套公关活动计划和准则，把公关贯穿于酒店的各个环节。1984年初，长城酒

店试营业期间，公关部经理是美国的露西•布朗(Lucy Brown)女士。她为提高酒店的知名度，可谓绞尽脑汁。当时人们对公关相当陌生，觉得很神秘。一次，有位服务员在打扫房间时，发现客人的床头摆放着一本书，她没有挪动书的位置，也没有把书合上，而是细心地在书摊开的地方夹进了一张小纸条，以起书签作用。客人对服务员细致的服务倍加称赞，并将此事告诉了同来的几

十名同事，告诉了她所认识的所有朋友。

布朗女士抓住这件小事，告诉大家：这就是公关。公关需要从细微处做起，所有酒店工作人员都应通过自己的一举一动体现公关意识，从各方面树立完美的形象。

(资料来源：http://wenku.baidu.com/view/460c673e5727a5e9856a6144.html.)

6.1.2 酒店公共关系的要素分析

酒店公共关系主要由3个方面的要素构成，即主体、客体和手段。

1. 主体

公关的主体是在公关活动中居于主动地位的个体或组织的总称，是公关活动的实施者和倡导者。

酒店公共关系的主体即为酒店。一般规模较小的酒店，可将公关机构设在总经理办公室之下，由该部门负责日常性的公关事宜；中等规模的酒店则可将公关部与营销部或前厅部合并为一部；规模较大的酒店则可设立单独的公关部，为酒店的经营管理出谋划策。作为主体，酒店在经营管理过程中，应具备良好的公众意识，切实开展各项有效的公关活动，从而始终保持良好的公关状态。

2. 客体

公关的客体是在公关活动中处于被动地位的个体或组织的总称，是公关主体的作用对象或活动对象。在公关术语中被称为公众，包括内部公众与外部公众。

对于酒店企业而言，其面临的公众具有鲜明的行业特色。酒店要长远发展必须正确处理员工之间、部门之间、部门与决策层之间等内部公众关系以及与同行之间、政府部门之间、新闻媒体之间等外部公众关系。为了更有效地开展酒店公关活动，必须首先对相关公众进行分类和分析并提炼出目标公众，根据不同公众的需求特点有针对性地进行。

3. 手段

公关手段就是传播沟通活动，是联系公关主体和公关客体的纽带。通过组织与公众之间的双向沟通与交流，促进相互之间的理解、信任与合作，从而保持良好的关系。

酒店可利用的公关手段具有多样化的特点。可选择的方式有很多，如自身传播、人际传播、大众传播、组织传播等；可选择的媒介也有很多，如网络、电视、报刊等。总之，通过信息传播能够使公众理解酒店的经营理念，以便取得公众的信任和好感，进而影响或改变公众的态度和行为，创造融洽的公共关系氛围，以达到塑造酒店良好形象的基本目标。

小阅读

3个小枕头使上海新锦江扬名中东

1990年5月10日傍晚，阿拉伯联合酋长国总统扎耶德及其95名随行人员，下榻上海新锦江大酒店。可能是由于旅途辛劳，总统喝了一口茶，就准备进卧室休息了。

他的侍从上前揭开床罩，总统眼睛突然一亮，又惊又喜："这里的枕头怎么和家里的一样？"眼前，3 个很薄很小的枕头并排放在床头，而按高星级酒店的惯例，与床同宽的长枕头才符合标准，难道新锦江酒店不懂规矩吗？不是的，原来使用小枕头是扎耶德的习惯。这一信息在总统步入套房的 20 分钟之前，被新锦江人员捕捉到了，于是制服间里的 3 台缝纫机一起被踩了起来。20 分钟后做成了令总统又惊又喜的 3 个小枕头。总统枕着小枕头，很快进入了梦乡。对于如此细致、周到的服务，总统大加赞誉，新锦江酒店也因此扬名中东。

思考：

试对上述案例进行酒店公共关系的要素分析。

(资料来源：http//:www.795.com.cn/w2/53878.html.)

6.2 酒店公共关系活动分析

"塑造形象，优化环境"是酒店公共关系的总体目标，围绕这一目标要有针对性地开展一系列活动，主要包括收集信息、咨询建议、沟通协调、教育引导。

6.2.1 收集信息

信息就是财富，是酒店提高竞争力和占领市场的必备条件。酒店公共关系作为组织的预警系统，必须高度重视信息的收集工作。酒店公关人员必须具备敏锐的判断力，能够通过各种途径和采用科学的调查研究方法获取信息，并正确选择和整理出与酒店发展密切关联的有效信息，及时反馈给酒店相关决策部门，为其做出科学合理的决策提供依据。通过信息收集的工作，预测行业发展趋势，监测环境，评估公共关系效果，以及时做出调整，帮助酒店对复杂多变的公众环境保持高度的敏感性，维持酒店与整个社会环境之间的动态平衡。

一般来说，酒店的公关人员要做到"知己知彼、知天知地"，需收集以下 4 个方面的信息。

1. 关于酒店形象的信息

所谓酒店形象，指酒店的内外部公众对酒店的整体印象和评价，也是酒店的表现和特征在公众心目中的反映。其目的就是要了解酒店的知名度和美誉度。具体主要包括以下 5 点。

1) 酒店的知名度

酒店的知名度，也就是公众对酒店的熟悉程度。从一定程度上，它也反映了酒店的社会影响力。要了解酒店的知名度通常可以采取抽样方式进行，了解"不知道"、"听说"、"知道"、"熟悉"、"熟知"五者所占有的百分比，计算出知晓公众在酒店公众中所占有的比例。

2) 酒店的美誉度

酒店的美誉度指公众对酒店的评价程度。高知名度并不代表高美誉度。酒店只有有了良好的美誉度，才能有良好的企业形象。要了解酒店的美誉度可以调查这些方面的内容，如公众对酒店的印象是好还是差，酒店是一流的还是二流、三流的，公司招聘员工公众是否愿意应聘等，计算出顺意公众在知晓公众中所占有的比例。

3) 酒店的未来形象

酒店的未来形象主要指显示酒店活力、朝气、发展潜力方面的形象。良好的未来形象可以在使公众对酒店产生信任感的基础上获得公众的长久喜爱，并引导大众的消费方向。

4) 酒店的经营者形象

酒店的经营者形象主要指酒店管理层和员工给公众留下的印象。对于这个方面的信息收集，一般需了解酒店的管理者和员工在公众心目中是否优秀，因为人们通常认为优秀的管理者和员工完全有能力完美地经营一家企业，对此可以给予充分的信任。

5) 酒店的市场形象

酒店的市场形象指酒店在产品营销过程中给公众留下的印象，它直接影响酒店产品的销售状况。对此，一般需了解顾客认为酒店的服务是否周到、是否能充分考虑顾客的需求、是否善于广告宣传、是否具有市场竞争力等。

小阅读

海航酒店集团荣膺2011年度中国最具影响力本土酒店集团

2011年6月15日，21世纪酒店业高峰论坛(2011)暨第8届中国酒店金枕头奖颁奖典礼在三亚举行。海航酒店集团凭借其品牌辉煌业绩荣膺“2011年度中国最具影响力本土酒店集团”；酒店集团执行董事长兼总裁宋翔荣获“第8届中国酒店金枕头奖——行业领袖”；北京唐拉雅秀酒店荣获“第8届中国酒店金枕头奖——2011年度中国最佳东方特色商务酒店”。

海航酒店已连续7年榜上有名，此次再获殊荣，说明海航酒店集团凭自身的实力，在品牌知名度、管理体制、服务品质以及综合实力方面，再次赢得业内认同，海航酒店品牌影响力辐射了整个中国酒店业界。

中国酒店“金枕头”奖，由中国顶尖财经媒体《21世纪经济报道》联合《商务旅行》于2004年发起主办，是中国乃至亚洲地区最引人瞩目的酒店行业评选活动，迄今为止已成功举办了7届。中国酒店“金枕头”奖是针对全国区域，包括香港、澳门、台湾地区的五星级酒店的大型酒店行业评选，每年报名参评的五星级酒店达400~500家之多。海航酒店集团是中国国内最大的酒店集团之一，其自主开发和经营酒店，拥有以唐拉雅秀为首的全系列品牌解决方案；其同时与国际酒店品牌开展广泛合作，由其开发和规划中的交予国际品牌管理的五星级豪华酒店已逾20间。目前，海航酒店集团在国内外拥有和经营60余家酒店，根据其最新推出的发展计划，预计在未来5~10年，海航酒店集团所拥有的酒店总数将达到200~300间。

(资料来源：http://news.163.com/11/0621/09/772ITPP100014AEE.html.)

2. 关于酒店产品的信息

收集酒店产品信息主要是为了了解酒店产品的情况、本企业的产品的竞争力等。酒店产品包括有形产品和无形产品。有形产品主要是指以实物形态呈现在公众面前的产品，如大厅的装饰、客房的布置、各种设施设备等；无形产品是酒店产品的核心，也就是服务，包括员工的服务态度和服务技能等。公关人员要充分收集这两个方面的信息，以准确了解公众的态度和本企业产品的竞争力。

3. 关于酒店公众的信息

酒店的经营活动和公共关系活动主要是围绕其目标公众展开的。对公众进行划分，针对不同的公众采取不同的策略，是酒店公共关系的前提和基础。关于这方面的信息收集主要包括两类公众的状况。

1) 内部公众的基本状况

内部公众的基本状况主要包括酒店内部员工的流动状况，员工的年龄构成、文化程度、兴趣特长、家庭状况等，员工对酒店企业文化的认可度、对酒店的忠诚度和满意度等。

2) 外部公众的基本状况

对于酒店企业来说，最大的外部公众是被誉为“上帝”的顾客。因此，要了解顾客的年龄、收入、职业、家庭等信息，顾客的一般需求和个性化需求，顾客对于酒店管理和服务的态度等。除此之外，有关政府部门、新闻媒体、合作客户、所在社区等也是酒店需要了解的外部公众。

4. 关于宏观环境的信息

酒店总是处在一定时期的特定环境中，酒店的发展受到外部政治环境、经济环境、社会文化环境等的影响。酒店要收集来自国内外的动态环境信息，包括舆论热点、方针政策、技术改进、经济金融信息、民俗风情、法律法规变动等。外部环境瞬息万变，只有随时了解外部环境的动态信息，才能及时调整战略决策。

6.2.2 咨询建议

酒店公关部是一个“智囊机构”，通过收集、整理、归纳和分析信息，可以协助酒店决策者和管理部门考虑复杂的社会因素，向其提供专业性的建议，从而使决策目标、方案及实施效果更有利于树立酒店的良好形象。因此，咨询建议也是酒店公关的活动领域。酒店公共关系对决策的支持主要表现在以下 3 个方面。

1. 提供酒店公众信息服务

在酒店公众方面，公关咨询主要根据所收集的信息为决策者提供以下方面的咨询，如酒店所面临的公众主要包括哪些、构成比例、态度如何、目前需求点在哪里、个性化服务主要体现在哪些方面、与酒店的利害关系等。鉴于公众关系的复杂性，可以建立公众档案以便决策者随时了解情况。

2. 进行酒店形象定位

良好的企业形象是企业无形的资产。在现代竞争激烈的社会中，企业形象至关重要，酒店行业尤为如此。良好的酒店形象，能够为酒店的顾客创造消费信心，吸引优秀的资源链，为酒店带来更多的发展机会。公关人员要善于为组织界定角色、明确定位，尤其是在组织的社会形象不太清晰的状况下，要能够规划组织及其产品的各种要素，为组织及其产品确定个性鲜明、富有吸引力的形象并通过符号、色彩、图形、标志等外在要素更好地来表现，使组织形象更清晰明确，在公众心目中留下深刻印象。同时，在酒店形象受损时，酒店公关更要向决策者提出建议，以通过开展适当有效的公关活动来改变和维护酒店形象。

3. 利用传播沟通手段开展公关策划

酒店要通过各种途径和相关公众进行沟通交流，获取相关公众的支持与信任，塑造良好的酒店形象。而传播沟通的方式多种多样，有大众传播方式、人际传播方式、电子传播方式、实物传播方式和语言传播方式等。公关的决策咨询作用就体现为酒店在不同的时期，在不同的工作目标下，可以选择最佳的传播组合方式，以达到公共关系的预期目标。

小阅读

广州首创公务酒店的品牌公关案例

1. 项目背景

广州大厦的前身是广州市人民政府招待所——榕园大厦，是广州市市委、市政府的接待基地。广州大厦起步之初聘请酒店管理公司管理，管理公司将大厦定位为商务酒店，拟仿照商务酒店的经营管理模式立足市场。由于市场定位的不准确和经济大气候的影响，其经营陷入了困境，管理公司只好提前撤离，由广州市政府办公厅组建了以邝云弘女士为领导核心的新班子，接手大厦的管理。新领导班子决定通过重新确立酒店定位、树立品牌形象来争取社会和顾客的支持。

2. 项目调查

广州大厦新班子在做了大量的市场调查的基础上，对自身的基本情况做了全面的分析，认识到：广州商务酒店星罗棋布，传统的招待所也为数甚多，广州大厦要想异军突起，必须寻找全新的市场定位；广州大厦拥有独特的酒店资源和接待资源，重新整合这些资源；一个全新的概念应运而生——创立全国首家公务酒店的品牌形象。

3. 项目策划

公关目标：重塑广州大厦品牌形象

公关策略：

1) 密切联系目标公众，创造良好的人际传播渠道

公务酒店的公关需要独特的传播渠道，那就是依靠公务员队伍的人际传播渠道，

依靠酒店员工队伍的传播渠道，将酒店的形象传播给目标公众。在形象策略定位的基础上，广州大厦还确定了以公务客人为主、以商务客人为辅的目标公众群，以公务客人为主，商务客人为辅，制定出一整套密切联系目标公众的方法，以保证大厦与目标公众的双向沟通。

2) 全面强化公务公共关系,拓展公务市场

要树立公务酒店的形象，离开政府的支持是绝对办不到的。因此，在塑造公务酒店形象品牌策略中，重点是做好政府及其各职能部门的公共关系工作，让政府及其各职能部门以主人的姿态帮助、扶持大厦，把大厦当作自己的企业；并通过政府及其各职能部门的特殊影响力，扩大知名度，拓展公务市场。

3) 在服务中传播，在传播中营销

基于公务酒店传播的特殊性，广州大厦为自己量身定做了一套独特的传播方式，那就是“在服务中传播，在传播中营销”，依靠实际行动宣传自身的特点，依靠为目标公众提供优质的服务所产生的口碑宣传自身的形象；通过新形象的不断深化，使目标公众对大厦产生识别和认同，从而创造顾客的忠诚度和美誉度，提高大厦的社会效益和经济效益。

广州大厦确立以全国首家公务酒店为自己的品牌形象。这一形象的释义：以公务客户、公务活动为主要目标市场，以规范化的酒店服务为基础，以鲜明的公务接待为特色的酒店。

思考：

运用所学，试分析广州大厦公关策略的成功之处。

(资料来源：http://www.mba.org.cn/anliku/4017.html.)

6.2.3 沟通协调

酒店公共关系是酒店与社会环境之间的一种沟通协调机制，即运用各种沟通协调的手段，为酒店疏通渠道、协调与相关公众之间的关系，成为酒店与各类公众交往的中介，从而为酒店的生存、发展创造一个人和的环境。成功的公共关系不仅指组织在外部树立了良好的社会形象，而且也指组织内部上下左右关系融洽的状态。因此，沟通协调也是酒店公共关系的一个重要活动领域。

1. 内部沟通协调

俗话说，“攘外必先安内”，要搞好公共关系，必须先从内部做起。酒店的存在价值、文化理念和整体形象等在得到社会认可之前，首先必须得到自己内部成员的认可。只有协调好内部关系，才能增强酒店的凝聚力，使得员工愿意为了共同的组织目标而付出。因此，公关人员必须重视“内求团结”的工作。

一方面，酒店公共关系要沟通协调领导与员工之间的关系、管理层与基层之间的关系。酒店公关人员应及时向员工传达和解释酒店的基本状况、领导和管理部门的指令和措施同时应定期和不定期地向领导和管理部门反映员工的意见和要求，这样既可以培养员工的参与意识，为酒店发展献计献策；也可以使决策层听取广大员工的合理

化建议，实现决策的科学化和民主化。另一方面，酒店公共关系也要协调酒店内部各部门之间的关系。酒店内部各职能部门之间必须保持良好的关系，能够相互谅解和配合，只有这样，酒店才能更好地运作。

2. 外部沟通协调

“内求团结，外求发展”，是公关工作要达到的理想状态。酒店的发展离不开社会各界的配合与支持。因此，酒店公共关系在“内求团结”的基础上，必须“外求发展”，运用各种沟通方式和手段，积极对外联络，处理好外部关系，为酒店的长远发展扫除各种社会障碍，创造和谐的外部环境。酒店所面临的外部环境是复杂的，因此需要处理的外部关系也是复杂的。简单分为以下3类。

(1) 各类直接的业务往来关系，如宾客关系、原料与能源供应关系、其他合作企业关系、销售网络关系、银行信贷及投资人关系等。

(2) 与各种权力制约部门之间的关系，如与工商局、税务局、审计局、物价局、公安局、环保局、卫生局、司法部门等政府各职能管理部门的关系，与各业务主管部门的关系等。

(3) 各种非专业的社会关系，如社区关系、媒介关系、名流关系、行业协会关系等。

小阅读

酒店公关——媒介关系

国际国内各大酒店(集团)基本上都设立了公共关系部，只是叫法不同。洲际酒店集团大中华区则设立了品牌公关及传媒经理，从其职位设置的名称即可看出洲际酒店集团对传媒的重视程度。酒店要实现大范围、远距离的沟通，就必须借助于各种现代大众传播媒介。大众传播借助于现代印刷、电子等传播技术，大量地、高速度地复制信息，跨越时间和空间的限制，实现大范围、远距离的传播。这是现代公共关系的主要手段之一。媒介(新闻传播机构及人士)是社会信息流通过程中的“把关人”(传播学中亦称为“守门人”)，与“把关人”建立良好的关系，有助于争取媒介报道的机会，使酒店的有关信息比较顺利地通过传播过程中的层层关口，形成良好的公众舆论环境。澳门威尼斯人度假村旅游及市场发展副总裁何陈美虹女士曾在2008年亚洲酒店论坛上公开表示“我们的公关团队非常优秀”，在她们的努力下，有23个国家、1 321家媒体、520家出版社出席了澳门威尼斯人度假村酒店的开幕式并参与报道了开幕盛况，这在世界酒店史上是空前的。有一位酒店资深职业经理人也这样谈道：“我的成功七分得益于酒店，三分得益于媒体。”

思考：

酒店公关部如何与媒体建立良好关系？

(资料来源：严胜道. 酒店与传媒公共关系研究初探. 中国国内旅游交易会日报，2008-4-11.)

在酒店运行过程中，由于各种关系的状态不同，公共关系沟通协调的重点和方法也不同。当双方关系处于和谐状态时，沟通协调的重点主要是通过不断传播酒店的业绩和品牌，来保持和强化其在公众心目中的良好形象；当双方关系处于不和谐状态时，沟通协调的重点应是首先分析酒店自身，然后客观地分析关系状态，并提出合理化的改善意见和措施；当双方关系状态不明确时，沟通协调的重点主要是用善意诚恳的态度表达自己的主张，努力消除对方戒备和紧张心理。

6.2.4 教育引导

公共关系是全体成员的公共关系。酒店良好社会形象的形成，不是自发和自觉实现的，必须依靠酒店“全员公关”并且付诸于行动才能完成，这就需要“教育引导”。教育引导是针对酒店相关公众，培育公关意识、强化公关理念、启发公关认识的过程，从而使公关意识成为自觉，内化为良好职业素质的一部分。教育引导主要包括两方面的内容：①全员公关意识的教育和培训；②强化酒店领导者的公关意识。

酒店在经营管理过程中不可避免地要面临一些突发事件，而且较多的是恶性突发事件。而酒店业作为服务行业，处理突发事件的能力尤为重要。突发事件，顾名思义就是指突然发生的事件。它有明显的 4 个特点：①突然性；②关注性；③危害性；④波及性。如果处理不当，可能会给酒店带来无法弥补的损失。当然，如果处理得当，也有可能转危为安，变为酒店发展的跳板。

6.3 酒店形象工程——CIS

在酒店业竞争日益激烈的今天，国内外的酒店管理者们越发意识到，酒店之间在硬件方面的差距不断缩小，以独特的形象给公众留下深刻印象并取得其信任和好感变得至关重要。因此，被誉为“形象工程”的 CIS 被关注程度越来越高。形象设计是酒店高层管理者的一个重要内容，也是公共关系工作最具有艺术化的一个环节。

CIS 是一种由欧美企业开发出来的经营技法，是一门全新的经营管理科学，在 20 世纪 80 年代末期才传入我国，但在之后产生了极大的影响。CIS 的最主要目的在于塑造和传播清晰、稳定、知名度与美誉度高的企业形象，这与公共关系所追求的目标相吻合。因此，CIS 被认为是公关活动的延伸和发展。CIS 在形象建设上所提出的很多理念对现代酒店的发展有着重要的启示和指导意义。

6.3.1 CIS 的含义及构成要素

1. CIS 的含义

CIS 是英文 corporate identity system 的缩写，有的也称之为 corporate image system 的缩写，意为企业形象识别系统。一般是一个企业运用独特、新颖、鲜明、引人入胜的视觉设计标识，并结合企业相关活动，将企业的内在气质和外显事物，通过传播向企业的内外公众进行宣传，借以增加社会认同并树立企业良好社会形象的符号系统。它以企业形象为中心，注重从企业的理念、行为、视觉、听觉等方面进行全方位的识别设计，形成一套独特、新颖的形象标识系统，充分发挥形象力在企业竞争中的魅力。

CIS 的实质就是一种企业差异化、风格化、个性化的战略体系。它将企业的各种要素简单地浓缩成一个简单的视觉符号、一种鲜明的色彩基调、一句凝练的企业口号……给社会公众强烈的视觉刺激和震撼，使他们对企业留下深刻印象。

2. CIS 的构成要素

CIS 是一个有丰富内涵的有机整体，通常认为它包括 3 个子系统：理念识别系统(mind identity system，MIS)、行为识别系统(behavior identity system，BIS)、视觉识别系统(visual identity system，VIS)。

1) MIS

MIS 即理念识别系统，是企业各种活动的主导和 CIS 的基石，是企业在长期发展过程中所形成的、具有独特个性的价值体系。在 CIS 中，理念识别系统处于核心和灵魂的统摄地位。它包括组织使命(目标)、经营哲学、理念精神、座右铭、文化性格、宗旨等。

酒店作为服务行业，其 MIS 对酒店尤为重要，往往决定着酒店发展的层次高度。

小阅读

广州花园酒店的企业文化

广州花园酒店开业于 1985 年，是目前国内最具规模的白金五星级商务酒店。它由名人设计(世界知名的建筑设计师贝聿铭先生为花园酒店勾画了建设蓝图)、名人奠基(1980 年 12 月 26 日，前国家主席杨尚昆同志为花园酒店奠基立石)、名人题字(1984 年 2 月 2 日，国家领导人邓小平同志为花园酒店亲笔题写了店名)。

1. 花园使命

创建世界一流酒店，为民族造就世界品牌。

2. 花园精神

热情：对顾客主动问候，细致服务，恰到好处。

进取：我们努力创新服务，不断提升顾客对酒店的满意度。

和谐：与同事互相尊重，文明礼貌，和睦相处。

奉献：工作不分份内份外，不计个人得失，以店为家。

3. 服务宗旨

关注细节，追求卓越，让每一位顾客享受超值服务。

4. 花园品格

以人为本、诚实守信、团队合作、优质高效、出类拔萃、卓越非凡。

5. 花园定位

精英汇聚，商务首选。

6. 管理理念

文化凝聚人心，制度规范行为，信念成就未来。

(资料来源：http://www.thegardenhotel.com.cn/cn/history_culture.php.)

2) BIS

BIS 即行为识别系统，是指企业在实际经营管理活动中的一切具体行为在操作活动中的规范化、协调化、系统化，以便达成经营和管理的统一化。它是企业形象策划的动态识别形式，是企业理念识别系统的外化和表现。

BIS 包括对内和对外两方面的活动方式。对内主要是通过完善组织制度、管理制度、福利制度、教育培训、行为规范、工作环境、开发研究等来增强企业内部的凝聚力和向心力；对外则主要是通过市场调研、营销、公共关系、公益活动等各项活动的行为策划来表达企业理念，以获取公众认同，树立良好形象。

任何酒店的 MIS 都是抽象的、内在的，通过 BIS 则把 MIS 外化，使之成为人们能够看得见的东西。酒店 BIS 几乎涵盖了整个酒店的所有活动，它通过各种行为或活动将酒店的理念贯彻实施。如果没有 BIS，则 MIS 只是一种装饰性的口号。

小阅读

凯悦——时刻关心您

凯悦的口号是“时刻关心您”，凯悦认为服务标准的连贯一致和尽善尽美同等重要，以优质的服务创造出一个“凯悦风格”是企业品牌的奋斗目标。

凯悦人特别注意细微之处，把客人的舒适、方便作为他们努力的标准。入夜，服务员会将客人的床角轻轻折起，或在枕边放上一块薄荷糖或巧克力糖；客房里使用的全是法国香皂、爱慕林牌洗发水，还备有浴帽、针线盒、皮鞋刷等物品；闹钟与收音机连为一体，婉转动听的音乐会按时将客人叫醒；美国境内所有的凯悦酒店里都有带字幕的闭路电视节目，这些方便了那些听力不好的客人；不少凯悦酒店中还专门开设了无烟客房，取悦于那些不吸烟或者不喜欢烟味的客人；对餐饮的新鲜度与创新要求尤为严格，考虑到现在客人对健康的关切，酒店准备了清淡的主菜菜谱；凯悦的商务计划，促使整个酒店业重新改造设施和服务，以满足商务旅客的需要；考虑到有孩子的家庭的需要，在 1989 年开始了凯悦营地活动，是酒店业中为孩子们设计的最广泛的教育活动。

(资料来源：唐文. 现代酒店管理[M]. 北京：企业管理出版社，2003.)

3) VIS

VIS 即视觉识别系统，指运用系统的、统一的视觉符号系统，对外传达企业的经营理念与信息，是 CIS 中最具传播力与感染力的要素，也是最外在、最直观的一部分。

VIS 一般包括基础要素和应用要素两大部分。基本要素主要包括企业名称、企业标志、企业象征图案、标准字体、标准色、宣传口号等；应用要素主要包括建筑环境、办公用品、招牌、旗帜、服装饰品、包装用品、产品、陈列展示等。它通过运用视觉设计，将理念视觉化、规范化和系统化，将企业意识、营销策略，通过视觉再现艺术传递给公众。

由此可见，MIS、BIS、VIS 共同构成了 CIS，三者密切相关，共同塑造企业独特的形象，推动企业发展。三者处于不同层次：MIS 作为最高层次的思想和战略系统，是 CIS 的基础和灵魂，支配和作用于其他两个系统；BIS 作为动态识别系统，是企业的运作模式，服务和服从于 MIS，是 CIS 的保证和具体行动；VIS 是静态的识别符号和外在表现，与 BIS 共同作用，体现 MIS 的实质和内涵。如果将 CIS 比作一个人，MIS 是心，BIS 是手，而 VIS 是脸，三者偏废任何一方，都不能形成完整的形象。“心”之想，需要通过“手”之做才能实现，需要通过“脸”之情才能展现。

6.3.2 CIS 与酒店整体形象的确定

关于实施 CIS 的根本目的，前面已谈到，在于全方位地塑造和传播清晰良好的企业形象。酒店在实施 CIS 时应首先明确自己拟塑造的企业形象，并以此来制订该形象的策略性及战术性沟通计划，该形象既能反映企业目前的地位，更能体现未来努力的方向。因此，酒店整体形象的确定，对 CIS 的实施及企业整体经营活动有着极其重要的影响。

酒店在确定自己的企业形象时，必须要考虑两个方面的因素。

1) 行业特点

任何一个行业都有自己的行业特点，酒店所确定的企业形象不能脱离“面”的特征。例如，客户关系是酒店业赖以生存和发展的最大财富。它所面临的顾客群具有多样性和特殊性：44.6%的客人希望酒店把他当做朋友、家人对待；28%的客人希望酒店把他当做领导对待；10%以下的客人希望酒店把他当做“上帝”对待。据有关企业形象调查显示，人们对服务业所希望的良好的企业形象评分较高的内容依次为稳定性、信赖感、对顾客服务周到、企业规模大、有传统性、良好的风气等。酒店在确定自己拟塑造的企业形象时，也可参照此标准。

2) 本酒店的特点

每个酒店企业具有个体差异性，通过有针对性的调查会了解本酒店的现有规模、历史及文化、竞争优势、特色、目标市场、消费者特征、员工素养等，即“点”的特征。结合“点”、“面”，准确分析和提炼出酒店的企业形象，从而使得形象塑造做到有针对性和合理化。

当然，CIS 战略包括了企业理念、行为规范、视觉形象 3 个方面的统一，它是优化企业经营管理水平的整体性活动，应注意导入时机、目标模式及操作技巧的选择等。

6.3.3 酒店 CIS 的构建需注意的问题

对于 CIS 的基本含义及构成要素已经做了简单介绍，对于什么是 MIS、BIS、VIS 也有了基本认识。但是酒店 CIS 的成功构建有以下 3 个问题必须注意。

1. 明确 MIS

MIS 是一个企业经营理念的定位，其实施的目的在于将理念转化为企业共同的价值观及员工的心态，从而树立良好的企业形象。酒店理念识别系统着重于酒店使命、酒店理想、酒店经营哲学和酒店精神，有效的理念识别对员工具有导向作用、规范作用和凝聚作用。

世界一些著名的酒店和酒店集团都相当重视酒店理念识别系统的确立及传播。例如，洲际酒店集团旗下 4 400 多家酒店、7 个酒店品牌的一个共同的使命是“创建客人挚爱的杰出酒店”；香格里拉酒店集团的经营思想是“香格里拉热情好客，亲如家人”，其使命宣言是“以发自内心的待客之道，创造难以忘怀的美好经历，时刻令客人喜出望外”；希尔顿酒店管理集团以“以最少的费用，享受最多的服务”的企业文化理念赢得了全球大众的认可和青睐；上海锦江酒店以其“宾客至上、服务至上、礼仪至上、信誉至上”及“回报社会”的服务文化打出了一片天地。

酒店理念识别系统要求客观、可行、清晰、准确、独特。

2. 规范 BIS

酒店的理念需要通过酒店的相关系列活动来体现和完成。BIS 主要是围绕企业理念，通过开展对内和对外活动给社会留下种种形象。在具体操作过程中，员工在活动中所表现出的举止、态度、行为方式等对被服务人员有着重要影响，也直接影响其对酒店形象的评价。

在 BIS 的构建过程中要注意挖掘酒店的“英雄”，即典范人物。例如，评选优秀员工、微笑大使、服务标兵等，为酒店员工树立学习榜样，同样也可通过典范人物展示酒店的良好形象。

规范员工行为，实施标准化管理。细化工作岗位、明确岗位职责、规范服务程序、优化服务标准。现代酒店大王斯塔特勒曾说过：“任何员工无权在任何问题上与客人争执。他必须立即想办法使客人满意，或请他的上司来做到这一点。”所有的服务以顾客满意为最高标准，使酒店的日常管理与服务行为全面合理化和规范化。

重视酒店庆典活动。酒店作为窗口性的服务行业，经常举办大型纪念、节日、赞助、公益、促销等庆典活动。这些庆典活动应能够充分体现酒店个性，渗透酒店的企业文化与经营理念。因此，对于此类活动的策划与实施应予以高度重视，是 BIS 导入的重要环节。

酒店行为识别系统要求规范化、典型性、重视社会利益和具有社会责任感。

3. 突出 VIS

在 CIS 的构成要素中，视觉识别的冲击最为直接、最具表现力和感染力。心理学的研究表明，一个人在接受外界信息的时候，视觉接受的信息占全部信息量的 83%。因此，在塑造企业形象的过程中，视觉识别占有极其重要的地位，它是表达企业文化、企业理念的重要载体。

酒店的店标与店徽、建筑、宣传品、制服、展览与展示、广告等 VIS 既要准确体现酒店的精神实质，又要使公众易于接受并留下深刻的印象。具体有以下 3 个方面的要求。

(1) 酒店名称的要求：①简洁响亮，好听易记；②新颖、独特；③寓意深远。

小阅读

酒店名字的由来

1. 汉庭连锁酒店

“汉庭”这个名字源自其创始人季琦的理想。”汉”——原指天河、宇宙银河，《诗经》云“维天有汉”；汉、唐是每个中国人最值得骄傲的两个朝代；全球人口最多的民族“汉族”也始于汉朝。“庭”——取意于英文“courtyard”，翻成中文是“庭院”的意思，给人安静、美好的联想，“庭院”和住宿很有关联；另外，因为中文字多义，“庭”也有房子的意思，用于住宿行业特别贴切。

2. 香格里拉酒店集团

詹姆斯•希尔顿于 1933 年出版的小说《失落的地平线》中描述的那片极富传奇色彩的土地为其带来了灵感。香格里拉的名字代表了宁静安逸的享受，也代表了驰名全球的香格里拉优质服务。

(资料来源：http://www.shangri-la.com/cn/corporate/about-us;
http://blog.sina.com.cn/s/blog_5a341bdf0100bkt6.html.)

(2) 酒店标志的要求：①合法性；②易识别；③具有美感和艺术表现力；④不能违背习俗禁忌。

(3) 酒店建筑的要求：①具有独特性和视觉冲击力；②具有文化特色和民族风情；③具有典型性和代表性。

广州花园酒店大堂的装饰设计融合了中西文化艺术特色(见图 6.1)。其最具代表性的建筑艺术品装置在大堂中央，是目前国内最大的大理石贴金壁画。整幅壁画取材于中国文学巨著《红楼梦》中的“刘姥姥入大观园”，生动再现了金陵十二钗的生活情趣，令人叹为观止。与金碧辉煌的“大观园”壁画相对的是色调素白、画面简洁的另一幅壁画，其内容与“大观园”所反映的古代封建家庭的奢华生活场景形成鲜明对比，名为“广东水乡风貌”。只用简单有力的黑线条，勾画出广东水乡质朴的风土人情。大堂正中央的天花板上镶有广东省最大的“金龙戏珠”藻井。这条金龙的周围由木刻方格星形图案檐蓬围绕。这一图案是仿照中国古代皇宫殿顶设计，代表着座下的皇帝是真命天子，有金龙护顶。大堂的右边有一幅红棉树壁画(热情如火的红棉花是广州市市花，亦被巧妙地容入广州花园酒店的店徽内)，代表着一种挺拔向上的奋发精神。在大红棉树壁画前面的荷塘雅座内，一座金饰道教大将刘元帅塑像紧靠在一道玻璃幕墙前，威武站立，透过玻璃幕墙映入眼帘的是后花园一派明媚的景色。此外，还有漆画“百美图”、“百骏图”，以及一道古色古香的旋转柚木楼梯，更使大堂洋溢着高尚、典雅的气派。

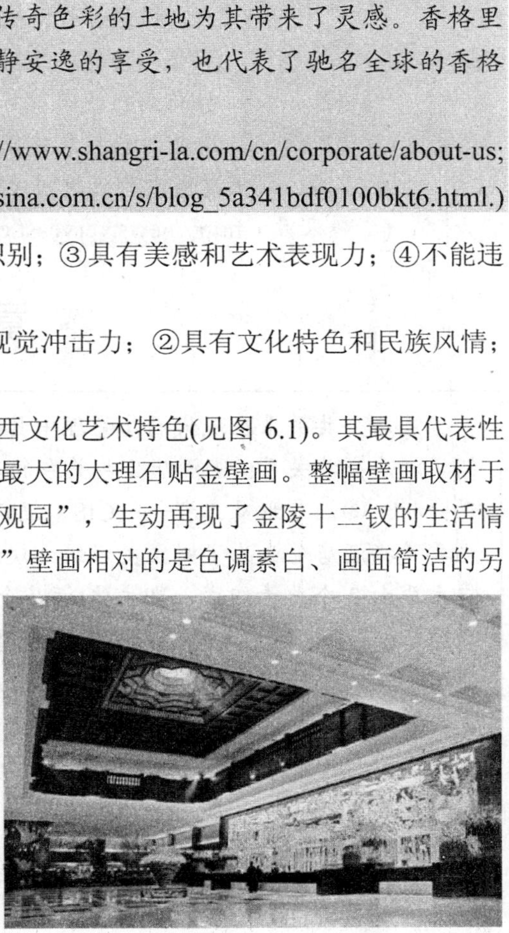
图 6.1 广州花园酒店大堂

小阅读

丝路敦煌山庄酒店入选“最具特色酒店建筑”

2008 年 12 月 4 日，“改革开放 30 年•中国酒店业大会”在北京美泉宫酒店隆重举行。丝路敦煌山庄酒店荣膺“中国百佳酒店排行榜”的“最具特色酒店建筑”奖项，成为最终入选的 6 家酒店企业之一。

敦煌山庄外观以敦煌莫高窟的建筑及敦煌民间建筑为蓝本，强调古朴、粗犷的气氛，观赏性较强，以突出敦煌古城大漠古堡的历史风情，与周围的大漠自然奇观融为一体，展示了古代丝路历史的旧貌。山庄的建筑群无论在设计还是在选材方面，均尊重古代庄院建筑，如汉唐古建筑大屋顶及长廊与晚唐及明清的家具，主要以石、泥土建成的西北封闭式四合院和土墙，都充满传统和地方特色。

(资料来源：http://news.veryeast.cn/news/n/2008-12/9/0812910255865803.shtml.)

本 章 小 结

酒店公共关系在现代酒店管理中具有不可替代的作用，本章主要从 3 个方面介绍了酒店公共关系：①酒店公共关系的基本内涵和要素构成；②酒店公共关系的活动分析；③酒店形象工程——CIS。酒店公共关系可以从不同的角度进行理解，它主要是指酒店企业为了树立良好的公众形象而组织实施的各项双向信息沟通活动。它主要由 3 个要素组成，即主体(酒店企业)、客体(酒店企业相关公众)和手段(传播沟通)。酒店公共关系的目标主要是塑造酒店良好的企业形象，为此会有针对性地开展一系列活动。酒店的 CIS 贯穿于酒店活动的各个方面，对于塑造酒店整体形象具有重要作用，但是要构建成功有效的 CIS 应注意很多问题。

练习与思考

一、专业术语

1．公共关系　　2．酒店公共关系　　3．CIS

4．MIS　　5．BIS　　6．VIS

二、不定项选择题

1．酒店公共关系的主体是(　　)。

A．酒店企业　　B．媒体　　C．公众　　D．传播沟通

2．酒店公共关系的活动领域主要包括(　　)。

A．收集信息　　B．咨询建议　　C．沟通协调　　D．教育引导

3．酒店企业的公共关系人员在收集信息时，主要收集(　　)等信息。

A．酒店产品信息　　B．酒店形象信息

C．外部环境信息　　D．酒店公众信息

4．CIS 的基本构成包括(　　)。

A．MIS　　B．VIS　　C．BIS　　D．IHG

5．在 CIS 的构成要素中，处于核心地位、是 CIS 的基础和灵魂、支配和作用于其他系统的是(　　)。

A．MIS　　B．BIS　　C．VIS　　D．IHG

6．下列(　　)属于酒店 VIS 的范畴。

A．酒店名称　　B．酒店标志　　C．酒店的宣传口号　　D．酒店精神

三、案例分析

1．广州白天鹅宾馆的全员公关

广州白天鹅宾馆位于广州沙面岛南边，濒临三江汇聚的白鹅潭。由广东省政府和著名爱国港商霍英东先生共同投资兴建，并完全由中国人自行管理。它多年来一直雄踞全国旅游酒店行业百强之首，曾创下多个全国第一。

1990 年 9 月 20 日下午 4 点 50 分，所有的灯都熄灭了，所有的机器也停止了转动，人们的视线立即变得模糊不清，大堂各处响起阵阵的嘈杂声："停电了！"这次由于外界原因造成的停电事故一直持续了 2 个小时 39 分钟。当各部门的管理人员和工作人员意识到这是一起停电事故后，首先想到的是尽快稳住客人的情绪，减少停电给客人的惊扰，防止意外事故的发生。销售部、前台部、保安部的科室人员立即走到大堂及各楼层，维护公共场所的秩序，并向滞留在大堂的客人做解释工作，安排刚入住的客人先到酒吧、咖啡厅稍事休息；客房部的管理人员和消防中心的工作人员则分散到各个楼层检查，帮助需要离开楼层的客人下楼，监控火警和治安的情况，确保客人的安全；而动力部电梯班的值班人员意识到电梯内可能关住了人，就立即派人从 30 楼的机器房顺着楼梯摸黑往下找人，仅用 5 分钟就用人力打开了 10 部电梯的门，放出了"关"在里面的 10 位客人和职工；而在此同时，公关部也派人从 3 楼跑上 30 楼电梯机房，通过播音系统用英语、普通话、广州话向关在电梯内的人喊话，向他们说明情况，请他们保持冷静，耐心等待解救，一切就像事先安排好似的有条不紊地进行着。

思考：

从公共关系的角度来分析，这则案例对你的启示有哪些？

(资料来源：萧野．跟我学做酒店金牌服务员[M]．北京：中国纺织出版社，2007．)

2．如家酒店集团 CIS 设计分析

如家酒店集团(以下简称"如家")创立于 2002 年，作为中国酒店业在海外上市的第一股，如家始终以顾客满意为基础，以成为"大众住宿业的卓越领导者"为愿景，

成为中国经济型酒店行业的领袖品牌，向全世界展示着中华民族宾至如归的“家”文化服务理念和民族品牌形象。

如家的成功主要在于它的CIS战略，具体分析有如下3点。

1) 明确的企业理念

如家从建立开始就着力塑造良好的形象、鲜明的特点，强调与同行业竞争者的差异，突出独特的精神，打造适合自己的理念——“把我们快乐的微笑、亲切的问候、热情的服务、真心的关爱，献给每一位宾客和同事”。

与之对应，其对产品和服务的理念是便捷(convience)、温馨(warmth)、舒适(comfort)、超值(value),如家遵守这一理念，始终如一地落实到每项工作和员工的行动中。正是这种理念，使如家在激烈的竞争中始终立于不败之地。

如家所制定的使命也与此契合：①为宾客营造干净温馨的“家”；②为员工提供和谐向上的环境；③为伙伴搭建互惠共赢的平台；④为股东创造持续稳定的回报；⑤为社会承担企业公民的责任。

2) 严格的行为规范

为了使如家的理念能够在连锁店贯彻执行，保持酒店稳定，如家内部建立了一套完整而详细的管理制度，约束并规范组织和员工的行为。对此，其管理团队提出了“像制造业一样生产服务”，主要强调服务质量的标准化。

扩展到企业外部，如家也致力于各种社会公益活动、公共关系、营销等。例如，迎接上海世博会，推出多项绿色环保活动；赞助东方卫视，全程参与“加油!好男儿!”活动；举办员工运动会、技能比拼大赛等活动；制定反舞弊政策；制定商业行为和道德规范等。如家一直以来都在通过各种行为准则的制定及实践、持续的媒体活动策划，打造充满活力、管理高效、热心公益、注重人文关怀的形象，使品牌在大众中的知名度、美誉度和特色度不断得到提升，树立了良好的动态形象。

3) 独具特色的酒店标识

“HOME做图，为月牙NN”即“home inn”，家庭旅馆。其含义是向顾客提供“洁净似月、温馨如家”的服务的品牌形象和经营管理模式。

色彩也是如家的经营策略之一。从色彩感来说，黄色表示“注意”，红色表示“停”，蓝色则是“安逸”的意思，如家充分利用了这一点。其标志采用黄色为主，红色和蓝色为辅助颜色，用寓意和象征图形相结合的方法，以蓝色为底的五边形图形，又设计成象征房屋(家)的形式，表示当夜晚来临时，入住酒店有家的温馨、舒适，象征着如家像磁石一般不断地把顾客吸进这座欢乐温馨的殿堂。

店面的设计也主要是黄、蓝两色，这样鲜艳的色调在城市中很少看到，故而识别性很高。酒店内部的设施亦高度标准化，棕黄色的地板、粉红色的床单、白色的窗纱、蓝色的窗帘，都意在区别于其他酒店让人难以接近的一片白色，营造家庭般的感觉。

总之，如家视觉识别设计简洁、醒目，充分体现了“不同的城市，一样的家”，很形象地把酒店比喻成家，并通过标志把其宗旨和理念表现出来。

在如家的CIS设计中，自始至终贯穿着宾至如归的“家”文化，MIS、BIS、VIS三者相互融合，打造出全方位立体的企业形象。

思考：

(1) 如家酒店的 CIS 具体包括哪些？

(2) 结合如家酒店的 CIS 战略，谈谈对构建酒店 CIS 的启示。

(资料来源：郭亿馨．如家酒店 CIS 案例分析[J]．中国市场，2011，(15).)

四、实训题

1．走访当地著名酒店，了解其公共关系的基本情况，并跟踪其中一个酒店一定时间的社会活动，指出哪些属于公共关系活动，并对其效果进行评估。

2．针对上述酒店的特点，试为其拟定一份酒店形象推广计划书。

课后阅读

推荐阅读书目

[1] 王瑜．酒店公共关系[M]．重庆:重庆大学出版社，2008.

[2] 郭海鹰.与公共高手过招:公关锦囊 168[M].广州:华南理工大学出版社，2003.

[3] 刘晓琳．现代酒店公关与营销[M]．济南：山东大学出版社，2004.

推荐学习网络

[1] http://www.13pr.com.

[2] http://www.17pr.com.

[3] http://www.canyin168.com.

7 酒店安全与卫生管理

学习目标

知识目标

1. 了解酒店安全与卫生管理的内涵、特点与主要内容
2. 了解酒店安全管理的概念与主要目标
3. 了解酒店安全部门的职责与典型组织结构
4. 了解酒店的安全及卫生管理常识
5. 掌握酒店卫生管理的范围和重要方法

能力目标

1. 能够运用酒店安全管理的相关理论开展安全管理工作
2. 学会运用消防与防火相关理论，为酒店制定消防管理规章制度
3. 能够运用正确的方法进行酒店公共区域、餐饮、客房的卫生管理

知识结构

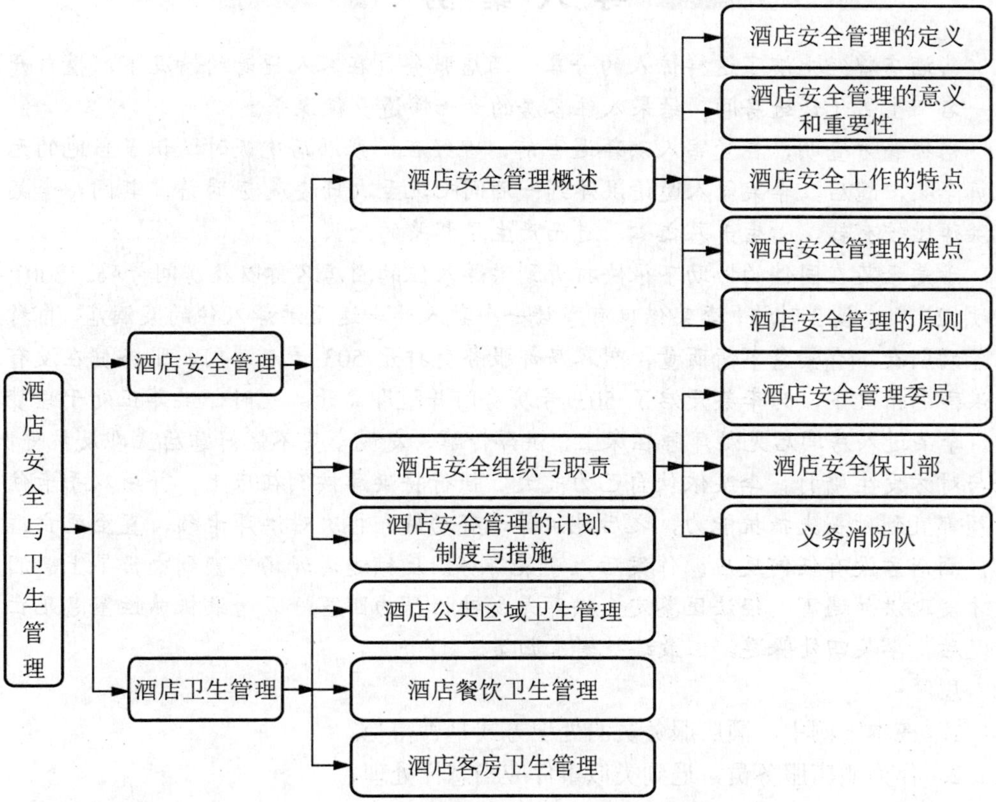
酒店安全与卫生管理
酒店安全管理
酒店卫生管理
酒店安全管理概述
酒店安全组织与职责
酒店安全管理的计划、制度与措施
酒店公共区域卫生管理
酒店餐饮卫生管理
酒店客房卫生管理
酒店安全管理的定义
酒店安全管理的意义和重要性
酒店安全工作的特点
酒店安全管理的难点
酒店安全管理的原则
酒店安全管理委员
酒店安全保卫部
义务消防队

导入案例

某酒店曾经上演了这样惊人的一幕：酒店服务员在客人睡着的情况下，擅自开门将一名陌生男子让进房间，结果入住客房的女士惨遭歹徒谋杀。

根据警方查明，在受害人洪萍遇害前，曾经在一家酒店吃饭时认识了当地的无业人员李某，随后，李某等人邀请洪萍到一酒间吧玩至次日凌晨 2 时许。其间，李某发现洪萍比较有钱，心生羡慕之心，进而产生了邪恶的念头。

于是李某在同伴的协助下很快打听到洪萍入住的酒店名称以及房间号码。2001 年 12 月 25 日凌晨 3 时许，李某借口有事让一个熟人开车送至洪萍入住的某酒店，自称是洪萍的朋友，有紧急事情商量，叫客房部服务员打开 503 号房房门，服务员在没有请示洪萍的情况下，为李某开启了 503 号房房门并随即离开。此时，洪萍正处于睡梦之中。李某进入房间后见洪萍睡在床上，洪萍惊醒，发现李某不怀好意后立即反抗呼叫，并与对方发生厮打。李某依仗自己力气大，强行将洪萍按倒在床上，并用双手卡住她的颈部直到她丧失抵抗能力，之后见洪萍还有动静，再次对洪萍卡颈，直至死亡。其间，酒店方没有任何反应。作案后，李某将房门反锁逃离现场。直到次日早上，酒店方才发现洪萍遇害。经法医鉴定：洪萍是受钝性暴力阻塞呼吸道致机械性窒息死亡。案发后，李某四处躲避，但最终被缉拿归案。

思考：

1. 在本案例中，酒店服务员的处理方式是否得当？

2. 作为酒店服务员，遇到类似事件应当怎样处理？

3. 酒店在负责宾客安全方面都负有哪些职责？

（资料来源：开元国际酒店管理公司人力资源部. 酒店安全管理案例汇编[M]. 杭州：开元国际酒店管理公司，2005）

7.1 酒店安全管理

安全是入住酒店的客人的基本需求，现代酒店要使客人有“宾至如归”的安全感，就必须做好酒店的安全管理工作。酒店安全管理工作的好坏不仅直接关系酒店的正常运转，而且在很大程度上也影响着酒店的经营效益。

7.1.1 酒店安全管理概述

酒店安全管理主要指酒店企业根据国家的相应政策、法规开展的企业内部安全管理，主要涉及 7 个方面：安全管理规章制度、安全管理机构、安全设施管理、部门安全管理、防火、防盗及其他安全管理。

1. 酒店安全管理的定义

酒店安全就是维护酒店内所有人员的人身财产的安全，没有危险、没有事故的发生，保障酒店管理工作的顺利进行。

酒店安全管理的对象是酒店所有的顾客以及酒店全体的从业人员。酒店安全管理的目标是保障酒店全体人员的生命免受危害、人的身体不受任何损害以及保障酒店所有人的财物不遭受任何意外的损失。

酒店安全保护对象分为以下两类。

(1) 广义(安全角度)：保护酒店控制范围内所有的人员和财物。

(2) 狭义(法律角度)：保护住店客人和其他具有合法身份的人员，包括保护客人的隐私权和保护酒店的财物。

2. 酒店安全管理的意义与重要性

酒店安全管理是酒店经营管理活动正常开展的基础条件，是酒店宾客满意和员工满意的重要保证，是树立酒店形象和建立良好口碑的有效途径，直接或间接地影响到酒店的经济效益。

3. 酒店安全工作的特点

(1) 依法办事。在处理问题时，要依法办事，要分清刑事与治安、国内人与外国人，要有较强的法律知识和政策水平。

(2) 复杂性。酒店客流量大，人员复杂，是犯罪分子作案的目标和隐藏的地方。

(3) 广泛性。酒店安全管理涉及每个部门、每个工作岗位和每位员工。

(4) 长期性。侵害酒店的各种因素是长期存在的，这决定了酒店安全工作的长期性。

(5) 突发性。发生在酒店内的各种事故、事件往往带有突发性。

4. 酒店安全管理的难点

(1) 酒店是一个开放式的经营企业，是一个公共场所，情况十分复杂多变。

(2) 酒店内有大量的钱、财、物，是外来不法人员和酒店某些员工进行偷盗活动的主要目标。

(3) 酒店无法对每位客人进行各种安全教育。

(4) 酒店是招待服务性质的企业，不能得罪客人。

(5) 酒店内每天聚集着大量的人员，容易发生各种事故、事件。

(6) 酒店越来越多，行业竞争越来越激烈。

5. 酒店安全管理的原则

(1) 宾客至上、安全第一的原则。这是酒店一切工作的基本指导思想和宗旨，也是安全保卫工作的根本出发点。

(2) 预防为主的原则。

(3) 外松内紧的原则。

(4) 群防群治的原则。

(5) 落实管理责任的原则。

7.1.2 酒店安全组织与职责

根据我国有关政策法规，酒店应当成立安全管理委员会和消防委员会，一定规模的酒店还应当成立义务消防队与治安保卫领导小组等。

1. 酒店安全管理委员会

酒店安全管理委员会一般由酒店总经理主持、副总经理协助、各职能部门主要负责人参加，是酒店最高级别的安全管理组织，通常可分为4个部分：防火安全委员会、交通安全委员会、综合治理委员会、治保委员会。

安全管理委员的职责有以下6个方面。

(1) 领导酒店安全管理工作，定期召开安全工作会议，制订安全管理总体计划和群防群治工作计划并组织实施。

(2) 决定配备必要的安全设备设施，加强技术防范的科技含量，三星级以上酒店应安装保安闭路电视监控系统、客用保险箱和电子卡门锁等。

(3) 布置防火、内保、综合治理等群众性宣传、培训、演练活动。

(4) 检查、监督各部门的安全工作情况，督促消除安全隐患。

(5) 指导酒店义务消防队工作。

(6) 决定安全工作的其他重大事项。

2. 酒店安全保卫部

酒店安全保卫部是酒店安全管理的重要职能部门，是在总经理的领导下，在公安机关、司法部门和上级主管部门的指导下，对酒店内部的治安管理工作进行管理、检查和监督，以维护酒店内部的正常工作秩序和治安秩序。其组织机构设置如图7.1所示。

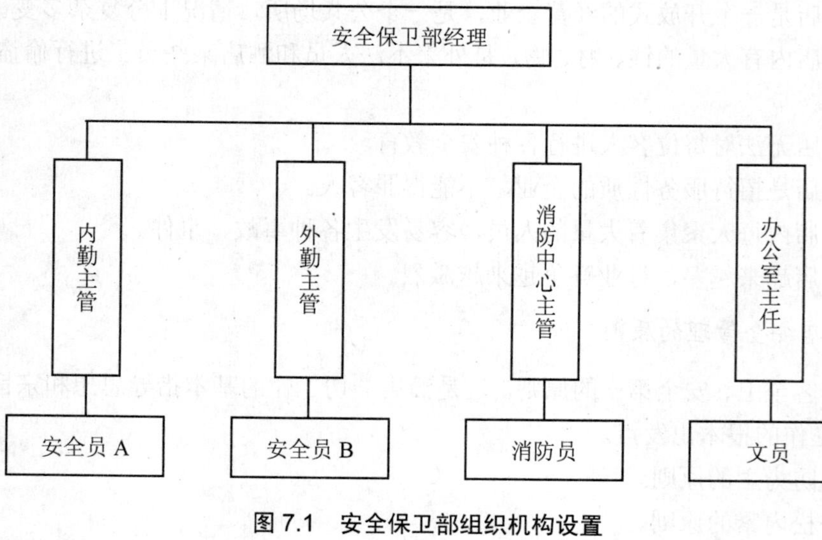

图7.1 安全保卫部组织机构设置

酒店安全保卫部的主要职责有以下11个方面。

(1) 在酒店安全管理委员会的领导下，制定安全管理工作的方案和各种防范预案。

(2) 制定各项安全管理制度、规定，报请总经理批准后发布实施，并负责监督落实。

(3) 进行安全检查，对安全隐患提出解决办法，通知有关部门限期整改直至隐患消除，对已经发生的安全事故查明原因，提出处理意见。

(4) 负责警卫工作，维护酒店安全环境，加强重点要害部位的安全管理。做好大型宴会、会议和重要来宾的内部保卫工作。

(5) 与出租场地和长包房签订安全协议书，并进行安全监督。

(6) 对住店宾客的入住登记状况进行监督指导，对公安机关布控的重点可疑人员实行监控。

(7) 协助公安机关侦破各类刑事案件和治安案件，防范和打击卖淫、嫖娼、赌博、贩毒、吸毒等违法犯罪行为。

(8) 对装修、改造等施工现场的安全状况进行检查，同施工单位签订安全管理协议并监督执行。

(9) 对各种安全设施设备的维护、保养、使用状况进行监督。

(10) 对新入店的员工进行岗前安全培训，对在岗员工进行安全知识教育与安全素质考核，对义务消防队及专职保卫人员进行专业技能培训。

(11) 广泛收集安全信息，建立安全保卫专业档案，及时上报本酒店安全工作动态及重大安全隐患，严格执行《旅游安全事故报告制度规定》。

3. 义务消防队

酒店以安全保卫人员为骨干，吸收部分员工组成义务消防队，承担灭火应急自救任务。义务消防队员应熟悉本酒店的建筑结构、消防水源、疏散通道，掌握灭火技能，经常进行消防演练。

7.1.3 酒店安全管理的计划、制度与措施

1. 犯罪与盗窃的防范计划、控制、管理

1) 客人生命、财产的安全控制与管理

(1) 入口控制与管理。

① 酒店大门口入口控制与管理：

- 现代酒店不宜有多处入口，应把入口限制在有控制的大门；
- 现代酒店大门的门卫既是迎宾员，同时也应是安全员；
- 现代星级酒店一般都要求在大门口入口处安装闭路电视监视器(摄像头)，由专职人员在安全监控室进行24小时不间断的监视。

② 电梯入口控制与管理：

- 人员控制；
- 闭路电视监控。

③ 楼层走道控制与管理：

- 保安部例行走道巡视控制；
- 楼层安全员岗位控制；

- 闭路电视监控。

(2) 客房安全控制与管理。

① 客房门锁与钥匙控制与管理：

- 对于电子门锁系统，总服务台是电子门锁卡编码、改码和发放客房门锁卡的地方；
- 客人丢失门锁卡时，可以到总服务台补领钥匙卡，补卡时应出示酒店卡表明自己的身份；
- 工作人员尤其是客房服务员所掌管的万能钥匙卡不能随意丢放在工作车上或插在正在打扫的客房门锁上或者取电槽内；
- 须防止掌管客房钥匙卡的工作人员图谋不轨。

② 客房内设施设备安全控制与管理：

- 电气设备安全控制与管理；
- 卫生间及饮水安全控制与管理；
- 家具设施安全包括床、办公桌、办公椅、躺椅、行李台、茶几等家具的安全使用，应定期检查家具的牢固程度，尤其是床和椅子，避免客人受到伤害；
- 其他方面的安全控制与管理。

③ 客人财物保管箱安全控制与管理：

- 客人有贵重物品存放时，须在前堂收银处填写保管箱使用登记卡、办理开保管箱手续后，实时领取客用匙；
- 预留的“客人认可签名”要使用与住客的旅行证件的签名一致的式样，不可采用过于简单的签字；
- 贵重物品存放及开设保管箱后存储或提取物品，应凭在保管箱使用登记卡预留的“客人认可签名”办理核证签名后，方可由前堂收银员安排进入保管箱室，保管箱不得转让或借与他人使用；
- 客用保管箱一般备有两套，分别为保管匙和客用匙，酒店应将其中一套在保安人员的见证下予以销毁，只可保留一套使用，以免在锁匙控制方面出现不可挽救的漏洞。

小阅读

保险箱事件

这是一件发生在某家五星级酒店的真实故事，也是一件无法解释的事情。事情发生在一对夫妇身上。这对50多岁的夫妇应该是上流社会人士，因参加国际性的社团集会于下午2时许由旅行社导游人员陪同入住。自称是在下午3时，由妻子本人到大堂保险柜租用保险箱，把一叠百元美金现钞及一串钻石项链都寄存在保险箱。

但在下午5时许，妻子在客房内更换服装、化妆后去保险柜拿出保险箱时，赫然不见了那串钻石项链，马上找来了当地导游一同与酒店安全主管理论。保险柜是客人存放重要财物的地方，有24小时全天候的录像设施，摄像机镜头面对着总台，任何细微的动作都会留在镜头里。

为了证实妻子所说的存放过程，大家共同观看了录像带。只见妻子提了一个旅行带放在柜子上，拉开拉链，取出一叠钞票放在保险箱里，再从袋子里取出一只小布袋，从小布袋里拿出一堆卫生纸包着的东西，拉开来是细细长长的，看得非常清楚，那应该是一条项链，然后就看见她把一团卫生纸一样的东西用右手团起来之后再放回小布袋，收到行李袋中，却不能很明白地看到有将项链放进保险箱的动作。然后她就将该保险箱隔着窗栏杆交给里面的工作人员，女性工作人员将保险箱用双手托着放进了保险柜。观看录像带后，双方可能产生了很大的分歧。为免节外生枝，酒店当即决定拷贝录像带，并将其中的一卷交给该对夫妇。

当进行谈判时，这对夫妇的导游代为表达说，他们是有身份的人，不想把事情扩大，该项链价值约 2 万美元，但只要酒店有诚意赔偿，能赔多少都可以答应，也免得影响酒店的声誉，似乎只要出价就能解决。

可酒店认为这不是赔偿的事，保险箱的钥匙是交给当事人自己保管，工作人员只有一片总钥匙，没有当事人的钥匙是不可能开启的。也就是说，客人放在保险箱的任何物品，她本人之外的任何人都不可能拿到；即使当事人的钥匙遗失，被人拾得前来冒领也不可能拿到，因为还需要核对证件以及签名。由于酒店有层层的保护措施，假若承认放在保险箱内的物件可任由第三者拿走，或可能被盗的话，问题是很严重的，所以酒店不敢承诺赔偿。但为了避免争执，酒店并没有说明在录像带里未看见妻子有将项链放进保险箱的动作，只声明须报公安机关侦查，如确属酒店的责任，全部赔偿也是应该的。但酒店的这一要求被对方拒绝，声明没有时间，也不想张扬。在酒店的拒理力争下，最后这对夫妇同意报警。

酒店先请警方去保险柜勘察一切设施，并说明保险柜未遭外力破坏不可能发生失窃，然后才共同研究录像带。酒店向警方说明，虽然在录像带里确实有一条细细长长的东西，但却看不到将钻石项链放进保险箱的动作，并将录像带交由警方保管，警方在询问过双方并做笔录后，也未做处理，全案移交法院。法官曾以证人的身份传讯酒店安全主管，在说明经过后也未做进一步处理。当事人(这对夫妇)曾委托旅行社人员继续要求赔偿，并通过其他渠道施加压力，但酒店始终坚持严正的立场，最后这对夫妇也就不了了之。

(资料来源：http://www.doc88.com/p-015901578739.html.)

2) 员工的安全控制与管理

(1) 劳动保护措施：

① 岗位工作的劳动保护与安全标准；

② 岗位培训中的安全培训。

(2) 员工个人财物安全保护：

① 员工宿舍内个人财产保护；

② 更衣室个人衣物储藏箱安全保护。

(3) 员工免遭外来的侵袭控制。

小阅读

更衣室失窃案

2004年10月，某酒店保安先后接到员工报案：酒店女更衣柜最近常遗失鞋子、衣物及部分现金等。在与酒店人力资源部讨论后，保安部迅速成立了一个以基层管理人员和女员工为主的监督小组，不定时地去女更衣室巡查。同时，酒店还以通知的形式向各部门员工下达了检举制，以确定可疑人员。

在双管齐下的一段时间后，一些蛛丝马迹显露了出来。11月5日，餐饮部员工小金反映，早几天失窃的钱物今天又给放回来了，同时被放在一起的还有一张纸条，上面写道："物品已归还，请不要声张。"

线索的出现让保安部员工的精神振奋起来，于是联系餐饮主管，让她悄悄帮助收集小金工作区域内其他员工的字迹。一份份字迹被放在桌上，部门领导与几个员工一起进行了认真对比，作案人慢慢浮出了水面。

11月5日晚19: 00部门将领导餐饮部小纪叫到了值班室进行了突审，面对自己亲手写的纸条，小纪很快低下了头，承认了自2003年以来多次利用向同事借钥匙或其他钥匙套锁的方式，盗窃员工更衣柜内的物品、钱财的事实。酒店对小纪进行除名，并做出赔偿损失与加倍罚款的处理。

(资料来源：http://www.canyin/68.com/gyy/yg/ygpx/fwal/201103/28928_4.html.)

3) 酒店财产的安全控制与管理

(1) 员工偷盗行为的防范与控制。

(2) 客人偷盗行为的防范与控制。

(3) 外来人员偷盗行为的防范与控制，包括不法分子和外来窃贼的防范与控制、外来公务人员的防范与控制、访客的防范与控制。

小阅读

员工偷盗案

某日下午，礼宾部员工小李像往常一样帮助客人提行李，当他在总台等待客人登记并离开时，突然发现在总台桌子的另一个角落里有一包东西，他心里一阵莫名的激动，凭经验，他明白那是一笔数目可观的现金。小李慢慢地走过去，同时朝四周环顾了一下，客人和员工都各自忙碌着，根本就没有注意到他的动作，他迅速将钱放进自己的口袋，装着若无其事，随着客人将行李放进房间。16: 00左右，保安部接到信息：一位客人发现自己丢失了一包大约30 000元人民币的现金，保安部立即展开调查。

根据客人回忆，现金可能丢在了总台。通过监控录像，调查人员发现当天当班的小李有嫌疑现象，便迅速来到其住处，最后小李交代了事情的经过，追回了30 000元现金，最后酒店对小李做除名处理，罚款5 000元并扣除当月奖金。

启示：本案例中的小李若能将拾到的现金上交大堂经理或归还于客人，想必一定能够得到宾客的赞赏与宾馆的奖励，但小李未能抵挡得住30 000元的诱惑，最终犯下了严重的错误。本次事件的发生，对酒店也敲响了警钟，平时酒店应加强员工的行为规范教育，同时强化员工法制观念，让员工清楚地认识到一件本以为无所谓的小事情却是违法的温床，从而自己严格约束自己，同时应加强管理者的督查力度，防止此类事件的发生。

(资料来源：http://www.canyin168.com.glyy/kfgl/kfal/201202/39035_2.html.)

2. 防火安全计划与消防管理

现代酒店大都具有规模大、投资多、楼层高、布局复杂、设施设备豪华、服务项目齐全、人员多而且流动频繁等特点。特别是酒店内的歌舞厅、酒吧等娱乐场所，更是人员密集之处。一旦发生火灾，疏散难，扑救难，损失严重，后果不堪设想。因此，防火安全与消防管理是酒店安全管理的重要内容。

1) 现代酒店火灾原因分析

现代酒店发生火灾的原因主要有以下7点：①客人吸烟；②电器设备故障；③大量易燃材料的使用；④火情发现不及时；⑤消防设施、设备配备不足；⑥未及时通知消防部门；⑦违反了消防法规，消防管理不善等。

2) 酒店防火管理制度

(1) 酒店内部不准存放易燃易爆、有毒和腐蚀物品，禁止在大楼内及房间阳台燃放烟花、炮竹。

(2) 包房内不准使用明火电炉、煤气、柴油炉以及大功率的电器设备；确因工作需要应经消防中心同意后方可使用，并做好登记；不准将衣物放在台灯架罩上烘干，不准在房间内焚烧物品。

(3) 配电房内不准堆放物品，布草间、楼层小仓库内不准吸烟，消防分机旁边不准摆放任何杂物，严禁将洗涤剂放在垃圾、衣物滑道口周围。

(4) 各通道楼梯出口等部位要保持畅通，疏散标志和安全批指灯要保证完好。

(5) 装有复印机、电传机、印刷机的部位禁止吸烟、使用明火。用酒精清洗机器部件时，要保持室内通风；进行大量清洗机器时，要到室外通风的地方进行；如无法移动机器时，必须打开门窗，保持室内空气流通。沾有油墨和易燃物品的纸张、油布要装在有盖的铁桶里并要及时清理，机器周围不准堆放可燃物品和废纸。

3) 酒店消防管理制度

(1) 总经理为防火责任人。

(2) 日常消防管理工作由保安部具体负责，做好日常的消防计划、检查和培训工作。

(3) 设立安全防范小组，成员由执行总经理和各部门总监、经理组成，负责定期检查安全消防工作的执行情况和完成质量。

(4) 任命三级防火责任人。一级为领班，负责每日检查班组防火工作的执行情况；二级为主管，负责重点检查所管班组防火工作的落实情况；三级为部门总监、经理，负责抽查和定期全面检查部门防火工作的执行情况和完成质量。

(5) 发生火灾时，成立火灾现场临时指挥中心，成员由总经理、保安部经理、工程部经理、火灾现场所在部门总监、经理和值班经理组成，总经理任总指挥。若火灾发生时，执行总经理不能到场，也未指定代理人时，则由值班经理、保安部经理、工程部经理担任总指挥。

4) 消防操作管理制度

(1) 如发生火灾，值班员应立即先将楼层总电掣关闭，切断电源，防止爆燃。情况严重紧急时，边救火，边及时拨打总机或酒店消防火警电话。报警时要准确清楚地说明火情地点、火势大小、火势类型、报警人姓名、所在部门及联系电话，待总机接线员或消防监控中心保安员把情况听清楚后才可放下电话筒。

(2) 如确认发生火灾，由酒店在场的最高领导人决定是否报警，当酒店做出向外求援报警时，应及时派人到路口、通道接应消防车赴现场救火。

(3) 如各部门员工知道有失火，领导应带头，正确使用灭火工具(如灭火器、消防栓)，及时赶到失火现场参加扑救，准备灭火的消防栓或立即使用消防灭火。有领导在场则由领导指挥，如领导不在时，则由在场员工商量决定，做出果断的措施，立即行动灭火。

(4) 如发生着火、大火，知情不报或不坚守岗位、离开现场、临阵逃脱者，按其情况严惩程度给予行政处分，并追究事故责任；

(5) 学习消防知识，人人会用灭器具和设备，每月检查一次消防设备、消防栓和消防水泵，保证其灵活好用。

小阅读

厨房火灾事件

一天，某酒店有婚宴，餐饮部将婚宴的出菜放在二楼员工餐厅厨房进行，并安排蒸件厨师张某等人负责“贵和厅”的出菜工作。早上6点左右，小张在炉台进行油锅加热，由于工作责任心不强，他在油锅还在加热时就离开炉台至备餐间询问上菜时间，结果导致炉台在烧却无人在场。由于锅较大，受热面积较广，加热速度也较快，小张离开不久，油锅里的油就因为温度较高引起火灾，打荷员小关首先发现火情，小张闻声赶来，及时跑去取来灭火器进行灭火。忙乱中他并未及时将灭火器打开，后在同事的协助下才打开灭火器进行灭火，但在灭火过程中未及时关闭电源导致火势越烧越旺，火苗窜至排烟管道。为防止引起更大的火灾，赶来的义务消防队员当即使用了干粉灭火器进行灭火，在大家的努力下，最终将火扑灭。

启示：在此次事件中反映了员工对酒店安全消防知识的缺乏，酒店的消防安全知识培训并未取得理想的效果，对灭火器不会正确使用，以致在灭火过程中未能及时打开灭火器，延缓了灭火的时间。另外，由于不懂消防灭火的正确方法，在进行灭火时没有及时切断电源。

(资料来源：http://www.canyin.168.com/glyy/aqgl/fhzd/201103/28927_4.html.)

5) 酒店防火检查制度

(1) 易燃易爆危险物品储存、管理、使用是否符合安全要求。储存容器管道有无定期测试，有无跑、冒、滴、漏现象。

(2) 使用液化石油气炉灶，是否按照安全要求操作，摆放位置是否符合安全规定。

(3) 对烟头、遗留火种是否注意和处理好。

(4) 仓库内货物、物资分类及存放是否符合安全规定，库房内灯泡规定在 60W 以下，灯距、堆距、堆放高度、通风、室温是否符合防火安全要求以及值班情况等。

(5) 电器设备运行是否正常，有无超负荷运行，电线、电缆的绝缘有无老化、受潮、漏电、短路等。电动机有无空转现象，防雷设备是否完好，有无乱拉电线情况。

(6) 使用多种可燃、易燃油类以及残油、气的处理情况是否符合安全操作要求。

(7) 危险场所动火是否按规定办理手续，焊工操作时是否达到动火安全制度的要求。

(8) 使用有毒有害物品的场所是否有防毒的安全措施。

(9) 消防器材及消防系统的完好情况。各部门和消防器材有无管好、用好和到期调换，保证完整好用。

(10) 门卫对出入人员是否进行严格检查，对携带易爆危险物品的人员是否把关等。

6) 消防安全检查制度

(1) 巡逻员每天必须检查一次所有灭火器的安放是否正确，铁箱是否牢固，喷嘴等压力是否正常、清洁、畅通。

(2) 每日检查消防栓的箱门开启是否灵活，箱内水枪、水带接口是否按照要求放在正确位置。

(3) 每月检查一次室外消防栓，并进行放水检查。

(4) 经常检查消防报警器、探测器(温、烟)等消防设施，如有情况及时报告工程部进行维修保养。

(5) 将每次检查记录存档(放至消防中心档案柜)。

(6) 定时定人在各处进行巡逻，查找火险隐患，提出整改建议，及时给予指导纠正，同时向保安经理报告，做好备案记录。

(7) 积极开展防火宣传，努力做好对义务消防员的训练。

(8) 协同工程部做好重点、要害区域和特殊工种的消防工作。

(9) 定期对各部门的消防员工进行总结评比，提出奖惩意见，上报安全委员会。

3. 逃账与酒店经济安全管理

(1) 在客人登记入住时，检查外国客人的护照，核实护照的有效性及持护照人的身份。如果两人住一个房间，应要求两位客人都要登记并出示护照。

(2) 验证客人提交的信用卡。

(3) 收银员应熟悉各国货币及各种旅行支票，并借助于货币检验机来辨别伪币和伪支票。

(4) 对既无预订又无行李的客人，要求其先付房费。如客人提出使用信用卡付款，须经当场验证后方能同意。

(5) 各营业点收银员应将赊款账单迅速转至总服务台，以防止漏账，尤其防止使用上述部门的服务后即结账离店的客人的故意逃账行为。

小阅读

外币诈骗案

某日凌晨，有两位香港客人持港澳回乡证到酒店要求开房间，登记姓名为郭某，操广州口音，他拿出了1 000元港币要求支付房间的预付款。当班收银员查看了币种，上面印有香港汇丰银行的行头且印有港币字样，但查看币样，觉得这种港币比较陌生。就向客人表示，这种港币酒店没有受理过。客人解释到现在的港币有八九种币样，这是最近发行的。

由于对外币兑换经验不足，收银员轻信了客人，就收取了此币作为预付款，客人看收银员没有进一步地怀疑，就拿出了2 000元的“港币”要求兑换人民币。因部门有规定，在兑换外币时，换取的金额不能过高。于是，该员工就和客人协商兑换500元，但在客人的坚持下，收银员最终还是放松了警惕，给客人兑换了1 000元。客人还询问了有关酒店营业场所的消费情况。随后，员工目送客人上了电梯，但实际上，客人并未真正进入房间就逃之夭夭了。后证实此“港币”实际是伪币，底版为秘鲁币，然后在币上打印“香港汇丰银行”和“港币”字样来实施诈骗。

启示：犯罪分子经常利用一些收银员缺乏外币的识别能力和经验不足等实施诈骗，所以收银等重要岗位工作人员要随时提高警惕，熟悉掌握外币的辨别能力，对发现的可疑情况要及时上报公安部门进行处理。

(资料来源：http://http://www.canyin.168.com/glyy/cwgl/201103/28678_3.html.)

7.2 酒店卫生管理

由于酒店人员密集，一旦出现卫生管理上的漏洞，极易造成集体卫生问题的发生，给顾客的生命健康、酒店行业秩序带来不利影响，甚至会带来不良的社会影响。同时，酒店卫生管理内容复杂，涉及的范围也非常广，如酒店公共区域卫生管理、酒店餐饮的卫生管理、酒店客房的卫生管理等。因此，酒店卫生管理丝毫马虎不得，必须一丝不苟，认真制定并执行卫生管理的各项标准和制度。

7.2.1 酒店公共区域卫生管理

酒店的公共区域是客人逗留人数最多、来往最频繁的场所，从某种意义上讲，酒店的公共区域已成为衡量整个酒店的标准。酒店的环境是否典雅宜人取决于设施设备、装饰品位等诸多方面，但其中，清洁卫生无疑是最基础的条件。

酒店的公共区域主要是指公众共同享用的活动区域，它包括酒店外墙、前后门广场、停车场等室外区域；也包括专门为客人活动而设计的室内场所，即前台公共区域，如酒店大厅、康乐中心、休息室、酒吧和客用卫生间等；同时，还包括为酒店员工规划出的工作和生活区域，即后台公共区域，如员工餐厅、员工更衣室等。

1. 公共区域的卫生清洁标准

1) 外围公共区域的卫生清洁

酒店大门前应经常清扫；对汽车带到门前的泥沙、污渍应及时清理；门前的花盆、花槽、防滑地毡下的泥沙每天要清理 2 或 3 次；门前的地面也要定期用水冲洗，一般每星期应冲洗 1 或 2 次；停车场地面应每天用扫帚清扫，及时除去地面上的垃圾；停车场还应用拖把定期擦洗；草地、盆景、花木等应按规定进行浇水、施肥、除草灭虫等工作；庭院、花园的地面一般应每周用水冲洗 1 或 2 次；酒店外墙应定期清洗，可由酒店自行清洗，也可委托专门的清洁公司进行。

2) 酒店内前台公共区域的清洁保养

酒店内前台公共区域主要包括大厅、电梯、客用洗手间等部分。

大厅是酒店内日夜使用的场所，它的状况好坏会给来宾留下深刻的印象，因此，需要不停地进行清洁保养。大厅日间清洁卫生主要包括清洁地面、清理烟灰缸和沙缸、整理大厅座位以及除尘工作。进行日间清洁卫生时，服务员应根据客流情况，尽量不影响客人和其他员工。大厅进一步的清洁保养工作，一般在晚间进行，因为那时人流量减少，影响较小，不会影响酒店正常的营业。

酒店的电梯包括客用电梯、职工电梯、餐梯、货梯等几种，而客用电梯也和大厅一样，是客人使用频繁、需经常清理地方。客用电梯的清洁项目主要是天花板、灯、墙面、镜面、电话机除尘及地面吸尘，要特别注意对金属部分或镜面的除渍保养，对电梯按钮也要不时用干抹布擦拭，以保持清洁。电梯厢内的地毯整天都被踩踏，十分容易受损，有条件的酒店可采取每天更换星期地毯的办法来解决电梯地毯特别容易脏的问题。对酒店的其他电梯也应参照客用电梯的清洁方法进行清理保养，以保证酒店所用电梯的清洁卫生质量。

客用洗手间的使用频率比较高，清洁工作尤为重要。一般要求每隔一小时清理一次；在客人活动低峰期时，安排一次彻底清洁，使客用洗手间始终保持清洁、干净、无水迹、无污渍。

3) 酒店后台公共区域的清洁

酒店后台公共区域主要是员工活动的场所，其清洁工作通常由专人负责。其清洁工作主要包括地面的清洁，垃圾杂物的清除，员工浴室、卫生间清洁等。

2. 公共区域清洁工作的实施与管理

按照标准做好公共区域的清洁卫生工作，重在实施。在实施过程中，重点需要做好以下 5 个方面的工作。

1) 要做好人员的选择和培训工作

酒店公共区域的清洁工作要求高、技术性强，劳动强度大。要做好公共区域的清洁工作，首先要选择合适的人员。从事酒店公共区域清洁工作的人员一般应具备以下条件：具有高度的自觉性和责任感；能吃苦耐劳；具有一定的应变能力；熟悉酒店的情况，能回答客人的一般询问；形象较好。

酒店选择了合适的公共区域员工后，还应当加强对他们的培训。这包括培养服务态度，强化服务意识；也包括对员工知识和技能层面的培训，保证公共区域员工的素质。

2) 要保证设备用品的充足配备

酒店应根据公共区域各项清洁工作的内容和要求，配备专门的设备、器具和清洁用品。对任务种类多、活动范围广的员工，可以配备专门的工作车或者工作篮，用于存放工作所需的器具和用品，从而提高工作效率。

3) 要划片包干，实行分工负责制

公共区域的清洁工作要实现分工负责，使每一个区域、每一项工作都有人负责。划片包干要做到无遗漏、不交叉。在给各员工确定责任范围和工作内容时，也要做到方便设备和用品的调配。

4) 规定工作流程，制定工作标准

为了防止遗漏，便于清洁人员高标准地完成工作任务，酒店通常需要为每项清洁工作制定相应的工作流程和检查督导的标准。这种流程和标准详细说明了清洁工作应在何时何地以何种方式进行，在清洁工作结束后应当达到什么样的质量要求。

5) 加强检查监督，确保工作质量

为了保证清洁工作的质量，酒店应当安排管理人员经常对公共区域进行巡视检查。一方面，了解员工是否按规定的流程操作，对员工起到监督作用；另一方面，检查工作是否达到规定的标准，如果发现问题及时进行纠正。

7.2.2 酒店餐饮卫生管理

酒店餐饮卫生是保证就餐者健康的首要条件，也是影响餐饮产品质量的重要质量因素，直接关系到酒店的服务质量和声誉。为了保证食品卫生，杜绝食品污染和有害因素对人体的危害，保障就餐者的身体健康，酒店必须切实抓好餐饮卫生管理工作。餐饮卫生管理主要包括员工个人卫生管理、食品卫生管理和设备餐具卫生管理等。

1. 员工个人卫生管理

员工个人卫生管理主要包括员工个人的身体状况、仪容仪表和卫生习惯管理等。餐饮部员工应保证个人身体健康，无病毒性肝炎、活动性肺结核等传染性疾病等；同时，还应保证仪容整洁，并且养成良好的卫生习惯，遵守公共卫生；此外，还应保证操作卫生，避免因工作时的疏忽而导致食物、用具遭受污染。具体说来，酒店餐饮部员工卫生管理主要应做到以下 3 点。

(1) 餐饮部员工必须持有效健康证，方可上岗。必须在酒店指定的医院检查身体，合格后方可录用。在职员工每年由酒店组织一次身体健康检查。凡发现员工患有传染病或不适合工作岗位的疾病，视情况调整岗位或予以辞退。

(2) 餐饮部员工应仪容仪表得体，卫生习惯良好。员工工作服应合体、无污迹、无异味、无磨损；发型大方，男员工不留长发，女员工长发应盘起来；养成良好的卫生习惯，如勤洗澡、更衣，勤理发、洗头、修面，勤剪指甲，工作前后、处理食品原料前后、清洁卫生后都要用流动清水洗手，保持双手的清洁；岗前不饮酒、不吃异味较大的食品(如葱、蒜等)，保持口腔清洁，用餐后要刷牙或漱口；不随地吐痰。

(3) 注意餐饮操作卫生。例如，端送食物时要用托盘，并且避免用手直接接触食物或盛食物的器皿内缘；不用手直接抓取食物，必须用手操作时，须戴塑料手套；准备食物时尽可能地使用各种器皿用具，如用夹子、匙、叉等来取冰块、馅料、面包等；不使用破裂器皿；工作时间内不接触钱币等物；不在工作场所内吸烟、饮食、嚼口香糖，非必要时不互相交谈。

2. 食品卫生管理

酒店提供的食品必须是没有受过污染、干净卫生而富有营养的，食品卫生问题得不到保障就有可能会给顾客带来疾病，甚至造成食物中毒，给酒店造成严重的损失。导致食品污染的主要来源一方面是生物性污染，如病菌、寄生虫等；另一方面是化学性污染，即食品中含有未清除的对人体有害的化学物质。因此，要保证酒店提供的菜肴食品的安全，必须在食品原料的采购、储存保管、加工烹调等环节采取相应的措施。

(1) 在食品原料的采购环节，必须建立食品采购索证制度和食品进货验收制度。对固定食品供应商，必须签订供货合同，保证供应的食品安全可靠，并向供货商索取所购食品、食用农产品以及食品添加剂的符合法定条件的检验报告。同时，酒店应指定专人进行食品进货验收工作，负责查验产品卫生状况、产品合格证明和产品标准是否符合国家相关法律法规的规定。

(2) 在食品原料的储存保管环节，应当建立食品储存保管卫生管理制度。存库食品应按主、副食和调味料等分开存放，做到离地、隔墙、分类分架存放、挂牌表明进货日期和保质期；食品仓库禁止存放有毒、有害物品及私人物品；临时存放的待处理食品及原料应有明显标记，并及时登记处理；应时刻保持食品仓库整洁、通风、干燥、无霉味，库内食品及原料应及时清点，防止过期变质；如果发现变味变质，应及时处理。

(3) 在烹调加工环节，应当建立相应的烹调加工卫生管理制度。加工人员在烹调前应认真检查待加工原料，发现有腐败、变质，不得进行烹调加工；需要熟制加工的食品应当熟透，其中心温度不得低于 70℃；加工后的成品与半成品、食品原料应分开存放，防止成品被污染；烹调过程中严禁超范围滥用、超量使用食品添加剂；不得将回收后的食品经过烹调加工后再次供应给顾客。

3. 设备餐具卫生管理

不卫生的生产和服务设备常常是污染食品的原因之一，设备的卫生管理不容忽视。洗涤、消毒设备和餐具对保证宾客的健康有着重要的意义。

设备使用完毕或每天工作结束时应彻底清洁；清洁设备时应先去掉残渣和油污，然后将拆下的部件放入含有清洁剂的热水里浸泡，再用清水冲洗、擦干。对于不同材料制成的设备应采用不同的清洁方法，以达到最佳卫生效果和保护设备的作用。

餐具使用后也应当及时洗净消毒，保持清洁。餐具清洗消毒应严格按照操作标准进行处理，即采用物理法消毒(如煮沸、蒸汽消毒、红外线消毒等)的，应按照“一洗、二清、三消毒”的程序进行处理；采用化学消毒法消毒(如含氯制剂等化学药品消毒)的，应按照“一洗、二清、三消毒、四冲洗”的程序进行处理。

餐具的清洗消毒应做到表面光洁、无油渍、无异味、无药液残留，符合卫生要求。消毒后的餐具应储存在专用保洁柜内备用，保洁柜应有明显标记。

小阅读

食品安全从细节入手

来到上海浦东喜来登酒店的感觉可以用“惊艳”两个字来形容：一尘不染的各种设施，顾客们刻意压低了声音的交谈，服务员温暖的微笑及其快速而悄无声息的脚步，一切都显示出这家蜚声中外的五星级酒店与众不同的优雅。

厨房中，所有的台面都收拾得干干净净。巨大的冷库里，所有食材分类排列得整整齐齐，门口的温度计清晰显示库内的温度。尤其令人惊讶的是一台绞肉机，远看上去就像是一台新的从没使用过的机器，上前用手去摸，也完全没有油腻的感觉。而事实上，它已经使用了好几年了，只是每天用过之后，它都会被擦洗得跟刚出厂时一样。

喜来登酒店有自己的一套系统来负责食品安全，同时，也请专业公司来帮助提高酒店的卫生水准。喜来登酒店有两个专任的卫生员，他们每天都会就酒店涉及食品安全的细节进行抽查、检验，如果有问题，则直接向总裁和行政主厨报告。

在食材方面，由于客人多，每天食材的进货量也非常大，喜来登酒店主要把握两个环节：供应商选择和收货。为找到最佳供应商，厨房每个月都会与采购部做一次调研，从卫生、存储、执照、清洁管理 4 个方面来对供应商进行考察，在这 4 个方面都过关之后，厨房还要由厨师对供应商提供的食材进行品尝，在所有方面都得到认可之后，采购部才会认可该供应商，才会开始与其商谈进货价格问题。

而在收货环节上，最需注意的是避免交叉感染。所有食材送到之后，先要填表登记，然后清洁消毒，再根据温度要求区别储藏，在这个过程中，绝对必须避免交叉感染。

酒店总经理艾戈思表示：“食品安全不仅是餐饮部的事，酒店的每个员工都要负责。”只有每个员工都拿出高度负责的精神，酒店才能以百分百的安全接待四方游客。

(资料来源：http://www.yicai.com/news/2011/09/1112074.html.)

7.2.3 酒店客房卫生管理

酒店行业相关的市场调查表明，在宾客选择酒店的诸多要素中，清洁卫生的比重最高，高达 63%。而客房作为宾客逗留时间最长的区域，其清洁卫生状况更加重要。酒店客房的卫生管理工作大致上可以分为日常清洁管理、计划清洁管理和客房消毒管理 3 个部分。

1. 客房的日常清洁管理

1) 客房清洁的顺序

客房清扫有其顺序规定，淡季和旺季的清扫顺序略有不同。淡季时的清扫顺序依次是总台指示要尽快打扫的房间、门上挂有“请速打扫”牌的房间、走客房、重要客人(VIP)的房间、其他住客房、空房。

旺季时的清扫顺序依次是空房(空房可以在几分钟内打扫完毕，以便尽快交由总台出租)、总台指示要尽快打扫的房间、走客房、门上挂有“请速打扫”的房间、重要客人(VIP)的房间、其他住客房间。

2) 客房的日常清洁程序

(1) 推服务车到客人房间外，不要正对着门口，也不要放在走廊正中央。

(2) 先按门铃并报出自己的部门。如果没有回应，敲门3下，给客人以充分的回应时间。如无回应，用钥匙打开门，进入房间。

(3) 进入房间后，可以先看床尾。一般如果客人在睡觉，可以看到客人的脚部。同时，要听浴室是否有水声，确定有没有客人。

(4) 回到门外，在报表上记录下进房时间。

(5) 再次进入房间，拉开窗帘，打开所有的灯，并收集房间和浴室的垃圾，以及用过的布草，放回到服务车上，并把用过的客用品和布草在报表上做记录。

(6) 进入房间并带上需要补充的客用品及布草和抹尘工具，做床以及对房间进行抹尘，同时，检查所有的设施和补充客用品。

(7) 打扫浴室，最后对房间再检查一遍，看有无遗漏，最后吸尘。

(8) 吸尘结束后，关闭房间所有设施，客人正在使用的除外，关闭房门。

(9) 在报表上记录下出房时间和房间的设施问题，并通知主管。

3) 客房的清洁检查制度

客房的清洁卫生检查包括清洁员自查、领班普查、部门经理抽查、定期检查等多种形式，另外，许多酒店在实践中创造了一些其他检查方式，如在客房内设置宾客意见表、拜访住房的宾客等。这些新颖的方式由于检查角度的不同，往往更易发现一些酒店自身检查不易发现的问题，有利于提高酒店的质量水平。

2. 客房计划清洁管理

客房的计划清洁指在日常客房清洁的基础上，拟订一个周期性清洁计划，针对客房中平时不易或不必进行清洁的项目，如地板打蜡、家具除尘及打蜡、清扫墙面等，采取定期循环的方式做彻底的清洁保养工作的客房卫生管理制度。

客房计划清洁管理的首要工作就是制订清洁计划。客房清洁计划一般包括日清洁计划和季节性清洁计划及年度性清洁计划。日清洁计划是指在完成日常的清扫整理工作外，每天都计划性的对客房的某一指定区域或部位进行彻底的清理。季节性清洁计划及年度性计划的范围比较大，不仅包括客房家具，还包括客房的各项设备及床上用品，所以通常将季节性与年度性的清洁计划安排在酒店的经营淡季进行。

在制订计划后，应做好清洁计划的落实和检查工作。一般由客房主管或领班督导清洁员完成每天的计划卫生任务，并进行相应的检查。

在落实清洁计划时还需要提前配备相应的清洁设备及用品，否则可能导致设备物资的浪费或者清洁保养效果的降低。

3. 客房消毒管理

客房的消毒管理一般包括对客房卧室、卫生间及茶水具和酒具的消毒管理3个部分。客房卧室的消毒的方法主要有每日通风换气、室外日光消毒、室内采光消毒及每周一次的紫外线或化学消毒剂灭菌消毒。卫生间的设备和用具是最易被病菌污染的，因此，卫生间的消毒工作尤其重要，必须做到天天彻底打扫，定期消毒。茶水具和酒具是疾病传播的渠道，因此，必须重视其消毒工作。要做到住客房的杯具每天撤换，统一送洗涤室进行洗涤消毒。走客房的杯具统一进行撤换，并进行严格的洗涤消毒。

本章小结

本章主要说明了酒店的安全与卫生管理的主要内容，解释了酒店安全管理的概念、重要性，阐明了酒店安全管理工作的重要性，并提供了进行酒店安全管理的方法和程序；同时，说明了酒店卫生管理的主要内容，并详细介绍了如何进行酒店公共区域、餐饮、客房的卫生管理。酒店安全与卫生管理工作是酒店的一项基础性工作，对酒店吸引并留住宾客有着至关重要的意义。

练习与思考

一、专业术语

1．酒店安全　　2．酒店安全管理委员会

3．酒店公共区域　　4．客房计划清洁

二、单项选择题

1．在酒店安全管理中，(　　)为最重要的内容。

A．治安管理　B．财产管理　C．消防管理　D．人身安全管理

2．酒店安全保卫部应向(　　)负责。

A．安保部经理　B．行政总监　C．总经理助理　D．总经理

3．酒店安全“五防”，不包括(　　)。

A．防火　B．防盗　C．防骗　D．防抢

4．在酒店经营的旺季，首先应当清洁的客房是(　　)。

A．走客房　B．VIP 客房

C．总台指示要尽快打扫的房间　D．空房

5．下列关于酒店食品卫生管理的叙述中，不正确的是(　　)。

A．酒店应指定专人进行食品进货验收工作，负责查验产品卫生状况。

B．烹调过程中严禁超范围滥用、超量使用食品添加剂。

C．回收后的食品经过烹调加工后可以供应给顾客。

D．食品仓库禁止存放有毒、有害物品及私人物品。

三、案例分析

违法的保安部经理

华中地区某酒店内，住在 616 号房的福建客人武先生给酒店大堂经理打去电话：“我上午放在包里的 15 000 元人民币现金不见了，请你们速派人前来调查处理。”武

先生说话时透露出十分焦急的心情。

几分钟后，大堂经理和保安部经理出现在616号房。经过交谈后，他们摸清了情况。事情只存在两种可能：一种是武先生把钱带出去自己弄丢了或者根本就没丢钱；另一种可能是在客房内遭偷窃。对第一种情况，他们一时不能找出证据来肯定或否定，所以只能先假设第二种情况属实。调查便从这个假设开始。

今天白天当班的服务员是小蔡和小区，除他们两人曾在打扫房间时走进过616号房外，酒店其他员工都不可能进房，另外，酒店楼层设有先进的摄像监视系统，外人不可能潜入客房而不被发现。经这样分析可知，如钱丢在酒店内只有小蔡和小区有偷窃可能。

保安部经理回忆起一年前小蔡刚进酒店做客房服务员时，他负责的区域也曾发生过一起客人钱包丢失的事件，因此，小蔡有重大嫌疑。

小蔡被请到了保安部，他口口声声说没拿过客人的钱，还说可以对天发誓。保安部经理看他不承认，十分生气，便要他坐在一旁好好思考。下班时间已到，小蔡仍被留在保安部，一直到第二天黎明，保安部经理看到小蔡如此强硬，倒也软了，但嘴里仍不让人，要他回去继续考虑，老实交代。

第二天小蔡没来上班，第三天也没来……

一周后，该酒店保安部经理被法院传讯，小蔡状告其非法限制他人身自由近10个小时，要求经济赔偿和名誉赔偿。

思考：

1．保安部经理的做法有何欠妥之处？

2．如果你是保安部经理，你会如何处理？

四、实训题

以当地酒店的公共区域、餐饮、客房卫生状况等主要内容进行分组调查，初步诊断当地酒店在卫生管理方面存在的问题。

课后阅读

推荐阅读书目

[1] 王秀荣，宋大为等．饭店管理概论[M]．大连：大连理工大学出版社，2008.

[2] 郑向敏．酒店安全控制与管理[M]．重庆：重庆大学出版社，2009.

推荐学习网络

[1] http://news.bjhotel.cn/hotelnews/html/201003/15/104847237.htm.

[2] http://papers.meadin.com/Special/Special_Hotelsafe.shtml.

8

酒店服务质量管理

学 习 目 标

知识目标

1. 了解服务及酒店服务质量管理的概念定义
2. 掌握酒店质量管理的组成要素和主要内容，理解酒店质量管理的特点

4. 熟悉酒店质量管理的体系，理解酒店质量管理的组织保障
5. 掌握酒店服务质量管理的八大原则，掌握酒店服务质量管理的分析方法及管理方法

能力目标

1. 能够理解酒店质量管理的作用及必要性
2. 能够根据所掌握的知识，对所熟悉的酒店企业进行模拟服务质量分析
3. 能够对酒店服务的特点进行进一步的分析
4. 能够我国酒店当前服务质量管理所普遍存在着的问题进行分析

知识结构

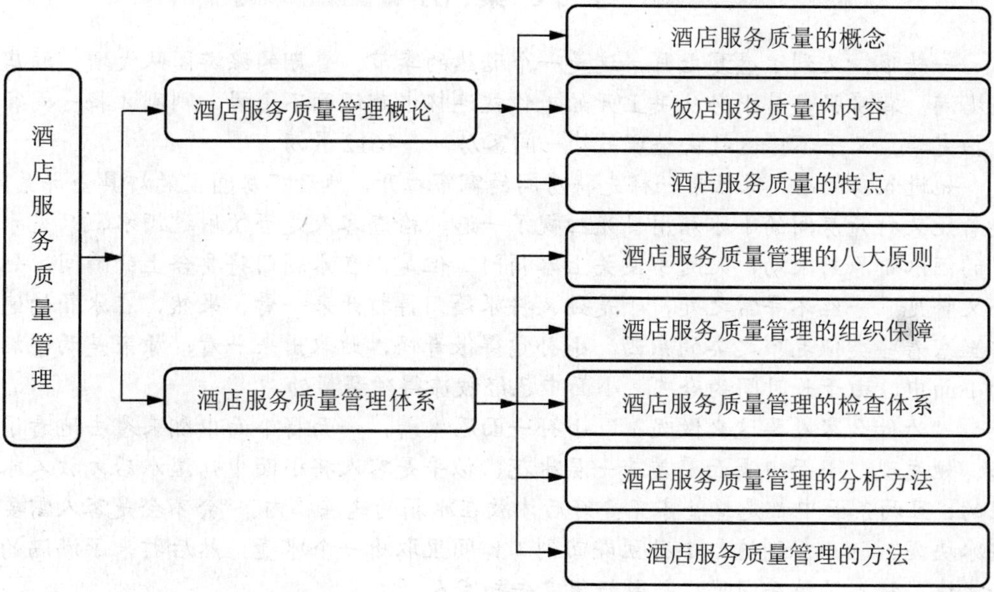
酒店服务质量管理
酒店服务质量管理概论
酒店服务质量的概念
饭店服务质量的内容
酒店服务质量的特点
酒店服务质量管理体系
酒店服务质量管理的八大原则
酒店服务质量管理的组织保障
酒店服务质量管理的检查体系
酒店服务质量管理的分析方法
酒店服务质量管理的方法

导入案例

一转眼，又到了盛夏七月，这是一个酷热的季节。暑期的旅游团队大增，酒店开房爆满。客房服务员小孙从早上开始工作就连杯水都还顾不上喝，刚刚才将一间客房清扫完毕，又手不停地赶去整理另外一间客房——1612号房。

她进入房间后，像往常一样先将房间的窗帘拉开，然后将房间里的灯具全部关闭，接着她又打开房间的小冰箱用目光扫视了一遍，检查客人是否饮用过酒水，只见冰箱里的酒水都原封未动，她随手便关上冰箱门。但是，在冰箱门将要合上的瞬间，她似乎又瞥见了一丝不寻常之处，于是她又将冰箱门再打开来一看。果然，在冰箱的速冻格里塞着些类似毛巾之类的东西。小孙觉得很奇怪，她取出来一看，原来是两条酒店的小面巾，由于长时间的冷冻，小面巾已经被冻得硬帮帮的。

“为什么客人要这么做呢？”小孙一面思索着，一面将小面巾翻来覆去地看了一遍。她发现，小面巾表面覆盖着一层冰花，似乎是客人将小面巾沾湿水后才放入冰箱里的，且两条面巾都是整整齐齐叠好后才放在冰箱的速冻格内。“会不会是客人需要一些冰块呢？”一想到这，小孙立即回到工作间里取出一个冰壶，然后打来了满满的一壶冰块，放入了该房间里，并做好留言告知客人。

傍晚，1612号房的客人陈先生和陈太太回到房间，见到了房间里的冰块和小孙的留言后，心情异常激动，陈太太更是禁不住滔滔不绝地将他们所发生的意外告诉正在为他们进行夜间整理的服务员。原来，就在昨天的游玩中，陈太太不慎将脚扭伤了，她想找些冰块来敷脚，所以就想用“冰冻毛巾”来代替，而这一细小的举动竟被细心的客房服务员小孙留意到了，真是令她感慨不已。

(资料来源：范运铭. 客房实务[M]. 重庆：重庆大学出版社，2009.)

思考：

为何陈先生和陈太太会对酒店的服务赞不绝口？为什么小孙的服务能够获得成功？请说出你的理由，并讨论酒店服务质量管理对于酒店的重要意义。

8.1 酒店服务质量管理概论

酒店行业市场竞争日益激烈，在竞争中取胜的关键是酒店的服务质量。酒店要生存发展，必须提高服务质量，包括有形产品的质量和无形服务的质量。优质的服务才能赢得顾客的满意，顾客的满意才能站稳市场。

8.1.1 酒店服务质量管理的概念

在讨论酒店服务质量管理的概念之前，我们首先要了解什么是服务，什么是酒店服务，什么又是服务质量。

1. 服务

尽管学术上对于服务的定义千差万别，但诸多定义却存在着几个共同特点，即认为：①服务是一种活动；②服务主要为不可感知的活动；③服务可使某些欲望获得满足；④生产服务时可能会或不会利用实物，而且即使需要借助某些实物协助生产服务，这些实物的所有权将不涉及转移问题。

我国在国际标准组织2000年新版的ISO 9000质量管理体系标准的基础上，也发布了新的质量管理体系标准，并且给“服务”一个简洁、清晰的标准，即服务是“为满足客人的需要，供方与客人接触的活动和供方内部活动所产生的结果”。本书采用此定义，在后文的论述中凡涉及“服务”之时，皆可参考此定义。

尽管这个定义非常简洁，但却包含着多层次的含义，一方面，意味着一切服务都将是面向客人的，一切以满足客人的利益为中心，而不是以供方的利益为中心；另一方面，说明服务不仅仅在于一线服务人员与客人的直接接触活动，同时还意味着供方内部为一线员工能够顺畅地提供服务而做出的多方面努力。这个定义不但指明了服务的对象，同时也指明了二线为一线服务、一线为顾客服务的服务理念。

2. 酒店服务

顾名思义，酒店服务就是酒店在其经营活动中为顾客所提供的服务。美国市场营销学会(American Marketing Association，AMA)将服务定义为销售商品或在商品销售中所提供的活动、利益和满足，当然还存在着林林总总的各种定义，在此就不再一一列举。

总体而言，同“服务”的定义一样，要想用简单的一句话概括出“酒店服务”的内涵和外延并不是一件容易的事情，因此，学界现存的各种定义都有一定的片面性。这不仅是因为服务难以为人们所感知从而无法准确地进行研究，而且随着服务在国民经济生活中的地位越来越重要，其范围也愈来愈广，使得研究人员无法从整体上予以概括。

目前，学术界比较公认的酒店服务定义为“为满足顾客需要，在与顾客接触过程中以及酒店内部活动中所能给顾客带来的活动、利益和满足，是有形的实物产品和无形的服务活动所构成的集合体”。广义的酒店服务还应包括核心服务、支持服务、延伸服务、服务的可及性及宾主关系等内容。

当代西方酒店多将服务总结为SERVICE，SERVICE在英文中是“服务”的意思，而SERVICE中每个字母都有着丰富的含义，构成一个完整的理念系统，各字母所代表的含义如下：S——Smile(微笑)、E——Excellent(出色)、R——Ready(准备好)、V——Viewing(看待)、I——Inviting(邀请)、C——Creating(创造)、E——Eye(眼光)

从上述定义中可以看出，酒店服务是一种活动、利益和满足；其主体为酒店，客体为顾客，即酒店服务是由酒店这个主体发出，指向顾客的一种活动、利益和满足。服务的中心是顾客，即酒店服务应以顾客为中心、一切从顾客的利益与需要出发，这才是真正意义上的服务。缺乏以顾客为中心的意识的“服务”，就失去了灵魂，只能退化为酒店一厢情愿的单调“活动”；酒店服务的媒介则是酒店服务人员对客服务过程中的服务接触，以及酒店实物产品对客人的有形展示。

酒店服务具有无形性、生产与销售的同时性、不可储存性、不可转移性等与实物产品不同的特点。

小阅读

酒店服务小常识

1. 酒店服务忌语

你是谁?

你要什么?

请大声说话。

我不是你要找的人。

他出去吃饭去了。

你的电话号码是什么?

2. 酒店服务质量的“黄金标准”

黄金标准一：凡是客人看到的必须是整洁美观的。

黄金标准二：凡是提供给客人使用的必须是有效的。

黄金标准三：凡是提供给客人使用的必须是安全的。

黄金标准四：凡是酒店员工对待客人必须是亲切礼貌的。

(资料来源：星级酒店服务培训指南丛书编委会. 星级酒店前厅服务员培训[M]. 北京：中国时代经济出版社，2006.)

3. 服务质量

所谓质量，涉及产品或服务在多大程度上能够满足规定或潜在需要。质量既包括有形产品的质量，也包括无形产品的质量，同时还涉及产品内在的属性和产品的外在属性。

根据以上定义，可知服务质量则是服务所能提供的能够满足现实的或者潜在的需要的特性总和。何谓优质的服务质量？在当前的学术界也有着不同的观点，一般来讲，主要分为生产导向的优质服务质量和市场导向的优质服务质量定义。其中，生产导向的优质服务质量认为按照高标准高要求而生产出来的服务就应该是优质的服务质量，而事实上，从市场导向的观点来看，仅仅依赖于标准化的服务是远远不够的，因为酒店服务与其他生产企业所生产的产品具有很多的不同点，一个最主要的不同点就在于其服务是无形的，并且服务的对象是作为有思想、有需求的人的顾客，因此，一个好的服务质量需要高的标准化操作，同时，还需要客人较高的主观感觉评价。

服务质量一般由服务的技术质量、职能质量、形象质量和真实瞬间构成。因此，酒店服务不仅应重视服务人员的服务技能，还应注重员工职能、重视员工形象给客人带来的主观感受、加强服务接触管理。服务质量的评判具有很强的主观性，因而，如何获取顾客的信息，进而发掘顾客需求，从而进一步的根据顾客需求进行个性化和人性化的服务，能为区分酒店服务优劣的重要标准。

同时，服务质量有预期服务质量与感知服务质量之别。为了增强顾客的忠诚度，酒店有必要通过各种手段给予客人一定的预期服务质量。预期服务质量过低，则会降低顾客入住的欲望；而预期服务质量过高，客人一旦入住，感知服务质量必然相对于预期服务质量较为低下，从而导致顾客体验不高，甚至会引起顾客的忠诚度降低，影响整个酒店的收益。

4. 酒店服务质量管理

服务质量指服务满足规定需要或潜在需要的特征和特性的总和。一个酒店服务质量的优劣，就在于这个酒店的服务能否以及在多大程度上能够满足顾客的当前需要以及潜在需要。

由于服务质量的评价有着很强的主观性，人们没有像有形产品那样固定的评价酒店服务质量的标准，同时由于酒店服务的对象是有着形形色色的个性差异的消费者，因而每个顾客对于酒店服务质量的评价也会有着一定的差异，酒店服务质量的优劣就集中体现在顾客的“预期服务质量”与其在消费过程中所“感知到的服务质量”之差。

因而，服务质量管理的一个最重要的目标就在于努力通过提供优质的标准化和个性化的服务，给酒店客人留下良好的感知，使之不低于顾客预期服务质量，甚至超越顾客心中的预期服务质量；同时，酒店还应对客人的预期服务质量进行管理，消除客人心中不合理的预期，使客人对酒店服务质量的预期趋于理性。

8.1.2 酒店服务质量的内容

酒店服务是由实物产品和无形的服务活动所构成，因此酒店服务质量的概念就包含了设施设备质量、服务产品质量、实物产品质量、环境氛围质量以及安全卫生质量等内容。

1. 设施设备质量

酒店服务的目的就在于满足客人不同层次的需要，这种需要不仅包括精神方面的需要，还包括物质方面的需要，服务要靠人工，同样也需要物质。物质方面在很大程度上就要依赖于先进的仪器和设备。世界上有很多最先进的科技、设计或者发明，往往都是最先被应用在星级酒店中的。

设施设备是酒店赖以存在的基础，是酒店为客人提供服务的物质依托。酒店客人对一个酒店服务品质以及酒店品级的感知往往是依据这个酒店的设施设备的品质得出的，酒店的设施设备质量在很大程度上代表着这个酒店的级别与档次，因此，高档和优质的设施设备对于一个高档的酒店就变得非常重要，应保证设施设备的总体品质与酒店所属的星级标准规定相一致。由于高档酒店设施设备比较昂贵，因此，在使用与维护的管理过程中就应当注意使用安全与维护保养，保持清洁与功能的完好无损，保证设施设备的正常运转，充分发挥设施设备的效用，以给酒店客人营造一种舒适美好的住店体验。

2. 服务产品质量

服务是酒店产品中最核心的方面，一个酒店服务水平的优劣，将直接影响到整个酒店的生存与发展，是评价一个酒店等级的重要因素。与易于被模仿与大批量生产的实物产品不同，服务产品一般并不容易被模仿，一种良好的服务氛围与服务传统的形成并非一朝一夕能够完成的，服务水平是与企业文化以及整体人员的素质密不可分的。因此，尽管酒店服务的众多特性使得服务质量的管理难于控制、无法量化，优质服务依然是星级酒店打造其核心竞争力的重要因素，服务的标准化与个性化，更能体现出一个酒店的经营理念与其他酒店的差异之处，使酒店在众多同质化的酒店业竞争中脱颖而出。

酒店服务基本上包括酒店员工的服务技能、服务效率、职业道德和职业习惯、礼貌礼节、服务态度等。

合格的服务技能与高效的服务效率是酒店服务的基本要求，酒店服务人员应该具备最基本的本职操作技能与专业技术知识。入住酒店的客人很多都是匆忙的商务人员以及外出旅游人员，对于他们而言“时间就是金钱”，甚至有些时候，多耽误一分钟也会造成无法挽回的损失，因而酒店客人投诉非常多的一个重要方面就是酒店某种环境效率低下。一般而言，这一类人的日程安排都是非常紧张而又充实，他们日常生活的一个重要特点就是讲求效率，他们希望酒店的清洁服务、餐饮服务、前台服务都是高效率的，这对于酒店的服务人员的基本技能就提出了较高的要求。希尔顿酒店要求客房服务员在符合酒店卫生标准的基础上，清洁一间客房的时间不超过25分钟，这样的高标准要求，给希尔顿集团赢得了越来越多的忠诚客户。

而职业道德、礼貌礼节及服务态度等方面则是一个优秀酒店区别于其他酒店的特色之处，这些方面直接影响到客人对酒店的感知和体验，只有高效的服务技能加上良好的服务态度和职业道德，才能吸引和留住客人，从而给酒店带来更高的收益。在心理学中，人的态度分为认知、情感、意志3个维度，而其中情感对于态度的影响极为明显，客人一旦在感情上认可以酒店的服务，那么就算酒店在服务过程中出现了这样或那样的小失误，客人也会选择理解和原谅，而赢得顾客情感的方法就是职业道德和礼节礼貌。

礼节礼貌是酒店员工通过一定的语言、行为和方式向客人表示欢迎、友好和感谢。

表现在语言上，即要多使用敬语和文明用语，讲究语言艺术，在说话时，注意语音语调，要表现的真诚和友好，要学会记住别人的名字并大胆地称呼别人，而不是简单地总是用“你好”来泛泛地称呼客人。因此，许多大型酒店都要求自己的员工务必使用“请”、“谢谢”、“对不起”等礼貌用语并强制自己的服务人员记住客人的名字。

表现在外表上，礼节礼貌要求酒店员工讲究仪容仪表，注意发型的服饰。大的原则是端庄、整洁、大方得体，切忌随意穿戴及比较娇艳的打扮。表现在举止和服务态度上，酒店服务人员要注意微笑服务、同时，要落落大方、不卑不亢、彬彬有礼，站如松，坐如钟，行如风，站、坐、行等操作均要依照一定的规范进行。

目前，我国酒店服务质量相对国外著名酒店集团还存在着一定的差距，如服务缺乏艺术性，不够积极主动，缺乏足够的热情。这与我国传统对服务业的误读造成的，大多数中国人，甚至置身于服务业中的员工也不能正视服务业，很少有人把服务业当做自己可以长期从事的事业来看待，因此造成上述种种情况的发生。近年来，随着我国第三产业的逐步兴起，人们的服务观念也在逐渐发生改变，较之于几年前已经更加注重服务的主动性和积极性，在个性化服务、微笑服务等方面已经有了长足的进步。

3. 实物产品质量

实物产品是一种酒店提供给客人的有形产品，包括经由酒店生产的菜肴、果拼等带有酒店特色的产品以及客用品、商品等不是经由酒店生产，而是酒店外部生产经由酒店提供给客人的用品。客用品指客房内客人日常消耗用品，如牙具、梳子、拖鞋、洗浴用品等；商品指在客房或者在酒店商店所销售的能满足顾客多种需求的生活用品。酒店对于其自己生产的菜肴、果拼等实物产品的质量控制应尤其重视，因为这一类实物产品将直接影响到客人对酒店服务质量及酒店品级的评价。对于菜肴产品来讲，酒店应当极其重视菜品口味、选料以及制作工艺，做到色香味形俱全，并注重营养与养生，以满足顾客需求。

4. 环境氛围质量

酒店环境是酒店质量管理中的一个重要环节，是客人对酒店直观体验的来源，是客人对酒店的第一印象的形成基础。一个酒店的经营和服务理念、酒店的外部形象及其档次等方面都要通过酒店的环境氛围来体现。客人进入酒店，期望得到温馨、舒适、安全、卫生的住店体验，因此酒店的环境应该努力营造出客人所想要的氛围，如清洁、安静、温馨、典雅、高贵、华丽等都是酒店需要营造的氛围。酒店良好的氛围是实现客人体验、超越客人期望以实现更高满意度的良好开端，同时，也是赢得顾客忠诚的重要因素。

5. 安全卫生质量

安全卫生是客人对所住酒店最基本的需求，酒店无论高档与否，是家庭旅馆还是星级酒店，安全卫生都是一个酒店必须具备的特点。客人住进酒店，其安全的保障，如财产和人身安全、客人的隐私等酒店都应该给予最佳的保障。因此，在酒店中，消防设施、防盗措施、保密措施以及应对自然事件的处理流程等都应该是必备的。当客人住进酒店之后，就有权利对于酒店的安全设施进行一次全面的了解，而服务人员也应该适时地介绍酒店的安全通道、各种设施设备的安全使用方法以及门锁使用及保密措施等。

卫生也是客人对酒店最基本的期望之一。客人也许会因为酒店薄弱的安全性而不敢入住，也可能因为床头一根头发丝而愤然离店，在客人眼中，再微小的卫生问题也将会是一个非常严重的问题。日本前财政大臣野田圣子在其从政之前的第一份工作就是客房清洁员，而在她每次清洗完马桶之后都会舀上一口水喝下，这个动作对于很多人来说简直是无法接受的，然而对于野田圣子来说，这恰恰是对自己清洁工作的最佳检验方法。

然而我们也应当注意，并不是一个酒店只要把安全和卫生工作做好便可以赢得客人的忠诚，安全与卫生只不过是酒店顾客满意的最基本条件，是酒店进一步赢得顾客忠诚的基础。

8.1.3 酒店服务质量的特点

1. 酒店服务质量的综合性

酒店服务质量的综合性源于酒店客人需求与酒店所提供的产品的多样性，住店客人进入一个酒店，其基本的需求包括充足的睡眠、愉快的用餐等日常起居需求，一般来说，酒店客人还有商务办公、通信、娱乐休闲等多方面的需求，同时，酒店客人还有舒适、温馨、被尊重、成就感等多方面的需求。这些多样和复杂的酒店顾客需求造就了酒店服务质量的综合性，即酒店服务质量是一个综合的概念，不是单纯指实物产品的质量，也不仅指与顾客接触过程中所运用的服务技巧，也不单指服务态度，而是包括这些所有方面的一个综合的概念。

2. 酒店服务质量评价的主观性

由于酒店服务的目的在于服务顾客，因而能否达到顾客满意，即其质量评价标准，也就不可避免地带有主观性。尽管酒店提供了自认为最佳的服务，但如果不能符合当前客人的生活习惯或者现实需求，那么这次的服务质量也无法称为优质的服务质量。酒店服务质量的这种主观性给酒店的经营和管理带来了很大的挑战，酒店需要努力以顾客感知作为最重要的指标来评价服务质量，而顾客的感知又难以用标准化的方法进行实现。因此，酒店一般会将以往住店客人的资料进行登记，以便分析其个性化的需求，最终提供优质的服务。

3. 酒店服务质量显现的短暂性

一般而言，酒店服务是一种无形的服务，是体现在对客人服务过程中的态度、技巧、语言等一系列动作所带给顾客的感知。这种无形的服务存在且只存在于一线服务人员与客人进行接触的那一瞬间，因此，可以说酒店服务的生产和消费也是同时进行的，具有非常大的短暂性，酒店服务人员的某个表情、某个动作、某句语言一旦发出，就已经进入客人的感知，客人根据其接收到的服务人员发出的信息对酒店服务质量进行判断。因此，酒店服务质量显现的短暂性给酒店服务质量的控制带来了一定的困难，这要求酒店更加地注重顾客接触，注重过程管理，同时酒店服务人员要时刻注意自己的一言一行，努力锻炼自己的服务技能，做到对客人服务过程当中极少差错或者零差错。

4. 酒店服务质量内容关联性

客人自进入酒店前台登记，至入住客房、用餐、休闲娱乐、购买商品等，直至离店这一过程经过多个环节，而这些环节之间具有着非常大的关联性，这需要前台与客房部、客房部与餐饮部、客房部与康乐中心等部门都要进行倾力协调，相互配合方能共同实现客人综合性的需求。其中任何一个环节出现错误都将对顾客感知造成无法弥补的伤害。人们难以想象一位客人进入酒店，在登记入住之后，却发现客房没有清理完毕；也无法想象客人在退房的时候，前台与客房很久没有沟通清楚。而一个优质的酒店服务应该是在客人从一个部门走出之后，其他部门马上就接到一定信息，进而根据上一个部门掌握的情况进行更加个性化的服务。

5. 酒店服务质量对员工素质的依赖性

酒店是一种劳动密集型的企业，所提供的最主要产品就是服务，而服务的生产者则是广大的酒店员工，因此，酒店服务质量的优劣在很大程度上取决于员工素质的高低。随着世界经济的发展和日渐一体化，世界逐渐变“小”，在这个资讯高度发达的地球村中，商务和旅游活动与日俱增，时代的发展呼唤新时代的酒店服务，而新时代的酒店服务首先需要高素质的员工，这要求员工在基本的服务技能之外，还应该具备基本的外语交流能力、商务办公能力、语言表达能力等能够给予客人一定的附加价值的服务。

小阅读

伦敦的顶级酒店如何培训和留住高素质员工的

在伦敦，不同的酒店有不同的人力资源政策。以下总结了对其中一些酒店的专访，看看他们是如何培训、激励及留住他们最好的员工的。

1. 洛克福特集团

洛克福特(Rockfort)先生的布朗酒店能够很好地留住员工，但是他告诉笔者说他对这个问题并没有“神奇的答案”。

该酒店重视向员工提供良好的培训、跟员工进行直接沟通交流、让员工的工作生动有趣、提供丰厚的报酬、培养员工的归属感及创造令员工舒服的工作环境。

2. 洲际酒店集团

这家酒店采用了一些有创意的方法，如运用“学习地图”来鼓励员工以顾客的角度来审视酒店的服务。由于员工必须把握每个品牌的基调和风格，因此培训工作(如招聘)是受品牌驱动的。他们的全球规模可以为员工们提供国际化的就业机会。

他们有一个“员工入住优惠项目”，这个项目可以允许员工在入住世界各地任何一家他们的酒店时享受非常优惠的价格。

洲际酒店集团灌输的是一套通用的行为规范模式——“制胜之道”，它主要是建立在个体的自然人格之上的。

3. 希尔顿酒店

希尔顿酒店出名的服务一致性主要是来源于其全球性的培训措施——网上“希尔顿大学”是主要的例子。这种方法可以提供一整套共享的价值观，这种价值观可以让员工因有机会为希尔顿酒店服务而感到自豪。

该酒店的大部分精力主要放在培养总经理上，目的就是使他们能够成为员工们的典范。

4. 格罗夫酒店

这家酒店鼓励通过技术方面的精益求精以培养员工在工作中的自豪感。他们认为好的服务源自善待员工及灌输统一的价值观。

笔者拜访过这家酒店几次，首先看到的是其良好的工作环境(办公场所四周都是迷人的绿色空间)，这家公司为解决员工在住房、福利和儿童保育方面的担忧，愿意多花精力重金投资。

(资料来源：傅生生. 酒店管理[M]. 上海：上海交通大学出版社，2011.)

当前，我国部分酒店没有意识到员工素质的重要性，将酒店服务视为一种技术含量低下的简单重复劳动，这是一种大大的观念错误，因而为降低成本，一味地招聘低素质员工，这些情况最终必然会造成整体服务质量的下降与品牌优势的丧失。因此，这种理念在我国当前酒店行业内还需亟待改变。

8.2 酒店服务质量管理体系

酒店服务质量管理体系的构建对于酒店服务质量管理的有效实施至关重要。酒店服务质量管理体系所要解决的问题包括酒店服务质量管理要基于哪些原则、酒店服务质量管理需要哪些组织上的保障以及酒店服务质量管理需要哪些分析方法和管理方法。这些都是酒店服务质量管理需要重点解决的问题。

8.2.1 酒店服务质量管理的八大原则

8 项质量管理原则是 ISO 9000 质量管理体系(2000 年版)的质量管理标准中，始终贯穿着一些最基本、最通用的一般规律和原则，这对于酒店管理同样起着重要的作用，这个项质量管理原则包括：

1. 以顾客为关注焦点

以顾客为关注焦点放在质量管理原则的首位，这最根本、最浅显的原因在于“组织依存于顾客”，它是 21 世纪的质量观，是 ISO 9000 的出发点和归宿。对于一个组织来说，顾客是组织存在的基础，无论是制造业、服务业，还是事业单位，都必须要有顾客购买或者接受其产品或服务，否则失去了存在的意义，或者在社会竞争中被淘汰，作为企业的酒店也是一样。因此，酒店服务必须把顾客作为日常生产、活动、工作中时刻关注的焦点，努力分析、理解、识别和确定顾客当前和未来的需求，在提供产品与服务时，要满足客人一切合理的需要，尽力帮助客人，始终把客人置于关注的中心，每一位员工都要以解决客人的问题、满足客人的需要为己任。

然而，以顾客为关注焦点，也并不意味着一味地逢迎顾客的所有需要，对于顾客的那些不合理要求，如色情服务等，则要坚决拒绝，否则，这对于酒店的档次，对于酒店的名誉都将蒙上一层暗淡的灰尘。

2. 领导作用

领导并不仅仅是简单的管理者，他除了指定的日常管理工作，还承担着更多的角色，对酒店的生存与发展起着十分重要的作用。领导不仅仅是一个组织的最高领导者，还要合理地分配一个酒店有限的资源和职能，同时，一个领导者还承担着激励酒店内部员工，形成积极的组织文化，使得组织内部成员保持士气，团结一致，更好地维持酒店的进一步发展的责任。因此，对于酒店而言，领导的作用十分重要。

3. 全员参与

产品质量是酒店企业服务活动的各个环节、各个部门全部工作的综合反映。酒店服务中任何一个环节、任何一个人的工作质量都会不同程度地、直接或间接地影响酒店产品或服务的质量。因此，必须把企业所有人员的积极性和创造性充分调动起来，不断提高人员的素质，上至董事长、总经理，下至一线服务人员、后勤服务人员，人人关心质量问题，人人做好本职工作，才能创造出用户满意的氛围，实现较高的酒店服务质量。这就是酒店企业全员参与质量管理的含义。

4. 过程方法

过程是事物的共性，过程方法就是在了解和尊重事物过程本质的基础上，对事物进行识别、控制、评价、改进，进而使过程最适于达到最佳要求。过程方法是事物得以改进和增殖的普遍方法和最有效的方法之一，谈及过程方法，就会不可避免地谈到 PDCA 方法。PDCA 方法也可以简单地理解为“过程方法”的具体化，即将过程展开为策划(P)、实施(D)、检查(C)、改进(A)的循环过程。在后文中将会对 PDCA 循环做更为细致的说明。

5. 管理的系统方法

系统又称为体系，是由相互关联、相互作用的一组要素(过程)的有序组合。一个系统可以包含有子系统，而一个大系统也可以视为另一个更大的系统中的过程之一，其实一个过程也可以视为一个更小的子系统。将相互关联、相互作用的各服务要素(服务过程)视为一个系统有助于酒店更清晰地认识酒店服务质量管理中的问题，也有助于更全面地解决酒店服务中存在的问题。

6. 持续改进

持续改进可以使酒店的服务质量管理体系获得自我完善的能力，不断增强酒店满足顾客要求的能力，提高酒店服务质量管理水平，增强顾客满意度。酒店服务质量管理的持续改进包括纠正措施和预防措施的制定和实施，其基础是事实以及基于事实的分析结果。因此，监视、测量是酒店服务质量管理持续改进方法的重要手段，而正确和适时的问题分析则是持续改进的关键所在。

7. 基于事实的决策方法

任何酒店行为想要获得成功，都将取决于活动实施之前的精心策划和正确的决策。而决策是否理想则取决于输入的信息和数据的准确性和可靠性。当输入的信息和数据足够且可靠，即能准确地反映事实，这样的数据和原始信息能为决策奠定重要的基础，反之，不可靠的原始数据则会误导酒店企业的决策。

基于事实的决策方法的好处在于这样的决策是理智的，它增强了依据事实证实过去决策有效性的能力，也增强了评估、挑战和改变判断和决策的能力。应用“基于事实的决策方法”，企业应保证做到以下 4 点：①确保数据和信息足够精确和可靠；②让数据/信息需要者能得到数据/信息；③使用正确的方法分析数据；④基于事实分析，权衡经验与直觉，做出决策并采取措施。

小阅读

决策要基于事实

故事发生在一个动物园里。有一天，动物园管理员发现袋鼠从围栏里跑出来了，于是开会讨论，一致认为是围栏的高度过低。所以他们决定将围栏的高度由原来的2米加高到5米。结果第二天他们发现袋鼠还是跑到外面来，所以他们又决定再将高度加高到10米。没想到隔天居然又看到袋鼠全部跑到外面，于是管理员大为紧张，决定一不做二不休，将围栏的高度加高到20米。

一天长颈鹿和几只袋鼠们在闲聊，“你们看，这些人会不会再继续加高你们的围栏？”长颈鹿问。

“很难说。”袋鼠说“如果他们再继续忘记关门的话！”

这显然是一个笑话，但其中寓意的道理，可能大家都能理解，决策必须建立在事实的基础上，袋鼠跑出围栏的原因是管理员忘了关门，而他们却一味地加高围栏，不但是南辕北辙，而且成为笑柄。

(资料来源：http://blog.sina.com.cn/s/blog_4a97c0b6010005n4.html.)

8. 与供方的互利关系

GB/T 19004将“供方和合作关系”作为组织的一种“资源”，要求组织进行“资源管理”，并且还把供方的互利关系作为质量管理八大原则之一。在本体系中，供方不再是供货商，而酒店自身也不再是简单的买方。本质量管理体系要求酒店将供货方看作本企业的“受益者”之一，要求酒店与供方形成“互利”的关系，这值得每个酒店质量管理人员深思。

8.2.2 酒店服务质量管理的组织保障

酒店服务质量的管理不是空泛的一句话，仅凭先进的理念并不能解决酒店的质量管理问题，然而酒店服务质量管理要想落到实处，就需要组织的保障，组织的保障包括制度的设立以及岗位或部门的设立，一个管理活动只有在制度的制约下，有专门的人、专门的部门努力实现才能完成。

1. 建立服务质量管理机构

有些酒店建立了专门的质量管理机构——如服务质量管理部，当然更多的酒店并没有单独地开设相应的质量管理部门，尽管如此，许多酒店也在培训部或者总经理办公室设置了相应的职能。有些酒店将质量管理职能设置在培训部，旨在将质量检查与员工培训紧密结合，这样能更好地将发现的质量管理缺陷尽快培训并改进，从技术和业务的方面在最短的时间内提升酒店的服务质量；而将质量管理职能设置在总经理办公室则是为了赋予质量管理更大的行政权威，以更好的执行质量检查、管理和监督。

相对于前述常设质量管理小组而言，另一些酒店则设立一些非常设的质量管理委员会来临时执行质量检查和管理工作。这减少了不必要的部门和职位的设立，降低了成本，同时兼顾了检查的权威性和专业化，实现了各个部门的参与；但是由于委员会小组成员来自不同的部门，各成员对本部门之外的问题往往不够熟悉，同时，还存在着对本部门情况的护短情况。

4 种不同的质量管理组织结构如图 8.1 所示。

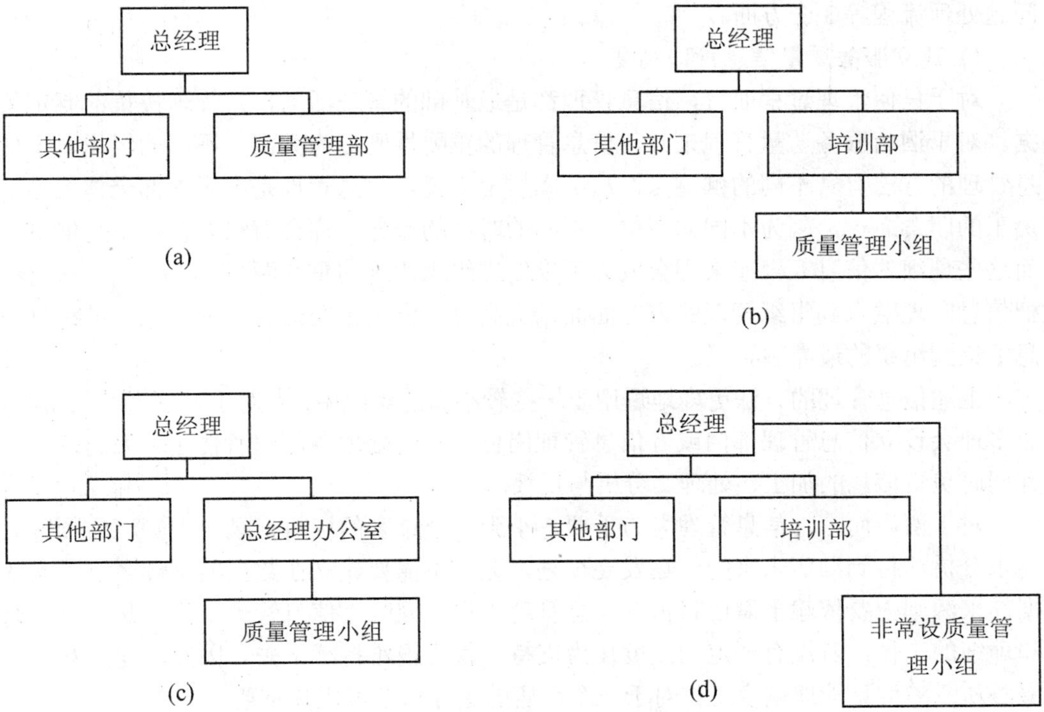

图 8.1　4 种质量管理组织结构

2. 权责统一

在设立酒店服务质量管理机构的同时，还应注意服务质量检查监督部门所拥有的权力与所承担的责任之间的匹配，有权力无责任不行，有责任无权力更无法进行管理。事实上，责权统一在任何一个管理过程中都是非常重要的原则，对于服务质量管理亦是如此。现实中，最常见的情况往往是质量检查监督部门承担着极其重要的责任，但是其检查监督权力往往无法得到保障；而有些质量检查监督机构由于权力过大，对业务部门控制过多，进而影响到正常业务的顺利进行；因此，如果质量管理部门权力与责任无法实现匹配，许多质量检查监督也就成了走过场，变成了形式化的或者制造不公平和潜规则的东西。

3. 制定并实施酒店服务规程和服务质量管理制度

制度化是组织从不规律、偶然性的活动向着有规则、常规性、规范化、有序性进行改变的过程。从偶发性、非规范性的质量管理活动向制度化的质量管理活动的转变，标志着企业质量管理活动的逐渐成熟。这包括一个优秀的服务规程和服务质量管理制度。

服务规程是将服务传递过程规定为一个标准化的流程，对于所有的对客人服务都要采用这种标准化的服务规程，它规定着客户从登记入住一直到离店这整个过程中所有经过的服务流程以及每个流程的标准化动作及时限，这种服务规程对于顾客住店体验将产生深刻的影响。

而一个优秀的服务质量管理制度，应该首先注重信息管理制度、服务传递规程、问题处理流程等 3 个方面。

1) 建立服务质量信息管理制度

对于任何管理过程而言，信息管理都是最基础的管理活动，是管理决策的制定依据。对于酒店服务质量管理来说，信息管理的重要性则更为突出。不同的组织对于信息管理的方法有着不同的侧重点，从其本质上来说，信息管理是组织内部全体领导及员工的职责之一，因为不同的岗位、不同的时期的服务，都会潜藏着各种不同信息，而这些琐细的信息汇聚起来则会成为可以促进组织改进的重要源泉。因此，一些组织把信息管理融入到组织管理的方方面面，提高每一位员工的信息管理意识，最终将信息汇集到组织的最高领导层。

上述信息管理的方法更多地适用于一些较小型的组织中，而对于一些大型的组织，更多地会设立信息管理部门或者信息管理岗位，专门处理各部门所传递上来的信息，并同时负责信息的加工、处理、分析与反馈。

对于酒店而言，信息管理尤为重要，小到单个顾客的资料记录，大到酒店顾客的需求分析，再到酒店未来的长远发展规划，无一不需要建立在数据的基础之上，而数据的来源则主要依赖于酒店日常的信息管理工作。同时，信息管理工作又是一个繁杂和琐细的工作，若没有一定的制度作为支持，就将很难持续下去。因此，建立和健全服务质量的信息管理制度工作对于一个酒店的生存与发展极其重要。

小阅读

酒店信息管理的重要性

食品销售人员王某因工作需要到 A 地出差，由于这是第二次，且时间紧迫，在选择食宿地点时便没有太多时间去挑选，因此，又一次住进了 A 地某酒店。而当王某在前台登记之后，前台小姐便亲切地问道："王先生，您比较喜欢 15 楼背阴的房间对吧？"王某惊喜地问："你怎么知道？"

进入房间之后，他又发现，桌上摆了一束鲜花，上面的卡片上写着"祝您生日快乐！"王某不禁更加惊喜起来，"他们居然记得我的生日？"身处异乡的王某顿时感受到一丝温暖。

进入酒吧的时候，刚一落座，居然发现一个服务员送上一杯橙汁，王某不禁问道："你们还记得我爱喝什么？"这时，他说话的语气已经激动了。而在王某的心里，早就已经下定决心，但凡到 A 市出差，一定会下榻这家酒店，因为这么多年来，唯有这家酒店让他有种如沐春风的感觉，虽然身处异地，却像在家里一样的温暖。

(资料来源：此案例系作者虚构)

2) 服务传递规程

在当代酒店中，同一个客人所需要的服务并不可能由一个人，甚至一个部门就可以全部提供，而是需要整个酒店各部门的密切配合才能完成。这不仅包括顾客可以直接接触到的前厅部、餐饮服务人员以及客房服务人员，还包括为这些前台部门提供支持的后台部门，如采购部、后厨以及各职能部门。酒店行业有句名言，叫做“下道工序是客人”。这里所指的“客人”，不能仅仅狭义地理解为酒店外部来消费的客人，酒店一线服务人员为客人服务，而酒店的二线部门和人员则为一线的服务部门和人员服务。在这里，一线员工则成为了二线服务部门的“客人”，而一线员工在多大程度上获得了二线部门的支持则直接关系到对客服务的品质高低。

为客人服务的各部门之间，前台与后台之间如何才能更有效地提供无差错和最佳的服务，这就要涉及酒店的服务传递管理。好的服务传递可以使客人感觉整个酒店服务浑然一体，非常舒适；而差的服务传递则会使客人时时处处等待，体验非常糟糕。事实上，不仅是酒店企业，对于许多企业都是一样，如电信服务、邮政服务、速递服务等都会涉及到服务的传递问题。因此，酒店服务传递规程的制定非常有必要。

一般而言，酒店服务传递规程应当规定对客人服务的每个环节的流程以及在每个服务环节所占用的最长时限，以指导前台服务人员以及后台支持人员的具体服务操作。

3) 问题处理流程

在酒店业迅猛发展的今天，酒店的竞争更多的是服务的竞争，而顾客的问题处理则成为酒店问题处理的重要方面。酒店服务过程中，出现问题是不可避免的，这是因为顾客的需求千差万别，同样的服务在不同的顾客那里也会产生不同的体验和感受。因此，同样优质的服务在一部分顾客那里能够得到赞许，而在另一部分顾客那里则可能产生不舒服的感受。

然而，对于酒店而言，更重要的是在产生顾客投诉、顾客不满意等问题之后应该如何着手解决；进一步将这些问题处理的方法进行系统化，形成一整套固定的流程，以便于今后酒店类似问题的处理。

(1) 酒店应当注重对常见酒店问题的收集与整理，建立相关的数据库，这就依赖于酒店优秀的信息管理制度。

(2) 酒店应当及时总结优秀的问题处理案例，并通过会议、晨会等多种形式进行这种问题处理案例的分享。同时，将类似问题的处理方法记录在案，纳入酒店的数据库管理。

(3) 酒店总结分析优秀的问题处理案例，对不同的酒店问题进行归类，并针对每一个常见类别的酒店问题制定相应的应对流程；同时，对于那些并不常见的酒店问题也制定相应的应急处理办法。只有这样，在酒店顾客产生投诉、不满意等问题时，酒店就可以迅速地着相关人员进行处理，最大化地化解顾客的不满情绪，赢得顾客对酒店的忠诚。

8.2.3　酒店服务质量管理的检查体系

由于酒店服务具有无形性，因此，服务质量的测量也就变得困难起来，这注定了对于酒店服务质量的测量不可能应用对实物产品一样的方法。然而，由于酒店服务的最终目标是满足顾客各方面的需要，而酒店服务质量则是酒店服务能在多大程度上满足了客人的需要，因此，酒店服务质量可以通过客人的感知水平来体现。目前，对于酒店服务质量的测量多采用 “SERVQUAL”模型进行。

在“SERVQUAL”模型中，酒店服务质量＝酒店客人感知服务质量－酒店客人预期服务质量，也就是说，住店客人在住店过程中所感知到的服务质量越大程度地高于预期服务质量，酒店服务质量越高；而当一个客人对于一个星级酒店的预期服务质量很多，其实际感知服务质量很低的时候，酒店服务质量则会非常低下。

例如，当你入住一个装修豪华的星级酒店时，你会不自觉地预期这个酒店的服务质量很高，然而，当你在前台登记的时候却花费了40分钟用来等待，这时候，你的感知服务质量则会大大地低于你的预期服务质量，从而造成不满、报怨甚至投诉。

现实中，酒店客人判断一个酒店服务质量的预期多半是依据这个酒店的等级和类型。例如，客人不会预期一个私人旅馆提供特别干净和快捷的服务，而如果一个快捷商务酒店存在着效率低下的情况则会引起客人的极度不满；客人入住三星级酒店不会期望这个酒店提供各种各样的附加服务而当入住五星级酒店后如果稍有服务差错则会火冒三丈……因此，酒店服务质量的这个模型对于酒店经营有着非常大的指导意义，即酒店所提供的服务至少应与酒店的类型和档次相配，甚至高于同层次酒店所提供的服务标准，只有这样才能给予客人一种意想不到的惊喜，使得客人的住店体验更加深刻和难忘。

客人对于酒店服务的要求至少依次应该包含安全舒适感、吸引客人前来的能力和宾至如归的感觉。

如前所述，安全感和舒适感是酒店赢得客人的基本条件。客人经过一段时间的旅途，最终到达酒店住宿，这时候客人的吃住问题成为客人最主要的需求，他们最急需的往往不是别的，而是一碗温暖的热汤、一张舒适而又让人内心无比踏实的床、舒适的温度和湿度、合理的光线和清新的空气等。能否让入住的客人感受到安全感和舒适感是评价这个酒店服务质量的重要标准之一。

评价酒店服务的另一个标准则是酒店的吸引力。酒店的吸引力是否强取决于两个方面，一方面是酒店的交通便利、周边环境优雅和高档的装修对客人造成的吸引力，另一方面则是酒店先进的服务理念、开放的企业文化和以往优秀的服务所形成的忠诚客户以及口碑效应。所谓“爱美之心，人皆有之”，每个人都希望自己能够住在一个环境优雅、装修别致、视野开阔、采光良好的地方。但是，这些外在的吸引力并不能构成一个酒店的核心吸引力，酒店的软实力所构成的无形的吸引力才是一个酒店最宝贵的财富。这两方面的吸引力无疑都会形成客人对酒店服务质量的较高预期，根据前述酒店服务质量模型，一旦客人入住后的感知服务质量低于之前的预期服务质量，客人就会给酒店服务做出一个非常消极的评价。因此，在大力提升客人的预期服务质量的同时，还应该不断提升酒店的服务，使得客人的感知服务质量大于或等于客人的高预期。另外，由于时代的发展和客人需求的不断变迁，客人对于酒店服务的要求也在不断地发生着变化，因此，酒店还应该时刻关注酒店客人的需求变化，紧跟时代潮流，与时俱进，不断开发新的服务理念，不断地给客人带来新惊喜。

最后，也是评价一个酒店是否值得“优秀服务”称号的标准便是宾至如归的感觉。所谓宾至如归的感觉，指的是客人入住酒店之后就感觉像是到了家里一样，见到的每个人都微笑着向自己打着招呼，不管走到哪里，遇到什么人，大家都认识自己，就仿佛好久不见的老朋友，亲切、温暖、富人情味。同时，在家里有的设施设备，在酒店里也一样有，洗漱用品、生活用品、商务工作用具等一应俱全，没有一丝的陌生感和不方便的感觉，从而产生宾至如归的感觉。

8.2.4 酒店服务质量管理的分析方法

酒店服务质量管理很重要的一个部分是收集足够的一手或二手资料，并通过这些原始的资料提炼出酒店服务质量管理当中存在的问题并加以解决，然而资料并不会主动地帮人把问题给提炼出来，问题本身也不会主动跳跃出来，因此，我们就需要一定的分析方法，通过这些标准化了的方法提炼出酒店服务质量管理当中存在的问题，这是酒店服务质量管理改进的基础，有着非常重要的意义。

1. ABC 分析法

ABC 分析法是 1879 年由意大利数理经济学家、社会学家维尔弗雷多·帕累托(Vilfredo Pareto)提出的，因此也被称为帕累托分析法，同时，ABC 分析法又被称为 ABC 分类管理法、重点管理法等。顾名思义，ABC 分析法是一种根据事物的属性特征对事物进行分类的方法，这种分类旨在厘清事物的重要程度，以有区别地进行管理控制，由于被分析的事物常常被分为 A、B、C 3 种重要程度不一的类别，重点管理少数而又重要的 A 类问题，对于多数而不甚重要的 B、C 两类问题暂时不作为重点对象，因此被称为 ABC 分析法。

后来，ABC 分析法被引入到质量管理分析中来，对于酒店服务质量管理同样适用。对于酒店服务质量管理而言，应以质量问题的个数和质量问题发生的频率为两个相关的标志进行定量分析，先计算出每个质量问题在质量问题总体中所占的比例，然后按照一定的标准把质量问题分成 A、B、C 3 类，进一步分析出 A 类问题中的对酒店质量影响较大的 1～2 个关键性的质量问题，并将这些因素纳入酒店当前的质量控制与管理中去，从而实现有效的质量管理。

在实际运用 ABC 分析法进行酒店服务质量管理的过程中，基本上应采取以下 4 个步骤。

(1) 收集服务质量问题信息。收集服务质量问题的信息有很多种，常用的有收集顾客投诉信息、访谈顾客、发放调查问卷等多种形式。从这里也可以看出顾客投诉并非只有其消极的方面，投诉信息的收集与分析将有助于酒店发现服务质量问题，从而做出改进。

(2) 分类,统计,制作服务质量问题统计表。在这一步骤中，我们运用上一步骤所收集来的信息进行统计数量与频率，常用的软件有 Excel 和 SPSS 等统计学软件。

(3) 根据统计表绘制排列图。根据统计表中所列出的数据，绘制如图 8.2 所示的帕累托曲线图。帕累托曲线图左纵坐标为频数，即某质量问题出现的次数，用绝对数表示；右纵坐标为各因素累计频率，常用百分数来表示。横坐标表示影响质量的各种因素，按频数的高低从左到右依次画出长柱排列图，然后将各因素频率逐项相加并用曲线表示。一般而言，累计频率在70%以内的为A类因素，是亟待解决的质量问题。

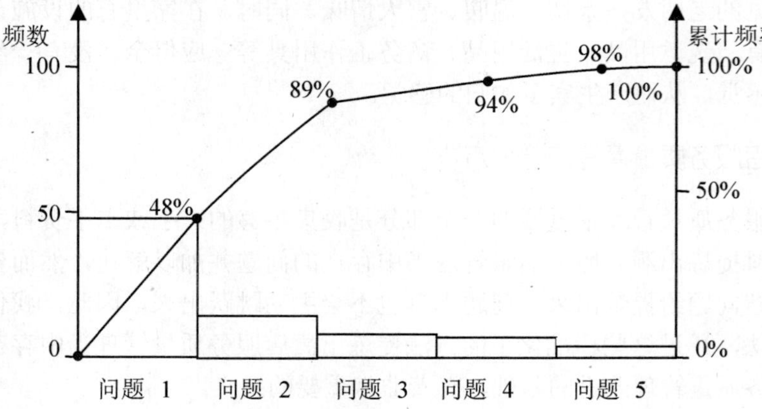

图 8.2　帕累托曲线示意图

(4) 分析找出主要质量问题。

在应用ABC分析法进行酒店服务质量分析时还应注意以下两个问题。

(1) 在划分 A 类问题时，应注意突出重点问题的重要性，数量上要少。A 类质量问题的项目不宜太多，一项或两项即可，最多只能是3项。

(2) 在服务质量问题类别的划分上，也不宜过多，对不重要的问题可另设一个栏，把不重要的质量问题都归入这一栏内。

小阅读

某酒店对顾客投诉的ABC分析法

某酒店通过对近期顾客投诉数据进行统计分析，发现其中有56次顾客投诉涉及客房的卫生问题，45次涉及餐饮质量问题，22次涉及前台登记等待时间过长，13次投诉酒店价格不合理，3次涉及酒店服务人员外语水平差，2次涉及酒店装饰不合理，3次涉及酒店服务态度差，4次涉及酒店安全保障差。

思考：

1．运用ABC分析法对以上案例进行分析，找出A类因素有哪些，B类、C类问题又各有哪些。

2．如果可能，绘制帕累托曲线图。

2．因果分析法

因果分析法最早是1953年在日本川崎制铁公司由质量管理专家石川馨使用的，是为了寻找产生某种质量问题的原因，广泛发动讨论，经过分析，将群体的意见反映在一张图上，就是因果分析图。

因果分析图又称鱼刺图、鱼骨图、树枝图等，它在分析质量问题上得到了广泛的应用，是分析质量问题产生原因的一种有效工具。这对于酒店服务质量问题的原因分析同样有效。

在酒店服务质量问题分析上，因果分析图可以建立在ABC分析法的基础上进行，即通过ABC分析法确定出要分析的重点质量问题，由于因果分析法一次只能针对一个特定的问题进行分析，因而对于那些B类或C类等非重点问题暂时不做分析；在确定完要分析的服务质量问题之后，就需要广泛发动酒店全体管理人员和员工共同进行讨论分析，寻找问题产生的原因，同时对于问题的原因进一步探究深层次的原因，即原因的原因，直到找到问题的根源所在；在找出问题的原因之后，将这些因素进行整理，按结果与原因之间的逻辑关系绘制成因果图(鱼骨图)，具体如8.3图所示。

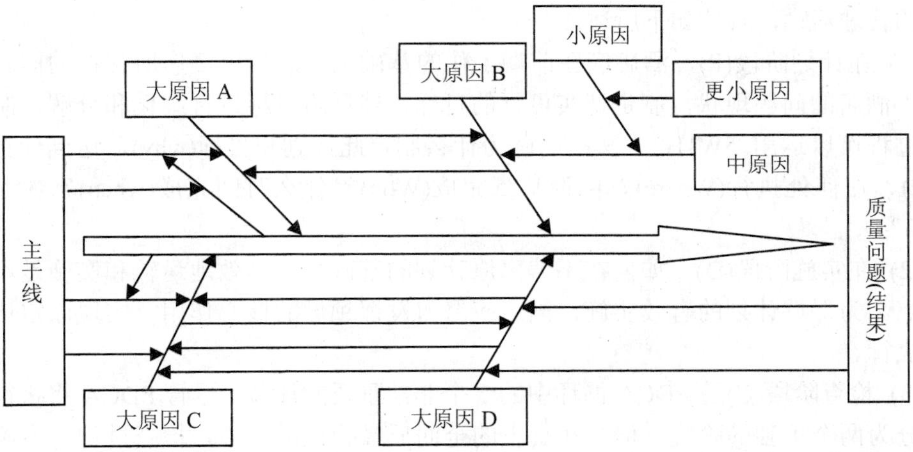

图8.3 鱼骨图

8.2.5 酒店服务质量管理的方法

上面介绍了提炼酒店质量管理中存在的问题的分析方法，下面，就需要对这些存在的问题加以解决，如何进行解决？当然，不可能仅仅凭着领导人的灵机一动去解决这些纷繁复杂的问题，这时候，就需要PDCA法或者ZD法等方法有步骤、分阶段的解决这些问题。

1. PDCA分析法

PDCA是全面质量管理所应遵循的科学程序，PDCA法是由美国质量管理专家W. E. 戴明(W. E. Deming)博士提出的，因此，PDCA循环也被人称为戴明环，PDCA循环适用于各类企业的全面质量管理，同样地也适用于酒店企业的质量管理。酒店全面质量管理活动的全过程，包括了质量计划的制订和组织实现的过程，这个过程就是按照PDCA循环。PDCA循环包含着计划(plan)、实施(do)、检查(check)和处理(action)4个阶段，这4个阶段如图8.4所示，不停周而复始的运转，最终实现酒店全面质量管理活动。

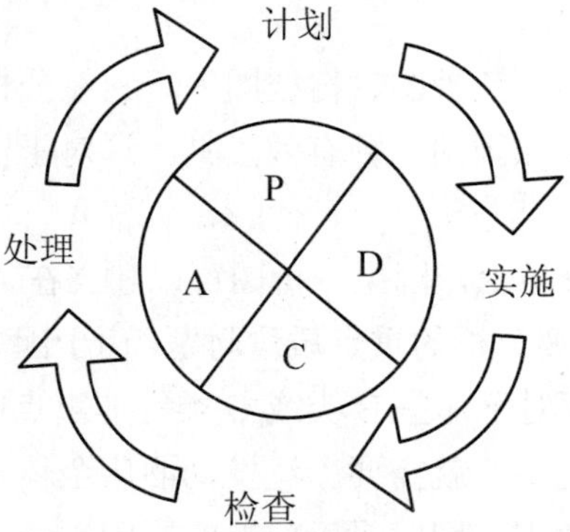

图 8.4　PDCA 循环(戴明环)

PDCA 循环的 4 个阶段并不是简单的计划、实施、检查和处理过程，而是需要一系列的管理活动，具体如下所述。

(1) 在计划阶段(P)，酒店应在前期工作的基础上，总结出酒店所存在的问题，然后基于酒店的问题现状，制定切实可行的目标，然后将目标进行细化和分解，制订计划的过程可以运用 5W1H 方法：明确为什么制定此计划和目标(why)，达到什么目标(What)？在何处执行(Where)？由谁负责完成(Who)？什么时间完成(when)？如何完成(How)？

(2) 在实施阶段(D)，如何在不偏离原计划的基础上，高效地运转和实施是本阶段的重点。为保持计划的有效实施，酒店应努力发挥领导的核心作用，实现原定计划的有力执行。

(3) 检查阶段(C)是 PDCA 循环中的一个非常重要的环节，尽管 PDCA 将执行与检查划分为两个单独的阶段，但是在真正的全面质量管理过程中，检查过程与实施过程应当是密切配合、不可分割的，检查过程不仅是对阶段性执行效果的检查，同时也是对质量管理过程中酒店员工在执行过程中所存在的问题的检查。检查的结果应当作为下一次 PDCA 循环的起点，作为下一次目标制定的基础。

(4) 在处理阶段(A)，酒店全面质量管理应将这一次 PDCA 循环中检查的结果进行处理，重点在于将这一次循环中成功的经验加以肯定，并进行推广和标准化，成为今后酒店质量管理中推进管理的积极因素；同时，对于不成功的经验也要加以总结，制定一系列的标准，从制度上避免下一次类似情况的发生。然而，酒店质量管理的所有问题并不可能在一次戴明循环中就能得以解决，因而，这次循环未解决的问题，就可以放到下一个 PDCA 循环中，成为下一次循环的起点，即下一次循环中制订计划的基础。

PDCA 循环并不是单独的一次循环过程，而是一个酒店企业质量管理的一整套体系，同时，也是一个螺旋式提升的、不断发展着的一个过程，具体来说，PDCA 循环有以下两个特点。

(1) 大环中有小环，小环是大环得以实现的基础，小环是大环的分解。

PDCA 作为质量管理的基本方法，不仅适用于整个酒店的总体管理，对于各个职能部门和业务部门来说也同样适用。整个酒店在制订目标和计划之后，酒店各部门也应根据酒店的总体目标制订出自己的分解计划和目标，各个部门中的分部门再制订各自的细分计划，因此，整个酒店的质量管理就形成了一层一层的嵌套的 PDCA 环，大环中套着小环，小环中套着更小的环，层层递进，各级之间的 PDCA 循环实现有机联系、彼此协同、互相促进，最终共同促进酒店总体目标的实现。

(2) 循环往复，螺旋式提升，没有终点。

PDCA 循环不是一个单次的过程，而是一个不断循环的过程，一次循环的结束，却恰是下一次循环的开始。每一次的 PDCA 循环都会解决一部分的酒店质量管理难题，也会检查和总结出新的难题，因此，每一次的 PDCA 循环也会提出新的问题，从而催生下一次的 PDCA 循环的开始。因而，PDCA 的一个重要特征就是不断地运行，不断地提高，PDCA 每循环一次，酒店质量管理的品质水平和治理水平就会得到一次新的提升。如果用静止的和割裂的眼光来看待 PDCA 循环，则是对 PDCA 循环的误读，在实施的过程中也难以达到应有的效果。

2. ZD 法

ZD(Zero • Defects)法也称为 ZD 管理法、零缺点管理，是由美国的菲利浦 • B.克劳斯(Philip • B.Crosby)比于 20 世纪 60 年代提出的一种管理观念。后来的马丁 • 马里塔公司为保证制造导弹的军事质量可靠，提出了“无缺点计划”，到 70 年代日本又将无缺点管理理念应用到电子、机械、银行等行业中。

当代，无缺点管理更多的应用于酒店管理，零缺点管理推崇 100－1＝0 的理念，酒店管理在应用无缺点管理的同时应该注意，零缺点的内涵是指“零缺点”，而非“优秀”或者“良好”；执行的标准不是“差不多”，而是严格的监督与检查；服务人员奉行的服务哲学应当是“完美主义”而非“人非圣贤，孰能无过”。无缺点管理在酒店中主要用于控制酒店产品及服务质量，并在应用中极大地促进了酒店服务质量的快速提升。无缺点管理在酒店服务质量管理中主要有以下应用。

(1) 建立服务质量检查制度。许多大型星级酒店建立了自查、互查、专查、抽查和暗查等 5 级检查制度，全方面的检查与督促员工执行标准质量，以最大化的预防出现质量问题。

(2) DIRFT 理念的应用。DIRFT 意即“每个人第一次就把事情做对(do it right the first time)”。这是因为，酒店服务具有即时性、消费与生产的同时性等特点，一旦在服务中出现错误，具有不可弥补的缺点。酒店服务与实物产品不一样，不能像实物产品那样一旦出现缺陷还可以通过维修或者换货来解决危机，酒店服务不允许出错，只能一次性做好。因此，每位员工都应把每项服务做到符合质量标准，这是改善酒店服务质量的基础。

(3) 开展零缺点工作日竞赛。总体来说，酒店服务质量问题的形成，一般有两类因素，一是缺乏应有的知识，二是没有认真的服务态度。知识的匮乏可通过培训等得到充实，容易得到改观，然而，漫不经心的态度却并不是可以通过补充知识就可以轻易解决掉的，它只有通过个人觉悟才有可能改进。而开展零缺点工作日竞赛则可以有效地提高员工的零缺点意识，形成好的工作和服务习惯。因此，酒店可开展零缺点工作日竞赛，使员工养成 DIRFT 的工作习惯。

本章小结

酒店服务质量对于酒店的生存至关重要，酒店服务质量管理贯穿于酒店管理中的方方面面。酒店质量管理包括设施设备、实物产品、环境氛围等有形质量的管理，也包括服务产品、安全卫生等无形质量的管理。酒店服务质量有着综合性、主观性、短暂性、内容关联性、对员工素质的依赖性等多种特点。酒店服务质量管理的基础在于其组织保障，这包括建立服务质量管理机构、服务管理职能岗及相关服务质量管理制度的建立。

为了有效地进行酒店服务质量管理，在前人研究和实践的基础上，当代酒店主要采用 ABC 分析法及因果分析法进行酒店服务质量的分析，并采用 PDCA 分析法及 ZD 法进行酒店服务质量的管理实践。

练习与思考

一、专业术语

1．酒店服务　　2．服务质量

3．ABC 分析法　　4．PDCA 分析法

二、单项选择题

1．酒店服务质量不包括以下哪些内容？(　　)

A．设施设备质量　　B．安全卫生质量

C．实物产品质量　　D．服务人员服装质量

2．酒店服务质量的特点不包括(　　)。

A．综合性　　B．安全性　　C．主观性　　D．内容关联性

3．PDCA 循环是由(　　)发明的？

A．石川馨　　B．戴明　　C．爱迪生　　D．克劳斯比

4．鱼骨图主要是(　　)。

A．用于分析酒店服务质量问题的重点所在

B．用于分析酒店服务质量的原因所在

C．用于不断改进酒店问题

D．用于酒店服务质量观念的改进

5．以下不属于 PDCA 循环一部分的是(　　)。

A．实施　　B．计划　　C．检查　　D．分析

三、案例分析

某星级酒店H在20世纪90年代是A市一家著名酒店，H酒店因其前台服务人员优秀的服务态度以及迅速的顾客问题处理而著名。然而在21世纪之初，由于前台服务人员的职位变动，新上岗的前台员工对于服务方法以及顾客质量投诉、争议等问题处理存在着一定的问题，造成了一定数量的顾客流失。然而，当H酒店于2005年引进一套信息管理系统并建立相应的信息收集和整理制度之后，定期汇总并分享酒店优质服务以及顾客争议问题的优秀处理案例，2005～2010年间，顾客投诉问题逐年减少，顾客忠诚度也得到了明显的提高。

思考：

1．试分析H酒店顾客流失以及后来顾客忠诚得以提升的原因所在。

2．试讨论酒店信息管理制度的重要性。

四、实训题

1．通过去所在地酒店参观或者实习，结合所学知识对此酒店进行ABC分析。

2．根据所学知识，讨论酒店服务质量的组织保障的必要性，并对不同酒店服务质量管理的组织结构利弊展开讨论。

课 后 阅 读

推荐阅读书目

[1] 陈志学．饭店服务质量管理与案例解析[M]．北京：中国旅游出版社，2006．

[2] 付钢业．现代饭店服务质量管理[M]．广州：广东旅游出版社，2005．

[3] Woods R H，King J Z，et al．饭店业质量管理[M]．李昕译．北京：中国旅游出版社，2003．

推荐学习网络

[1] http://zlgls.aqsiq.gov.cn.

[2] http://www.zgcyr.com.

[3] http://www.5ucom.com/downnew/list_2164.shtml.

9 酒店管理信息系统和酒店信息化建设

学习目标

知识目标

1. 熟悉国内外酒店行业信息化的发展概况，重点掌握国内外酒店信息化管理的表现形式及特点
2. 熟悉酒店管理信息系统的主要类型及功能，掌握其发展的未来趋势
3. 熟悉酒店电子商务对酒店经营管理的作用，掌握电子商务的几种表现类型

能力目标

1. 能够使用酒店业内目前常用的管理软件
2. 能够运用电子商务技术手段开展酒店的营销、销售、品牌塑造等活动
3. 能够分析目前国内外酒店管理软件的优劣及未来发展趋势

知识结构

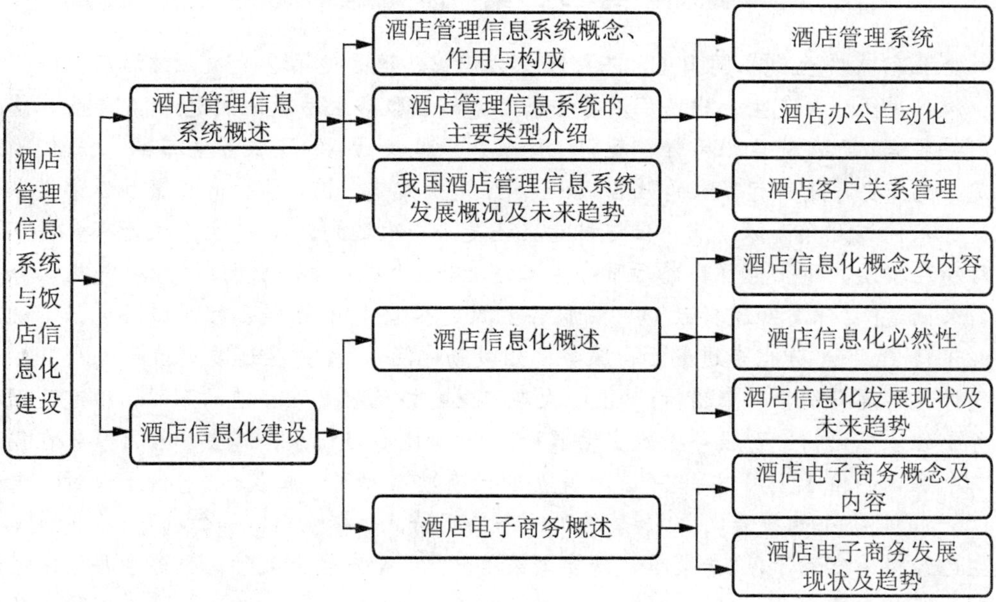
酒店管理信息系统与饭店信息化建设
酒店管理信息系统概述
酒店信息化建设
酒店管理信息系统概念、作用与构成
酒店管理信息系统的主要类型介绍
我国酒店管理信息系统发展概况及未来趋势
酒店信息化概述
酒店电子商务概述
酒店管理系统
酒店办公自动化
酒店客户关系管理
酒店信息化概念及内容
酒店信息化必然性
酒店信息化发展现状及未来趋势
酒店电子商务概念及内容
酒店电子商务发展现状及趋势

导 入 案 例

企业家A先生到泰国出差，下榻于东方酒店，这是他第2次入住该酒店。

次日早上，A先生走出房门准备去餐厅，楼层服务生恭敬地问道："A先生，您是要用早餐吗？"A先生很奇怪，反问"你怎么知道我姓A？"服务生回答："我们酒店规定，晚上要背熟所有客人的姓名。"这令A先生大吃一惊，尽管他频繁往返于世界各地，也入住过无数高级酒店，但这种情况还是第一次遇到。A先生愉快地乘电梯下至餐厅所在楼层，刚出电梯，餐厅服务生忙迎上前："A先生，里面请"。A先生十分疑惑，又问道："你怎知道我姓A？"服务生微笑答道："我刚接到楼层服务电话，说您已经下楼了。"A先生走进餐厅，服务小姐殷勤地问："A先生还要老位子吗？"A先生的惊诧再度升级，心中暗忖："上一次在这里吃饭已经是一年前的事了，难道这里的服务小姐依然记得？"服务小姐主动解释："我刚刚查过记录，您去年6月9日在靠近第二个窗口的位子上用过早餐"，A先生听后有些激动了，忙说："老位子！对，老位子！"于是服务小姐接着问："老菜单？一个三明治，一杯咖啡，一个鸡蛋？"此时，A先生已经极为感动了，"老菜单，就要老菜单！"给A先生上菜时，服务生每次回话都退后两步，以免自己说话时唾沫不小心飞溅到客人的食物上，这在美国最好的酒店里A先生都没有见过。一顿早餐就这样给A先生留下了终生难忘的印象。

此后3年多，A先生因业务调整没再去泰国，可是在A先生生日的时候突然收到了一封东方酒店发来的生日贺卡：亲爱的A先生，您已经3年没有来过我们这里了，我们全体人员都非常想念您，希望能再次见到您。今天是您的生日，祝您生日愉快。A先生当时热泪盈眶，激动难已……

思考：

1. 是什么令东方酒店对西方发达国家的客人充满如此魅力？
2. 东方酒店的这些制胜法宝对于我国的任何酒店都具有普遍适用性吗？为什么？

(资料来源：http://www.ccmw.net/article/699.)

9.1 酒店管理信息系统概述

酒店管理信息化是当今酒店行业发展的趋势。酒店管理信息化系统，为提升酒店运行效率、增强竞争实力、提高酒店效益奠定了基础。酒店管理信息系统包括硬件结构和软件结构，主要类型有酒店管理系统(PMS)、酒店办公自动化系统(OA)酒店客户关系管理(CRM)等。

9.1.1 酒店管理信息系统概念、作用与构成

1. 酒店管理信息系统的概念

1) 酒店信息及酒店信息资源管理

"信息"是今天人们常用的一个词汇，但有关信息的定义历来众说纷纭。早在1948

年，美国数学家、信息论的创始人克劳德·艾尔伍德·香农(Claude Elwood Shannon)在题为“通讯的数学理论”的论文中指出：“信息是用来消除随机不定性的东西”。同年，美国著名数学家、控制论的创始人诺伯特·维纳(Norbert Wiener)在《控制论》一书中指出：“信息就是信息，既非物质，也非能量。”今天人们的普遍认为，信息是信息论中的一个术语，它是对某个事件或者事物的一般属性的描述。信息总是通过数据来表示，加载在数据之上并对数据的具体含义进行解释。因此，也可以说，信息就是经过加工处理后的有价值的数据。这里并不过分拘泥于信息的准确定义，只需掌握信息的主要特征即可，即信息是有价值的数据。没有普适的信息，只有特定条件下应用于特定目的且为特定人群所使用的信息才会产生价值。在现代社会，信息就是资源，就是财富，同时，也是重要的生产力要素，进一步推动社会各方面的进步与发展。尤其在互联网环境下，信息对人类社会正产生前所未有的影响。

那么什么是酒店信息呢？从广义上讲，酒店信息既包括酒店企业自身日常业务活动中所产生的和输出的信息，也包括酒店管理和决策所需的客源市场、原材料市场、各种资源市场、竞争对手状况以及与此相关的社会经济活动的有关信息；从狭义上讲，酒店信息是指酒店经营管理业务活动过程中所产生的各种输入、输出信息，如酒店前厅预订和接待过程中的客人姓名、国籍、结算方式等。结合国内外酒店行业信息化建设的实际，本书中所提及的酒店信息主要是广义层面上的界定。酒店信息在现代酒店经营管理中的作用日趋显著，主要表现在酒店信息可以支持战略决策、辅助管理功能、增强企业竞争能力、提升酒店服务水平等。任何一家酒店都可以看作是一个集管理、服务、技术和知识等于一体的管理服务系统，而这个系统的构成及其顺利有效的运作都有赖于信息资源的有效采集、开发利用及管理。反之，若该系统缺少了信息这一基本且最重要的要素，整个酒店的经营和管理都将无法顺利有效地运转。

酒店信息来源广泛，数量巨多，内容繁杂，这些信息的价值能否得到发挥和实现，主要取决于现代酒店能否对其进行有效的采集、管理和开发应用，而这项重要工作就是酒店的信息资源管理工作了。所谓酒店信息资源管理就是酒店有能力收集、存储、处理、分析、检索、传递和利用信息，特别是能以有效的形式提供有效的信息供酒店决策之用。在信息“爆炸”的时代背景下，现代酒店对信息资源的管理工作体现出以下 3 个特点。

(1) 信息处理量巨大。无论是企业外部的客户信息、竞争信息、行业和政策信息，还是企业内部的财务信息、人力资源信息、设施设备信息等，都以分分秒秒的速度产生和输入，如此规模的“信息潮”促使现代酒店不得不借助计算机、各种管理软件和互联网等更先进的技术手段对信息进行有效的采集与管理，从而提高工作效率和工作质量。

(2) 先进技术广泛应用。在某种意义上，酒店是现代信息技术的集大成者，许多高科技产品在酒店行业的率先使用就是最好的例证，如生物技术的指纹识别门锁、液晶电视、VOD 点播系统、财务、采购等各种信息管理软件等。在新一波的高科技浪潮中，酒店行业积极与信息技术等高科技公司进行广泛而深入的合作，力求使现代酒店的经营管理与服务与时俱进。

小阅读

AOFAX助力喜来登大酒店实现电子传真

电子传真也称为无纸传真、电脑传真、数码传真等，由相应的硬件和专用的传真软件组成。AOFAX由国内电子传真的领军企业——金恒科技有限公司研制生产，目前已占据国内电子传真销量的大半江山，在酒店行业同样拥有众多的用户。

喜来登是喜达屋酒店和度假村集团旗下众多品牌中之一。传真业务主要是提供全国各地酒店客房的预订服务，同时内部部分办公文件还需要通过传真一层层地审批，因此传真量很大，在假期旅游旺季的传真量更是急速增长。即使配备了足够的人力，也常常造成人多手杂、重复处理或漏处理的情况；传真件的管理也是非常棘手，保管、查找费时又费力；传真的耗材成本一直高居不下。这些问题严重影响了工作效率，制约了酒店的进一步发展。喜来登酒店在使用了AOFAX电子传真系统后节省了大量的人力、物力、财力。通过AOFAX电子传真机的传真界面，员工直接在电脑里就可以完成订单的收发、审核，系统自动备份文件防止丢失，要想查找一份传真也不再是难事，工作变得更轻松高效。利用AOFAX电子传真系统的免费传真功能，可以实现喜来登各地酒店之间以及与同样使用AOFAX的重要客户和订房机构之间互发免费传真。AOFAX电子传真系统的漫游收发传真功能，让喜来登酒店经常出差的人员摆脱以前只能在办公室收发传真的约束，随时随地收发传真。

喜来登酒店借助AOFAX电子传真机实现了完全自动化、高度信息化、智能化的传真管理模式，为集团旗下其他酒店品牌的无纸化传真道路起到了导向作用。当然，这使员工工作量减少，工作效率倍增，企业利润提高，另外，AOFAX电子传真机在酒店系统的普及应用，减少了大量纸张的浪费和耗材的排放，客观上为绿色环保做出了贡献，这都是酒店投资方和喜来登酒店管理集团共同期待的结果。

(资料来源：http://info.hotel.hc360.com/2010/08/301836236059.shtml.)

(3) 酒店内部协调性强、网络化要求高。信息管理是系统工作，这一特点决定了围绕实现企业战略目标和宗旨，酒店内部各部门应通力合作，相互协调，致力于建立一个完整、通畅而高效的信息网络世界，从而提高酒店信息的整体管理水平。例如，前台接待大型商务团体会要求客房部做好客房的布置、包费服务项目的设置；前厅同时将相关信息和要求传达给餐饮部、康乐部等部门，使其做好接待准备；客房部需要更新物件时，会向采购部门提交采购申请单；客房部设施设备需要维修时，会向工程部提交报修单等。所有这些过程都会产生大量的报表、单据和报告等信息在各部门和小组间的流通，这种流通是否顺畅、及时和有效有赖于现实中酒店各部门和小组间的协调、合作程度，更有赖于支持这种合作与协调局面的网络化技术手段和基础设施的运用程度。

2) 酒店管理信息系统概念及功能

在现代酒店管理活动中，运用电脑信息技术建立管理信息系统是酒店信息化建设的重要组成部分，对企业的可持续发展意义非凡。管理信息系统(MIS)是一个以人为主导，利用计算机硬件、软件、网络通信设备以及其他办公设备，进行信息的收集、传输、加工、储存、更新和维护，以企业战略竞优、提高效益和效率为目的，支持企业的高层决策、中层控制、基层运作的集成化的人机系统。而酒店管理信息系统(HMIS)是应用并服务于酒店内部管理，由人和计算机网络等组成的能进行信息的收集、传递、储存、加工、维护和使用，并以人为主对酒店各种信息进行综合控制和管理的系统。它能实测酒店经营的各种情况，预测酒店经营的未来，并可以控制酒店的经营行为，帮助酒店实现规划的经营目标。

另外，现代酒店管理信息系统还应具有以下 3 种功能：①信息的控制功能，即要有助于酒店管理人员对酒店业务的各个方面进行控制，如存货控制、人工费用控制、收款和顾客账户控制等；②分析和预测功能，如餐饮成本分析模块、前台客源分析模块、客房价格预测模块、财务报表分析模块、客房经营保本分析模块以及酒店经营预测模块等；③辅助决策功能，这是酒店管理信息系统发展的最高阶段同时也是最困难的任务，目前国内许多酒店企业都面临该方面的巨大挑战。

2. 酒店管理信息系统的作用

酒店管理实质上是对酒店运行过程中人流、物流、资金流、信息流的管理。计算机管理信息系统就其表现形式看是对酒店大量的常规性信息的输入、存储、处理和输出，可以说计算机管理是人工管理的最大协助者。酒店管理信息系统的运行对酒店管理的作用是多方面的，其作用主要表现在以下 3 个方面。

(1) 从酒店管理层面看，将管理信息系统引入酒店经营管理活动中，明显地加快了信息处理速度，提高了酒店经营管理的效率。例如，过去一个 1 000 多人的酒店，发工资时需要 5 或 6 人工作 2～3 天；使用计算机管理后，2 人做 2 天即可完成，且工资单和工资条用电脑打印，保证清楚、准确，每个部门所需人民币单位数量一清二楚，大大节约了人力和时间。同时，管理信息系统在酒店的应用，已改变了传统的酒店经营管理方式。又如，咨询服务是一项信量大、重复性强的服务活动。传统的咨询服务要求前台工作人员具有广博的知识和良好的耐心，不仅要回答各种各样的问题，还要百问不烦；在酒店中引入管理信息系统后，咨询服务的形式发生重大变化，客人可以利用触屏式电脑自助查询各种问题。在酒店管理信息系统的支撑下，酒店管理机构还可以精简。一方面，减少中间管理层次，实现扁平式酒店组织机构；另一方面，工作性质相近部门可以合并。

(2) 从酒店决策层来看，酒店管理信息系统有利于提供反馈信息，辅助酒店决策规划。现有的酒店理信息系统一般具有总经理查询模块或其他类似模块，能够为酒店规划决策提供信息支撑。此外，管理信息系统还可以为规划决策提供预选方案。在酒店管理信息系统中建立数学模型和专家系统，利用投入产出模型、线性规划模型、层次分析模型、神经网络模型等直接为决策者提供预选方案，辅助决策规划。酒店管理信息系统中决策规划模块的开发，将有助于克服决策的随意性，提高决策的科学性。

(3) 从客人的角度来看，酒店管理信息系统可以为客人提供高效、方便的服务，有利于酒店实现以“以客人为中心”的服务。在酒店管理信息系统中，客人的预订、登记、结账等要求可以得到迅速处理，从而减少了客人的等候时间。酒店管理信息系统也可以简化客人店内消费所必须办理的手续。例如，将客人在客房、餐饮、康乐、电话各部门的消费自动登记于客人账目中，客人可以随时查询自己的消费情况，并在离店时一次性结账。更重要的是，客人可以利用酒店管理信息系统“进入”酒店内部。例如，许多酒店的管理信息系统中都建立了“酒店服务指南”，以满足客人详细了解有关酒店的交通位置、外景、客房餐厅的布局等信息。因此，酒店管理信息系统不仅为客人打开了方便之门，同时也为自己赢得了更多潜在的顾客。

3. 酒店管理信息系统的构成

酒店管理信息系统由计算机硬件、软件、电子通信、网络件、群组件以及人件等组成，其总体结构可分为硬件结构和软件结构。

1) 硬件结构

硬件结构指 HMIS 的物理结构，即 HMIS 硬件系统的拓扑结构，一般有 3 种类型：单机批处理式结构、集中式处理结构和分布式处理结构。这 3 种结构是随计算机技术发展而产生的，并还在不断发展变化着。

(1) 单机批处理式结构。早期的 HMIS 都是单机批处理结构，这种结构由一台主机、显示器、键盘、打印机等组成。这种单台计算机的结构装上 HMIS 软件就构成了一个完整的 HMIS 系统，当需要处理数据时，可随时将一批待处理数据按一定的时间间隔，一次性输入计算机进行批处理。

(2) 集中式处理结构。随着计算机技术的发展，出现了多台终端的联机系统，通过终端与计算机联系，进行各类数据处理的作业，这就是集中式数据处理结构。联机集中式处理结构采用一台或两台小型计算机或超级微型机作为主机，管理人员可以在任何时间通过各终端与主机联系，进行各类数据处理作业。由于各终端只能作为数据的输入输出，不能直接进行数据处理，所以称为集中式处理结构。

(3) 分布式处理结构。这种系统以一台或几台高档微机作为网络服务器，通过网络连接工作站，而每个工作站都是一台独立的本身具有数据处理能力的微型计算机，需要时可以联机入网在服务器内处理数据，所以称为分布式处理结构。

从目前计算机应用的发展趋势看，广域网分布结构是今后发展的方向，是建立集团式管理所采用的必要手段，也是目前各连锁酒店公司进行信息管理的理想模式。广域网有两个特殊的类：企业网与全球网(WWW)。在全球网中，第一个真正的、可供公共商用的就是 Internet 网络。目前，基于企业内部网络 Intranet 及 Internet 浏览器/服务器模式的酒店管理系统，国内外正在研制过程之中。

2) 软件结构

从酒店管理信息系统使用者角度看，软件结构是指 HMIS 的软件功能结构，HMIS 具有多种功能，各种功能之间相互联系，从而构成一个有机结合的整体。从大的方面讲，酒店管理信息系统主要包括酒店管理系统(PMS)、企业资源规划系统(ERP)、客户关系管理系统(CRM)、供应链管理系统(SCM)、在线采购库存管理系统(OPS)、中央预订系统(CRS)、办公自动化系统(OAS)、知识管理系统(KMS)、远程教育/培训系统(E-learning /training)。从具体项目讲，酒店信息化还包括前台管理系统，如 PMS、客人一卡通、自助登记/离店、自助查询等系统；客房管理系统，如客房智能设备，VOD视频点播、智能迷你吧、客房互联网、房态控制等系统；餐饮管理系统，如电子点菜、POS收银、智能厨房、采购和库存系统；消防安全管理系统，如自动报警、自动感应、智能门禁、电子巡逻等系统；人力资源系统，如员工一卡通、人力资源智能库、多媒体培训、在线培训等系统；网络系统，如掌上电脑、无线设备、Web网络、呼叫中心、网络营销、CRS等系统；通信系统，如内部寻呼、电话会议等系统；财务系统，如收益管理、成本控制等系统；电子物流系统，如电子采购、供应链管理、物流管理、库存管理等系统；客户关系管理系统、能源管理系统等。事实上，酒店管理软件是覆盖酒店管理所有方面的非常庞大的系统。

9.1.2 酒店管理信息系统的主要类型介绍

正如前面所介绍的那样，目前应用于酒店经营管理领域的管理信息系统类型多样，这里重点介绍以下3种。

1. 酒店管理系统

酒店管理系统(Property Management System，PMS)常指酒店前台使用的电脑管理系统，即一个以计算机为工具，对酒店信息管理和处理的人机综合系统。它不但能准确及时地反映酒店业务的当前状态、房源状态，还能快速实现从客人预订入住到财务对账等一系列操作；不但是一个数据统计的数据库，还能够提供各方面的报表，且利用数据进行统计分析，从而更有利于酒店的经营和管理。国际上著名的PMS有微软的Fidelio、甲骨文的Opera；国内的有西软、中软、罗盘、泰能、千里马等。

酒店管理系统的基本构成包括前台预订、接待、收银、问讯、客房中心、夜审管理、报表管理、系统维护等功能。此外，酒店管理系统还可根据需要提供丰富的第三方接口系统，包括程控交换PABX接口等。一般的酒店管理系统(PMS)结构图如图9.1所示。

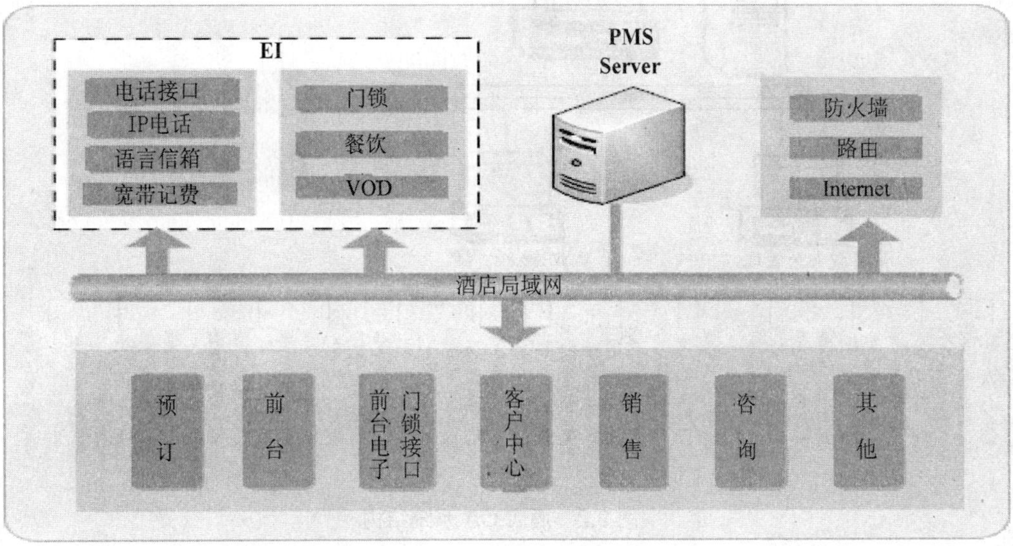

图9.1 酒店管理系统(PMS)结构

2. 酒店办公自动化系统

办公自动化(Office Automation，OA)是面向组织的日常运作和管理，员工及管理者使用频率最高的应用系统，自1985年以来已成为各行业各组织不可缺的核心应用系统。所谓办公自动化就是利用先进的计算机网络技术和信息技术，处理和控制日常的办公事务，使办公室事务和文件管理电子化、自动化，以提高办公效率。酒店办公自动化系统是信息化时代的新产物，其最初的主要功能是提高办公自动化水平和处理事务的效率，实现无纸办公。目前，无论是跨国连锁酒店集团还是国内单体酒店多数都已经构建和运用了基于不同技术环境的 OA 系统，提升了信息化水平。例如，京伦酒店从1997年10月开始构建店内的计算机办公网络系统(OA 系统)，硬件采用 IBMPC 服务器，连接到正、副总经理办公室和店内各部门，总共20多个微机站点。基于酒店的办公需求，围绕能快速、准确向总经理提供店内全面信息和发布管理层决策信息的宗旨，酒店请 Lotus Notes 专家，根据酒店的行政管理模式，开发了电脑无纸办公系统，形成了包括收文管理、发文管理、报表管理、会议纪要、京伦快讯、经营快报、营业部资料、公告栏、人事管理等在内的十几个模块，迄今为止，酒店的办公自动化水平大大提升。

酒店办公自动化系统采用的结构是 Intranet 结构，在内容构成上，包括个人办公、公文管理、档案管理等数十个项目板块。图 9.2 展示了较为典型的酒店 OA 系统结构。

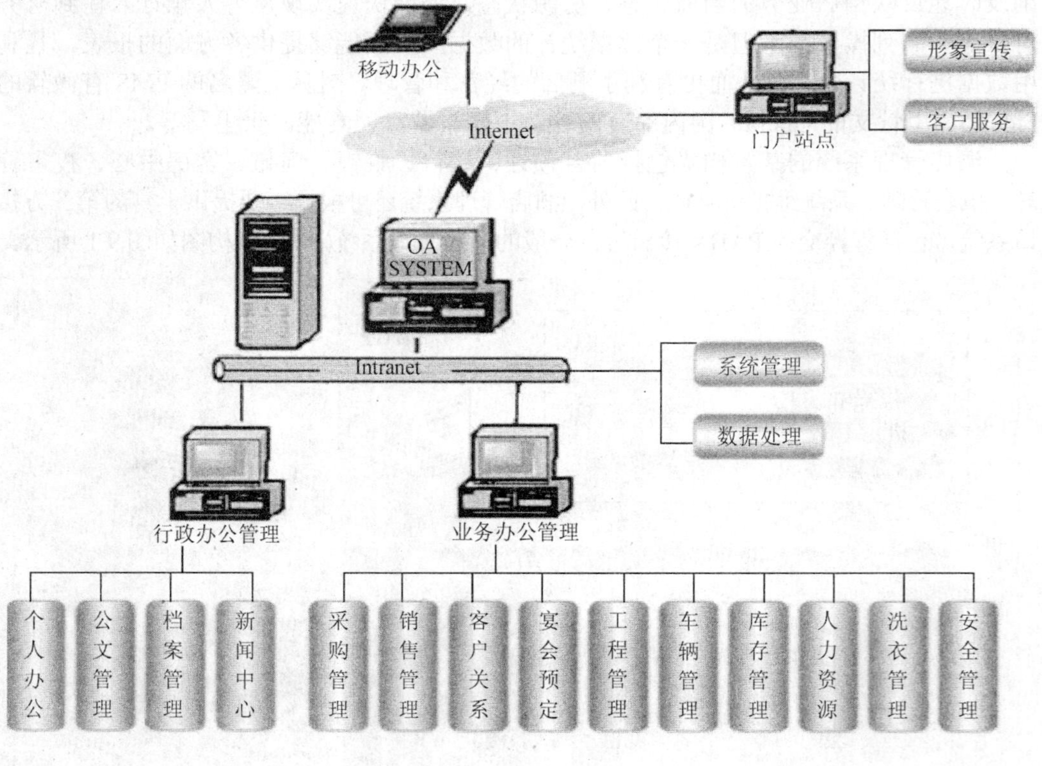

图 9.2 酒店 OA 系统结构

酒店 OA 应用软件经过多年的发展，目前，正逐步进入协同软件时代，功能也由原先的行政办公信息服务，逐步扩大延伸到组织内部的各项管理活动环节，成为酒店企业的信息化中心平台。从某种意义上讲，今天的 OA 已成为一种信息化管理的代名词，原本的 OA 已经名不副实。另外，市场和竞争环境的快速变化使得办公应用软件将具有更高更多的内涵，如 OA 在手机上的扩展应用，OA 与包括酒店财务软件、企业资源计划 ERP、供应链系统 SCM 等各种项目管理软件的协同等。尤其是酒店 OA 向平台化方向的发展趋势将越来越强烈。在这种 OA 平台上，酒店企业将实现在业务中做沟通，而不是在沟通中做业务，从而实现沟通、业务、组织、管理的协同一致性，进一步提高企业的经营管理效率和市场竞争力。

3. 酒店客户关系管理

随着市场经济的发展，竞争的激烈酒店行业卖方市场逐步转向了买方市场，众多企业在经历了以价格取胜、规模取胜后，已经发展到了目前以服务带动客户满意取胜的阶段。许多知名的酒店企业越来越重视与客户的双向沟通，有些公司开通了热线、建立了网站和会员俱乐部、出版了刊物等，建立起与客户间的交流平台，有些公司已经设立了客户关系管理与服务部门；越来越多的公司意识到找寻客户需求的重要性，开始重视市场调查和市场定位，在前期花费更多的精力，以客户的需求为导向进行决策的例子已经并不少见。可以看到，重视客户价值、满足客户个性化需求、保持客户忠诚度的客户导向型经营管理理念和决策方式，在酒店市场上已经端倪初露。

客户关系管理(Customer Relationship Management，CRM)是企业的一项商业策略，它按照客户细分情况有效地组织企业资源，培养以客户为中心的经营行为以及实施以客户为中心的业务流程，并以此为手段来提高企业的获利能力、收入以及客户满意度。客户关系管理既是一种管理思想，又是一套解决方案，同时还是一套应用软件。这一概念最早由国际 IT 领域知名的专业咨询顾问公司 Gartner Group Inc.于 1999 年提出。20 世纪 80 年代出现的“接触管理”(contact management)，即专门收集客户与企业联系的所有信息，以及 90 年代出现的“客户关怀”(customer care)，即用电话服务中心等手段支持客户资料分析，都是客户关系管理的最初表现形式。最近几年来，客户关系管理在酒店等行业企业的电子商务中开始大行其道。

客户关系管理是一种以客户为中心的经营策略和商业模式，对企业的交互过程进行管理，最终实现提高客户获取、客户保留、客户忠诚度和客户赢利的目的，作为解决方案(Solution)的客户关系管理，它集合了当今最新的信息技术，包括 Internet 和电子商务、多媒体技术、数据仓库和数据挖掘、专家系统和人工智能、呼叫中心等。客户关系管理追求的管理目标可概括为建立、促进和拓展企业“一对一”精细化客户服务网络；与客户建立快速、精确和可靠的沟通关系；通过电子智能分析系统，最大限度地实现客户价值。CRM 系统主要由客户销售管理、客户营销管理、客户支持与服务管理、数据库及支撑平台等系统组成。有的软件厂家还根据企业需要开发了合作伙伴关系、商业智能、知识管理等模块。

随着 CRM 的广泛应用，人工服务渠道日益成了发展瓶颈，而与此同时，基于 Internet

和电子商务平台的交流渠道已经形成，于是出现了 E—CRM 电子客户关系管理。在电子商务时代，酒店企业要想在激烈的竞争环境中保持竞争优势，必须实施 E—CRM，而要实施 E—CRM，企业有必要改造和完善以下 3 个关键环节：进行销售、营销和客户服务与支持这 3 部分业务流程的信息化建设；促进营销自动化模块与销售自动化模块的有机协同，在提高销售自动化程度的同时，更着重为营销及其相关活动的设计、执行和评价提供详细的框架；通过呼叫中心和 Internet 实现客户服务与支持、销售与营销功能的完美结合。

9.1.3 酒店管理信息系统发展概况及未来趋势

1. 酒店管理信息系统发展概况

1) 国内外酒店管理信息系统发展概况

1963 年，国际著名酒店集团希尔顿酒店率先将计算机应用于酒店管理之中，由此诞生了 MIS 的一个分支——酒店管理信息系统(HMIS)。而酒店管理信息系统(HMIS)发展前景的广阔性吸引了众多包括计算机商如微软、戴尔等公司纷纷进入酒店管理信息系统领域，由此，国外开启了 HMIS 发展的新时代。美国的 ECI 公司最早使酒店前台业务实现了计算机管理，目前国际上著名的且在我国使用较多的软件系统有 ECI(EECO)酒店系统、HIS 酒店系统、Fidelio 酒店系统、Opera 酒店系统等。这些系统进入我国主要有两种渠道：①属于国际连锁酒店的网络系统，如假日集团和喜来登集团的假日和喜来登系统；②中外合资酒店从国外引进的酒店管理系统。迄今为止，我国酒店市场上从国外引进的酒店管理系统有十几种，且占据了我国四星级以上的大部分酒店市场。

我国的酒店管理信息系统(HMIS)起步较晚。20 世纪 70 年代末，杭州酒店率先运用 CROMEMCO 微型机进行前台接待管理，80 年代中后期，国外 HMIS 的大规模引进，加上国内该领域的迅速发展，都极大地推动了我国酒店管理信息系统的发展。时至今日，我国三星级以上的酒店基本上都已经使用了计算机管理系统，在沿海经济发达的省份许多一、二星级酒店也已经在使用计算机进行管理。特别是在酒店行业管理中，星级酒店评定新标准的颁布与实施将进一步推动我国酒店信息管理系统的广泛而深入的运用，从而提升我国酒店信息化水平。20 世纪 90 年代末，我国自主研发的酒店管理软件开始进入五星级市场，出现了诸如杭州西软 FOXHIS、中软好泰 CSHIS、华仪、北京泰能、广州黑马、八百客等影响力较大的酒店管理系统。虽然我国的这些酒店管理软件在价格、售后服务、本地特色化等方面优势明显，产品功能与国际水平也相差无几，但由于品牌效应，国内高星级酒店惯用国际酒店管理软件，只有三星级及以下的酒店才较多地选用国产酒店管理软件。国外酒店管理软件的这种“贵族化”身份，使其在国内酒店市场的发展和推广并非一帆风顺，面临的现实阻碍颇多。例如，有些系统的操作系统没有汉字化；有些系统的部分功能不适用于我国酒店的具体情况；有些系统不容易进行功能的扩充和修改导致后期研发、维护成本较高；大部分国外系统价格较高、培训投入较高等。由此看出，未来国内的酒店管理软件在这些方面将有很大的发展空间和凸显优势的机会。

2) 酒店管理信息系统的发展阶段简介

按照技术发展，将酒店管理信息系统的发展分为 3 个阶段，即 DOS 结构阶段、C/S 结构阶段、B/S 结构阶段。

(1) DOS 结构阶段。

DOS 版的使用时间在 80 年代至 90 年代中期，在这一阶段中，国产软件还处于初期发展阶段，本身并不成熟，软件的功能及应用也比较简单，软件的维护工作大多依靠专业软件公司的工程师。另外，由于酒店软件功能比较简单，软件结构缺乏标准支持，因此，工程师也可以帮酒店随时修改一些软件功能与酒店经营相协调。国内起步的很多酒店系统都沿着 DOS 发展下来，如北京“华仪酒店管理系统”、四通软件工程公司的“星级酒店软件”、杭州西湖软件公司的“酒店 Foxhis 计算机管理系统”、北京中软好泰 CSHIS 管理系统、山东浪潮集团的“国强通用酒店系统”等。

(2) C/S 结构阶段。

经过十几年 DOS 版的发展，随着计算机系统进入 Windows 时代，酒店管理软件也开始从 DOS 版进入 Windows 版，出现了 C/S 软件结构。所谓的 C/S(Client/Server)结构是指客户机和服务器结构。目前，国内大多数的酒店管理软件都是使用 C/S 形式的两层结构。这种软件系统结构可以充分利用两端硬件环境的优势，将任务合理分配到 Client 端和 Server 端来实现，从而可降低系统的通讯开销。但 C/S 结构的软件投资大、维护成本高且由于需要针对不同的操作系统开发不同版本的软件，产品的更新换代成本高。因此，C/S 结构的软件总的费用较高，再加上 B/S 软件结构的冲击，其软件结构体系的进一步应用受到了极大的威胁与挑战。

(3) B/S 结构阶段。

采用 B/S 结构的酒店软件开发目前还处于起步阶段，还未得到普遍应用。所谓 B/S(Browser/Server)结构是指浏览器和服务器结构，也可称为 Web 应用。它是在 Internet 的环境下产生而发展起来的一种应用结构，是对 C/S 结构的一种变化或改进。在 B/S 结构下，用户只需通过浏览器就可访问 Internet 上的文本、数据、图像、动画、视频点播和声音信息，这些信息都是由与数据库服务器相连接的众多 Web 服务器产生的，客户端不需要安装任何用户程序，而只需交由数据服务器来解决。众多网络的应用在 B/S 结构下被连接在了一起，酒店还可据此建立起自己的 Intranet 内部网，形成酒店特有的内部管理文化，且不产生任何通信费用，业务沟通敏捷。尽管 B/S 结构的酒店软件还未得到普遍应用，但随着互联网的迅速发展，其必将成为未来酒店应用软件的主流结构，这也是行业内的共识。为了发挥 C/S 结构和 B/S 结构的长处，又出现了 C/S 和 B/S 混合的应用结构。近年来，计算机应用软件行业内又出现了一个新名词——SaaS，即软件服务化。对于酒店业而言，SaaS 的低建设成本、低维护成本、低技术风险能较好地满足经济型酒店与连锁酒店的需求。另外，携程、艺龙、全球分销系统等订房分销商也纷纷介入酒店管理软件，使酒店软件的发展更加多样化。

2. 酒店管理信息系统的发展趋势

从近几年的发展来看，由于计算机技术和计算机网络技术的不断发展，酒店管理信息系统的发展将呈现出以下趋势。

1) 单体软件向集成软件发展

集成化软件使酒店计算机应用构成了一个信息网，酒店中所有的数据处理、文件管理、安全保卫管理等都集中由计算机统一控制，这是今后酒店管理科技化的一个重要标志。

2) 软件由管理型向决策型发展

管理型软件能参与酒店的管理，提高酒店的管理质量，是目前优秀软件实现的普通等级。决策型软件则具有完备的预测分析能力，能科学地指导酒店管理者做出经营管理决策。目前国内少数软件正向这一方面的发展。

3) 软件由传统结构型向基于 Web 型结构发展

随着 Internet 互联网的普及，网络技术进一步的完善，基于 Internet 技术的 Intranet 企业内部网逐步流行起来，特别是电子商务的开展，传统的 HMIS 已不能满足企业经营的要求，基于 Web 的酒店管理信息系统逐步替代传统型的酒店管理信息系统。随着 Intranet 网络的成熟，Web 型酒店管理信息系统也将成为主流软件。

4) 局域网向客户/服务器体系结构发展

客户/服务器技术是最近发展起来的集事务处理、数据库设计、通信技术为一体的综合性技术。它在酒店 MIS 的普及应用，克服了以往局域网点一点服务的不足以及系统资源利用率不高等缺陷。

5) 商品化软件与专用化软件并存

随着计算机应用水平的提高，有条件的酒店组织人员开发适合自己需要的软件产品，作为对商品化软件的补充是有必要的。商品化通用软件和专用软件将在酒店信息管理系统中共存，共同成为酒店信息管理的得力帮手。

6) 与酒店自动化设备相结合

宾客入住自动登记系统是酒店宾客抵达酒店只需插入其信用卡，操作自动登记系统就可完成入住登记手续；服务和监控集成化设备是今后酒店将实现的以 HMIS 系统为中心的一个集成化系统，如用电话实现客房状态修改、语音信箱、自动问询、客房账务查询、用电视查阅账单等；同时，通过管理系统还可以控制电子门锁、控制空调、灯光、热水等设备以达到节能的目的；通过自动化管理客房小酒吧，实现自动记账和监控，便于服务员及时补充饮料和食品；客房配备电脑设备或数字设备可以实现宾客自己结账、查询各种信息，还可以通过远程网络或 Internet 与公司总部直接联系等。

9.2 酒店信息化建设

当今的酒店业正处在一个科技飞速发展的时代。酒店信息智能化技术取得的丰硕成果令人感到惊叹，不仅为酒店实施全面科学化、数字化、效率化和精细化的管理打造了坚实的平台，同时又为酒店服务领域的拓展与功能多样化开启了新的大门。可以预见，随着信息技术的发展和网络经济的形成，信息化大潮必将推动酒店业管理体系与经营模式的转变，促使酒店行业的发展进入一个崭新时代。

9.2.1 酒店信息化建设概述

我国酒店的信息化建设虽然起步较晚，但在全球信息技术席卷的浪潮下，我国许多酒店尤其是高星级酒店正奋力追赶，从硬件和软件方面不断进行信息化的建设，以更好地迎接新时期的竞争挑战。

1. 酒店信息化概念及内容

酒店信息化指信息通讯技术技术在酒店业的应用问题。在酒店信息化初期主要是指酒店前台业务或对客服务方面的管理软件。如今，随着信息通信技术、计算机和互联网等高科技的发展和酒店经营管理者相关观念的转变，酒店信息化的范围越来越宽、信息化程度也越来越高，通常表现为借助互联网、局域网等网络平台，围绕酒店的智能化、网络营销、客户关系管理、内部业务管理等形成一体化的数据中心，通过数据挖掘，为酒店经营管理的决策提供全面的信息支持，同时，利用酒店硬件电子化开发新的经营项目。由此可知，酒店信息化不只是包括计算机硬件、软件、信息技术、信息产品的应用和普及，还包括酒店经营管理模式的创新、再造和完善以及与之相适应的人力资源培训、信息观念和信息技术应用水平的提高等，可以说酒店信息化是酒店经营管理过程中全方位、全过程、全层次的信息化、技术化、网络化和现代化。

2. 酒店信息化的必然性

全球经济一体化的进程使得酒店客源更加丰富多样化，也让酒店面临着日趋激烈的竞争环境和不断攀升的客户期望，迫使经营者不断寻求扩大销售机会、改进服务质量、降低管理成本和提升客户满意度的新法宝来增强酒店的核心竞争力。在此环境下，信息化建设与管理将成为中国酒店业可持续发展的必然选择和可靠保障。本书认为酒店信息化的必然性主要由以下 4 个因素促成。

(1) 在全球范围内掀起的以信息技术为重要标志的新技术革命浪潮(其核心是以微电子技术为基础的计算机技术与光纤通信技术的结合)正以势不可当的势头深入而广泛地渗透并改变着社会经济的各个领域。这场技术革命将对各行各业的方方面面产生深远影响，给企业发展带来更多的机遇同时也给企业提出了更大的挑战，只有那些紧跟科技发展的步伐、勇于自我创新的企业才会在未来的市场竞争中最终获胜。著名美国未来学家阿尔文·托夫勒(Alvin Toffler)在他的《力量转移》一书中指出：以信息为基础创造财富体系的崛起是当代经济方面最重要的事情，知识已成军事和经济中最重要的因素。日本全国科技政策研究所预测，从 2011～2020 年的 10 年内，人类的知识将比现在增加 3～4 倍。美国《未来学家》1994 年 1～2 月号载文指出，到 2110 年，信息技术应用范围将涉及 90%的劳动力，大大促进经济的发展，改变人们的生活和工作方式。作为现代重要的服务行业，在全球竞争视野下，酒店业的可持续发展离不开信息技术力量的支持，信息化是实现酒店企业由传统化管理向现代化管理转型的重要途径。

(2) 日趋激烈的市场竞争。进入 21 世纪，全球酒店业的竞争呈愈演愈烈的趋势。在我国境内，国际著名酒店集团的纷纷抢滩、国内大型酒店集团的先后创建、高档酒店与经济型酒店之间的较量、许多个性化酒店的出现、从一线和二线城市的扩张到三线甚至四线城市的开拓、竞争手段和策略的多样化等都说明国内酒店市场的竞争日趋激烈。要想在激烈的市场竞争中站稳脚跟，任何酒店企业都需要加强对自身经营管理的提升，包括经营理念、技术研发、人才培育和业务完善等诸多环节，而随着信息技术在酒店业内的逐步应用及普及，那些信息化管理程度较高的企业明显占据着市场中的领先地位，这将极大地刺激并带动其他各类中小型酒店企业奋起直追，朝着信息化的道路大步迈进。

(3) 日趋复杂多变的消费需求。酒店的消费者来自五湖四海，有着各自不同的消费需求。随着网络化和电子商务等技术在消费者群体中的普遍使用，今日的消费者与以往相比对酒店的各类需求都呈现出更高、更新和更多样化的趋势。例如，随着商务消费群体的增加，酒店将不得不借助于信息技术进一步改造和完善自己的业务流程领域、对客服务领域和对外合作领域等相关领域。

(4) 国家政策的推进和法规的强制规范。国外的信息化建设起步较早且多由国家层面倡导并积极推进。1993 年初，美国新总统威廉·杰斐逊·“比尔”·克林顿(William Jefferson“Bill”Clinton)上台后不久就提出兴建“信息高速公路”计划，并授权成立了“信息基础设施特别小组”。信息高速公路是一种高速多媒体传输系统，它能在全球甚至更大的范围内传输声像图文并茂的多媒体信息。通过构建数字化大容量光纤通信网络，用以把政府机构、企业、大学、科研机构和家庭的计算机联网，此项计划要在10～15 年内完成。美国政府制定“信息高速公路”的政策基于 5 项原则：①鼓励私人企业增加投资；②促进并保护私人企业间的竞争；③公众都有机会获得服务；④避免在信息拥有方面出现“贫富不均”现象；⑤维护技术设计上的灵活性。半年后日本政府也决定建立全国超高速信息网。1994 年 2 月 16 日，欧洲委员会宣布将建立自己的“信息高速公路”。新加坡的“信息高速公路”计划也已完成。国外酒店业在这样的背景下适时而动，积极推进信息化建设，并取得显著成效。信息化在我国开展的较晚，是在进入 21 世纪后才刚刚起步的，国务院《2006—2020 年国家信息化发展战略》中明确要求“大力推进信息化，充分发挥信息化在促进经济、政治、文化、社会和军事等领域发展的重要作用，不断提高国家信息化水平，走中国特色的信息化道路，促进我国经济社会又快又好地发展”。政府已经明确地提出了国家今后发展的科学性的战略布局。2002 年开始启动的“金旅工程”是国家信息网络系统的重要组成部分，是旅游部门参与旅游业信息化建设的重要基石。“金旅工程”的“三网一库”工程致力于建设一个公共的商务平台和信息服务平台，向旅游企业提供电子商务的整套解决方案。为此，一些优秀的酒店企业及品牌酒店集团也已经意识到科学的酒店信息化建设将是其今后发展重要推动力，纷纷引进最新技术与产品，扩大投资范围，拓展服务领域。酒店信息智能化已经成为酒店业可持续发展必经之路。

小阅读

旅游酒店星级评定标准中对酒店信息化的要求进一步提高

2010 年 10 月 18 日，国家质量监督检验检疫总局、国家标准化管理委员会对外发布新版酒店星级标准《旅游酒店星级的划分与评定》(GB/T 14308—2010)，新版标准将于 2011 年 1 月 1 日正式实施。和 2003 版酒店星级标准不同，新版标准突出了“六个强调”，即强调必备项目；强调绿色环保；强调应急管理；强调核心产品；强调软件可衡量；强调特色经营，以适应经济社会、旅游业以及酒店业发展的要求。在新版标准中，信息化方面的要求进一步加强，主要体现在以下 3 个方面。

一、基本要求与必备条件

2003 版星级酒店评定标准(以下简称“标准”)中，信息系统较笼统的归纳为：三星级及其以上，有与本星级相适应的计算机管理系统；提供一次性总账单结账服务。2011版星级酒店评定标准则分别对三、四、五星级酒店的信息体统进行了相关规定，如三星级酒店应有计算机管理系统；提供总账单结账服务、信用卡结算服务；客房内应提供互联网接入服务，并有使用说明；应提供客房预订服务。四星级酒店应有运行有效的计算机管理系统。主要营业区域均有终端，有效提供服务；留言、总账单结账、国内和国际信用卡结算、外币兑换等服务；应24小时接受包括电话、传真或网络等渠道的客房预订；应提供互联网接入服务，并备有使用说明，使用方便。五星级酒店应有运行有效的计算机管理系统，前后台联网，有酒店独立的官方网站或者互联网主页，并能够提供网络预订服务；留言、总账单结账、国内和国际信用卡结算、外币兑换等服务；应24小时接受包括电话、传真或网络等渠道的客房预订；应提供互联网接入服务，并备有使用说明，使用方便。

二、设施设备

信息管理系统(软件)在设施设备模块中，2.2部分为“信息管理系统(共9分)”，其中分为3个部分。

1. 覆盖范围

这部分满分4分。全面覆盖前后台，数据关联的酒店专用管理信息系统(前台管理系统、餐厅管理系统、财务管理系统、收益分析系统、人事管理系统、工程管理系统、库房管理系统、采购管理系统等数据流自动化处理并关联)(4分)；前后台均有独立的管理信息系统(2分)；只覆盖前台对客服务部门(1分)。

2. 信息安全

这部分满分2分。该方面只有一条要求“采取确保酒店信息安全的有效措施”，可以看出，信息安全已经成为酒店业必须关注的内容。

3. 系统供应商的选择

这部分满分3分，包括行业主流供应商(3分)；非主流供应商(1分)。

三、设施设备

在设施设备模块中，2.3部分为“互联网(共8分)”，其中分为两个部分。

1. 覆盖范围

这部分满分6分，包括所有的客房配有互联网接口(有线、无线均可)(2分)；所有的会议室均有互联网接口(有线、无线均可)(2分)；所有的大堂区域均有无线网络覆盖，(1分)；咖啡厅和大堂酒吧提供有线互联网接口(或有无线网络覆盖)(1分)。

2. 应用

这部分共2分，包括有独立网站，具有实时网上预订功能(非第三方订房网站)(1分)；在互联网上有酒店的独立网页和电子邮件地址(1分)。

(资料来源：http://www.cnta.gov.cn/files/lin/2 旅游酒店星级划分与评定办法.doc)

3. 酒店信息化发展现状与趋势

1) 酒店信息化发展现状

总体的来讲，我国酒店信息化发展的现状可以概况为以下两个方面。

(1) 信息化基础设施建设取得一定成就，国内一批信息化建设水平较高的酒店企业或集团纷纷涌现。例如，2007年中国电信在广东率先推出了一项“酒店完美联盟”计划，该计划将通过客房电话免费计划、数码e房、视频娱乐iTV等酒店信息化服务升级广东酒店行业，为迎接亚运做商机准备，同时，也为酒店业信息化助力提速。目前，该计划已经发展加盟酒店近5000家，“酒店完美联盟”整体解决方案在整合客房电话、客房宽带等基础信息通信服务的基础上，开发酒店数码e房、固网支付、会务通、安全网关和网络/IT外包等综合信息通信服务解决方案，如图9.3所示。

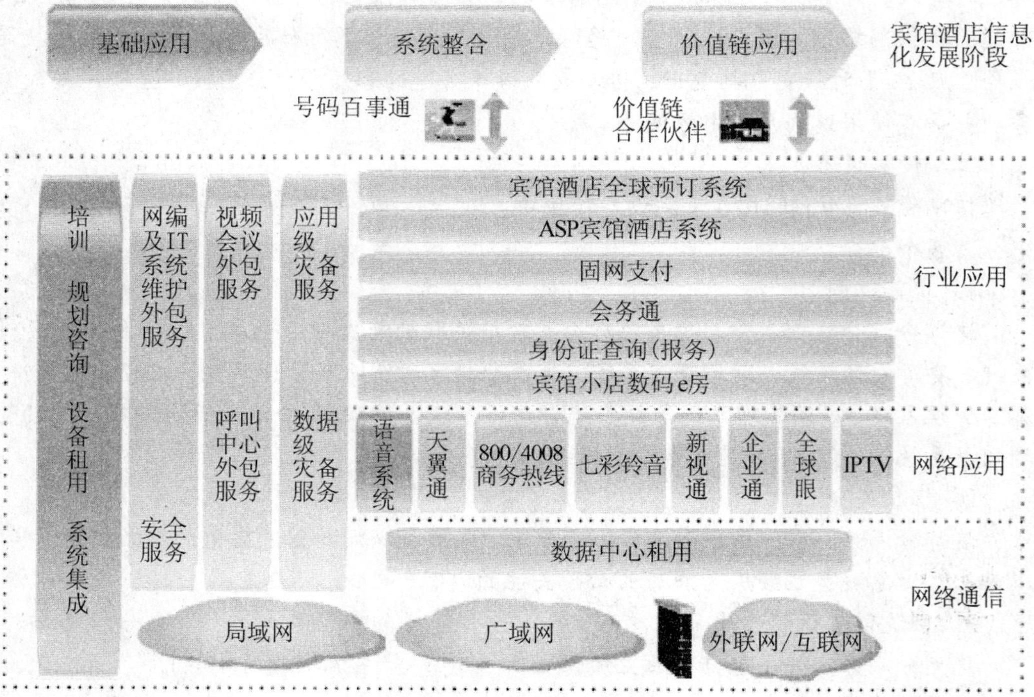

图9.3 中国电信酒店信息化整体解决方案总体框架

在酒店信息化建设进程中涌现了像7天连锁酒店集团、锦江集团、格林豪泰、汉庭酒店连锁等积极身体力行的酒店企业或集团。例如，7天连锁集团的网站访问量和访问人数一直保持本土行业的首位，并超过了卡尔森国际酒店集团、温德姆酒店集团和速8酒店等国际酒店集团的网站。7天连锁酒店不仅实现了网上预订、支付、同时还整合了网络、电话和短信3大预订系统。它还与中国生活搜索引擎口碑网签署战略合作协议，在国内首推了手机短信预订服务。

(2) 对信息化程度不高。从目前国内酒店业的发展情况来看，大部分的小型单体酒店都还处于信息化发展的初期阶段，信息化程度较低，有些落后地区的家庭旅馆甚至完全是手工操作的；而大部分的三星级以上星级酒店企业及连锁酒店企业都已经成功进入电子销售和预订阶段，它们在酒店的电子商务化建设中投入了大量的资金，也收获了电子商务系统所带来的在降低经营成本、提高效率和增强竞争力等各个方面的巨大好处。然而，目前国内还很少有酒店进入全面信息化服务阶段，尤其是酒店内部和外部业务的链接电子化程度不足，具有电子化采购的酒店还仅是少数，尤其是单体酒店的信息技术应用能力，影响了信息化的进一步提升。导致目前我国酒店信息化水平不高的因素既包括人们认识方面的局限性，也包括人才、资金和技术等方面的严重缺乏。

小阅读

浙江省酒店业信息化现状调查

国内一研究课题组在2008年对浙江省酒店业作了一次抽样调查，主要针对三星级及以上酒店，共调查了117家酒店，调查目的就是摸清我国酒店信息化的现状。下面这些数据是浙江省酒店信息化内容的统计，也基本说明了目前我国酒店信息化的整体情况，不难看出我国酒店信息化程度普遍较低。具体数据见表1和表2。

表1 抽样调查酒店信息化设施情况

内　容	酒店数量/家	百分比
电子门锁	117	100%
前台信息系统	117	100%
宽带接入	94	80.3%
VOD点播系统	45	38.5%
语音信箱系统	31	26.5%
客房内电子查账	83	70.9%
办公自动化系统	47	40.2%
自动叫醒系统	93	79.5%
会议同声传译系统	5	4.3%
客房节能控制系统	2	1.7%

表2 抽样调查酒店信息化服务情况

内　容	酒店数量/家	百分比
信息网站	117	100%
网络预订服务	117	100%
多媒体查询服务	104	88.9%
客房宽带上网	91	77.8%
机票预订服务	107	91.5%
商务中心电子服务	117	100%
顾客网上投诉	29	24.8%
自己网站开通预订	71	60.7%
电子点菜服务	20	17.1%
无线上网服务	32	27.4%

从上面的分析不难看出，尽管我国酒店的信息化程度近年来有了很大的提高，但与我国互联网的发展趋势及国际酒店信息化的程度相比，国内酒店业的信息化程度还处于初步阶段。据统计资料表明，目前，我国酒店企业有30多万家，而星级酒店仅占

5%的比例，信息技术应用和信息化开展主要在星级酒店行业，所以总体上我国酒店业信息化管理水平还很低，具有信息系统的酒店企业还不到 10%。因此，酒店信息化还有很大的发展空间。

(资料来源：http://tech.it168.com/a2009/0831/671/000000671609.shtml.)

2) 酒店信息化发展趋势

在未来的信息化的建设过程中，我国酒店需要将各系统协调整合，无缝衔接，实现从营销到交易、从服务到销售、从售前到售后服务的一体化应用，并加强与航空部门、旅行社等其他相关方的合作，为顾客创造附加值，以此来探寻开展酒店信息化建设的最佳发展模式。此外，酒店需要与银行等有关部门通力合作，共同搭建优良可靠的网络支付体系，以提高电子商务交易效率，并增强广大顾客对网上支付等服务的信任度，促进酒店企业信息化服务的发展和完善。还有一点是最不能忽视的，那就是大力培养既懂得旅游电子商务技术又具备商贸、金融、管理等多方面知识的复合型人才，建立酒店首席信息官职位，保障酒店信息化的可持续发展。当然这不仅需要酒店的足够重视，同时也需要高等院校教育等其他社会力量的大力配合。

另外，在不久的将来，包括 GDS、CRM、商务网站、管理信息系统等所有信息系统应用在内的酒店信息化系统将继续深化发展，发掘每个应用功能的最大价值，并且开拓新的应用功能与领域。而随着移动通信技术的发展以及人们对便捷性的追求，移动电子商务不可避免地加入到酒店的经营管理中。移动电子商务是真正实现以人为中心的电子商务应用，它利用移动终端、移动通信网络和 Internet 网络相结合，进行电子商务交易，是传统 Internet 电子商务的拓展。例如，移动支付功能使顾客无论在何时何地，都能通过移动电话终端完成对企业或对个人的安全资金支付。各种移动终端的大量出现，为移动电子商务的发展打下了良好的基础。目前，全球拥有手机和掌上电脑等移动通信工具的人数远远超过拥有台式电脑的人数，特别是我国的手机用户规模已位居世界首位，并且还在快速增长，相信移动电子商务在未来将使酒店电子商务的功能更加完善，应用更加普及。具体未来我国酒店信息化发展趋势主要表现在以下 7 个方面：①进一步完善酒店集团和基于连锁经营的信息系统；②基于电子化经营的智能建筑和信息智能框架；③酒店与利益团体企业之间业务的电子化(协作型信息系统)；④酒店与散客之间的移动商务开始实用；⑤网络实时订房进入实用阶段；⑥基于客户关系的销售系统开始实用；⑦基于酒店集团的 CRS 功能完善和开始普及应用。

小阅读

卡尔森酒店启用 Salesforce 来提升效率

启用 Salesforce 软件服务(SaaS)中央预订系统(CRM)和 Force.com 的平台服务(PaaS)之后，卡尔森酒店已在 40 个国家改善了业务运营并大幅提升了员工的工作效率。

据 Salesforce.com 介绍，卡尔森已经在其 5 个运营集团中启用 Salesforce 技术，该公司还充分利用 Force.com 平台和 AppExchange 技术，开发出一个定制化的解决方案；该技术方案迎合了其独特的商务旅行需求，并符合卡尔森 Salesforce 全球用户的需要。

卡尔森启用的其中尤其值得一提的技术是由NewmarketInternational提供的活动和会议管理应用程序 NewmarketCommex，以及由 Vovici 公司提供的客户调查工具CRMSurveyor。

Force.com 平台还可以和卡尔森的企业应用程序(包括自己开发的和从其他供应商处购买的)实现无缝整合，因此，该集团得以在 Salesforce 中获取全部重要的商业信息。卡尔森还启用了 Force.com 移动功能，直接为其外地工作人员提供以上信息。因此，员工即使在出差时也可以做好准备，在最大程度上和每位客户保持联系。

"自从启用 Salesforce 后，我们不再需要维护旧时的系统从而节省了成本；还提高了员工的工作效率，而且对日常运营和长期的业务前景获得更深入的见解。" Forbes-Roberts 补充道。

(资料来源：http://info.hotel.hc360.com/2008/05/220842102180.shtml.)

9.2.2 酒店电子商务概述

电子商务作为新经济的代表，它的问世使全球的商业模式发生了巨大的转变，信息化、数字化、网络化为企业带来了强大的发展动力和巨大的市场机遇，影响着人们的工作方式和生活方式。在酒店业市场竞争日趋激烈的形势下，很多酒店的经营者已普遍认识到网络化经营的重要性，很多酒店已逐步开发了网页，使自己能更有效地把企业信息向全世界传递。

1. 酒店电子商务涵义及内容简介

1) 酒店电子商务涵义

电子商务(E-business，E-commerce，E-trade)是指利用计算机的软硬件设备和网络，通过一定的协议连接起来的电子网络环境，进行各种各样商务活动的方式，如网上营销、网上客户服务、网络广告、网上查询等。酒店电子商务是电子商务的重要应用领域。目前，酒店企业已开发应用了相关软件，如中央预订系统(CRS)、全球分销系统(GDS)、网络营销系统(IDS)等。

2) 酒店电子商务内容简介

酒店电子商务的应用领域越来越广阔，这里仅介绍目前酒店市场发展较早且较成熟的几项内容。

(1) 全球分销系统(Global Distribution System，GDS)。全球分销系统供应商提供一个平台，由旅游产品供应商透过后台设定产品销售，让全球的旅游代理商或散客(通过旅游网站)可以直接利用此平台进行交易。20 世纪 90 年代以来，欧美已经形成了 GDS 四强格局，包括 Sabre，Galileo，Worldspan 和 Amadeus。如今，GDS 的全球交易额每年超过 50 亿美元。

(2) 中央预订系统(Central Reservation System，CRS)。中央预订系统帮助酒店向全球各主要酒店分销渠道展示酒店的产品，系统管理各分销渠道，实现资源优化管理。目前，国际连锁酒店集团 CRS 支持的主要分销渠道包括全球分销系统(GDS)、互联网分销系统(IDS，主要为全球上千个主流的第三方旅游或预订网站)，而中央预订系统(CRS)的建设已成为各酒店集团的系统化建设的重中之重。例如，中国著名的酒店管理公司首旅建国，率先同易旅科技有限公司合作，引进全球领先的中央预订系统，使旗下所有酒店能分销到四大 GDS 和国际上千家互联网站，同时，采用领先的 iHotelier 单页面预订引擎，支持首旅建国集团网站实现了即时在线预订。

(3) 互联网分销系统(Internet Distribution System，IDS)。指除 GDS 之外基于佣金和订房费用的互联网分销系统。网络催生了新兴的在线旅游分销商，包括旅游门户网站，如国际上的 Expedia 和 Travelocity、国内的携程、e 龙等，在线预订网站(www.orbitz.com，www.hotelbook.com)，酒店集团直销网站(www.marriott.com，www.hilton.com)等，极大地扩展了酒店的分销渠道，打破了传统电子分销时代 GDS 一枝独秀的局面。互联网的出现标志着新兴电子分销时代的开始。未来，随着更多新兴电子技术的普及，如移动通讯、数字电视等，酒店分销将进入全面的电子分销时代。

2. 我国酒店电子商务的发展现状及发展趋势

1) 我国酒店电子商务的发展现状

酒店电子商务是当今酒店业发展的必然趋势。通过特定的系统联连接上国际互联网向全球全方位地展示自己的概况、特色，推销自己的客房和各种服务，并可依此组成酒店连锁业，结成战略联盟，以强大灵活的营销手段向广大市场进军。它可以向众多的客户提供面对面的营销方式，开拓了市场的广度和深度，代表了最新和最有效的营销方式，为酒店系统地开发客源市场带来了无限的商机。在全球金融危机下，电子商务正逐步成为竞争日趋激烈的酒店业企业之间对抗的法宝，竞争各方都利用酒店网络销售系统进行酒店营销创新。

7 天连锁酒店为业内第一家开拓电子商务平台的经济型酒店。成立伊始，7 天连锁酒店把企业核心竞争力的方向锁定在电子商务上。电子商务平台成本更低、流程更简单，虽然价格压得较低，但仍能保持一定的利润。2008 年 10 月 7 天连锁酒店获得国际金融机构高达 6500 万美元的融资，7 天连锁酒店表示要将钱全部投进电子商务平台的建设。7 天连锁酒店所建立的电子商务平台，一方面最大程度地优化订房模式，满足来自不同渠道的客商订房需求，另一方面则需要在减轻了前台、呼叫中心的压力的同时，压缩了销售成本，这样就有了价格上的竞争优势。目前，7 天连锁酒店网站的流量排名已经超过宜必思和速 8 而成为全球第一的酒店网站，拥有了业界唯一一个实现企业门户网站和数据库完全对接的商务平台。现在，7 天连锁酒店能同时通过互联网络、呼叫中心、短信、手机 WAP 等方式获得来自终端的客房预订。其他众多酒店也纷纷开拓酒店电子商务市场，目前，与携程合作的酒店已超过万家，艺龙已超过 7000 家。在电子支付领域，包括汉庭、锦江之星、7 天、如家在内的多家知名连锁酒店与快钱合作，借助于快钱先进的支付服务积极拓展酒店订房业务，同时，酒店方也积极开拓其他支付手段。

当然，也应该看到，对于一、二星级甚至部分三星级酒店来说，电子商务环境的建设和应用还处于起步阶段，即使是五星级酒店，电子商务建设进程与客户对酒店的需求还有相当大的距离。

2) 我国酒店电子商务发展趋势

(1) 理念转变：将从“以交易为中心”转变到“以服务为中心”。

未来的酒店电子商务将向增强与客户的双向交流、改善信息服务、通过个性化服务增加附加值的方向发展。目前，我国酒店电子商务“以交易为中心”色彩较浓，预计未来酒店电子商务将在服务上更加完善，更加人性化。

(2) 电子商务领域将更加规范化。

酒店电子商务是一个新兴领域，我国在酒店电子商务规范与标准的整体制定和推行方面尚非常薄弱，这也是今后发展的重点。

① 规范化。建立健全酒店电子商务规范体系，为酒店电子商务的实施和监管、企业和消费者的市场行为、信息内容和流程、技术产品和服务等提供指导与约束，预先对那些可能对酒店电子商务活动产生不利影响的潜在因素加以防范，是推动酒店电子商务持续、稳定、健康、高效发展的关键。②标准化。酒店内部信息系统与酒店电子商务平台之间、酒店业与银行的信息系统之间应能实现互联，以自动处理频繁的信息数据交换。在国外，通常是由专门的组织(如 OTA)制定出一套统一的数据格式和接口标准，酒店电子商务网站、管理信息系统在开发时都遵守这套标准，这样在一开始就保证了与其他单位的信息系统做无缝连接的可能性。我国酒店电子商务的数据也应尽快实施标准化，并与国际接轨。

(3) 新技术将广泛应用。

移动电子商务结合智能网络技术，是真正实现以人为中心的电子商务应用。例如，移动支付——顾客无论在何时何地，通过移动电话等终端就能完成对企业或对个人的安全的资金支付。新技术的应用将使酒店电子商务功能更加完善，应用更加普及。

(4) 复合型人才的培养是突破酒店电子商务发展瓶颈的关键环节。

目前，人才的短缺正成为中国酒店电子商务发展的瓶颈。由于酒店电子商务是酒店业和电子商务的整合，所以唯独具有电子商务和酒店业知识的复合型人才，才能将电子商务的技术手段、应用功能和模式密切联系到酒店业组织、管理、业务方式及其特点之中。教育部门应顺应时代要求，着力培养 3 个层次的酒店电子商务人才：①善于提出满足商务需求的电子商务应用方式的商务型人才；②精通电子商务技术，又具备足够的酒店管理专业知识的技术型人才；③通晓全局，具有前瞻性思维，熟知酒店业电子商务理论与应用，能够从战略上分析和把握其发展特点和趋势的战略型人才。

本章小结

21 世纪是信息化时代，作为现代服务业发展前驱的酒店业也将迎来其信息化、智能化发展的崭新时代。酒店管理信息系统是酒店信息化建设的重要内容，在国外品牌的带动示范下，我国的酒店管理信息系统正经历从无到有、从弱到强的发展过程。代表酒店信息化未来发展方向的电子商务对国内酒店市场而言虽是新鲜事物，发展过程中也存在着各种各样的问题，但由于其对传统的营销、销售、内部管理及对客服务等方面日益呈现出具有颠覆性的革新力量，不难预测，未来酒店电子商务将快速发展，重塑酒店市场格局。

练习与思考

一、专业术语

1．酒店管理信息系统　　2．酒店客户关系管理
3．酒店办公自动化　　4．酒店电子商务

二、不定项选择题

1．酒店管理信息系统由(　　)构成。
A．硬件　　B．软件
C．电子通信、群组件　　D．网络件、人件

2．(　　)年，国际著名酒店集团希尔顿酒店率先将计算机应用于酒店管理之中，由此 HMIS 诞生。
A．1963 年　　B．1970 年　　C．1980 年　　D．1979 年

3．20 世纪 80 年代出现的“接触管理”以及 90 年代的“客户关怀”都是后来(　　)的发展初期。
A．客户关系管理　　B．办公自动化
C．公关营销　　D．公共关系

4．20 世纪 90 年代末，我国自主研发的酒店管理软件开始进入五星级市场，出现了诸如(　　)等影响力较大的酒店管理系统。
A．杭州西软 FOXHIS　　B．中软好泰 CSHIS
C．北京泰能　　D．广州黑马

5．从技术角度看，酒店管理信息系统经历的主要阶段不包括(　　)。
A．DOS 阶段　　B．C/S 阶段　　C．B/S 阶段　　D．W/S

6．酒店电子商务的应用领域有(　　)。
A．电子采购　　B．网络营销　　C．网络销售　　D．客户服务

三、案例分析

希尔顿酒店集团在经营方面的过人之处，就在于它利用 IT 来辅助客户服务。从功能齐全的客户信息系统，到酒店大堂里的自助式服务亭，再到内容丰富的交互式网站，该集团的唯一目标就是让客户满意，成为回头客。

除家森套房酒店之外，希尔顿酒店集团旗下还拥有双树酒店、大使套房和汉普顿旅店等连锁酒店品牌，在全球 74 个国家共拥有 3 000 多家酒店和 500 000 间客房。希尔顿品牌酒店每间客房的收入要比业界平均水平高出 7%，而汉普顿旅店每间客房的收入甚至比业界平均水平高出 28%。希尔顿酒店集团并没有把 IT 技术看作成本中心，反而将其视为所有业务流程的推动力。每年，希尔顿酒店集团对 IT 部门的投入高达 3.09 亿美元。希尔顿酒店集团的 IT 团队包括 800 名专业人员，另外还有 400 名接受外包业务的编外人员。

希尔顿酒店集团的标志性 IT 项目是 OnQ 平台。该平台主要在企业内部开发，包

括物业管理、客房预订、电子商务、客户关系管理、人力资源、电子学习以及商业智能等功能模块。它混合使用了现有技术和企业专门开发的技术，开发时间长达 6 年，于 2003 年正式投入使用。OnQ 平台中包含的 3.5TB(1TB=1024GB)数据涵盖了 2 250 万名客人的信息，该集团还计划投入 2 000 万美元将该系统扩展到全球。OnQ 平台推动了大批新技术的产生，如在集团内部 400 家酒店里设置的能用信用卡激活的服务亭。客人可以在这些服务亭里自助办理入住及离店手续、升级房间以及打印登机牌。希尔顿酒店集团还推出了其他面向客户的 IT 项目，包括还在测试中的室内自助服务亭(客人可以在那里打印登机牌和呼叫客房服务)、连接 iPod 和数码相机的接口，以及供客人观看的电视录像节目。

思考：

本案例中希尔顿酒店集团在 IT 化中的主要成就有哪些？

四、实训题

1．调查本地若干家四、五星级酒店，比较他们使用的管理信息系统有何不同？原因有哪些？

2．登陆携程或首旅建国网站，进行相关功能的使用，并对其进行分析评价。

课 后 阅 读

推荐阅读书目

[1] 白琳．酒店电子商务[M]．广州：暨南大学出版社，2010．

[2] 杜文才，常颖，杜锋．实用旅游电子商务[M]．北京：对外经济贸易大学出版社，2009．

推荐学习网络

[1] www.hotel.hc360.com.

[2] www.veryeast.com.

10 酒店集团化及未来发展趋势

学 习 目 标

知识目标

1．了解酒店集团内涵．演进及中外酒店集团差距
2．掌握酒店集团的管理模式及其优势
3．了解国际著名酒店集团
4．了解酒店发展趋势

能力目标

1．能运用酒店集团管理模式，开展酒店管理分析
2．能运用酒店发展趋势指导酒店发展

知识结构

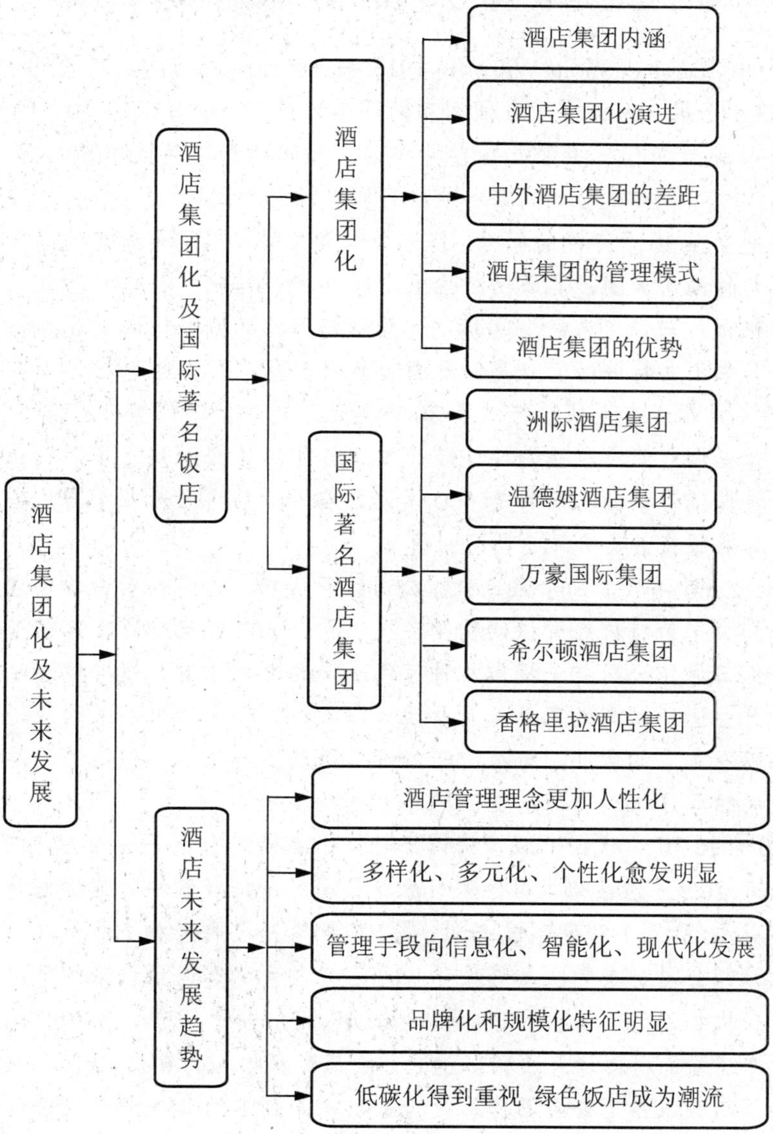
酒店集团化及未来发展
酒店集团化及国际著名饭店
酒店集团化
酒店集团内涵
酒店集团化演进
中外酒店集团的差距
酒店集团的管理模式
酒店集团的优势
国际著名酒店集团
洲际酒店集团
温德姆酒店集团
万豪国际集团
希尔顿酒店集团
香格里拉酒店集团
酒店未来发展趋势
酒店管理理念更加人性化
多样化、多元化、个性化愈发明显
管理手段向信息化、智能化、现代化发展
品牌化和规模化特征明显
低碳化得到重视 绿色饭店成为潮流

导入案例

凯蒙斯•威尔逊(Kemmons Wilson)，1913 年出生于美国阿肯色州的奥斯塞拉城。他于 1952 年建立了第一家拥有 120 间客房的汽车旅馆——假日旅馆，到 1989 年底，他已使假日公司成为拥有、经营或签有特许经营合同的旅馆共达 1 606 家，客房总数 320 599 间，分布在全球 52 个国家和地区的假日酒店集团。

威尔逊先生在 30 多年的时间里，将一个仅有几家路边汽车旅馆的假日公司发展成为世界上最大的酒店集团，其成功经验主要有 4 点：①出售特许经营权；②不断完善自己的计算机预订与信息系统；③标准化管理与严格的检查控制制度；④千方百计地降低成本。其中出售特许经营权是假日酒店集团实现扩张重要途径。

1952 年，威尔逊先生从银行借了 30 万美元，建了第一家假日旅馆。1953 年，威尔逊先生就开始销售假日旅馆的特许经营权。当时有 4 个人买下了假日旅馆的特许经营权，每份特许经营松的转让费是 500 美元，在开业后再付专业费与广告费，分别按每出租一间客房每夜 5 美分和 2 美分计算。

在 20 世纪 60 年代，由于假日旅馆公司经营成功，许多人申请购买它的特许经营权。假日旅馆公司为特许经营权的购买者提供除土地以外几乎所有其它酒店开业所需要的服务。假日旅馆公司首先提出几种可供选择的设计方案，然后按选定的方案建造酒店，生产并运送所必需的家具。开业后，假日旅馆公司的中央采购网还供应香皂、毛巾、纸品以及加工的食品，标准统一，价格低廉。当然，最重要的还是假日公司所提供的系统的经营方法和管理制度。

到了 20 世纪 70 年代初，假日旅馆公司每年要接到 1 万多份购买特许经营权的申请书，但只有 200 多份获得批准。假日旅馆公司的特许经营权的售价也越来越高，由最初的 500 美元，涨到 1.5 万美元。另外，每 100 间客房要再增加 100 美元，需支付 2 500 美元的假日旅馆公司标志费，每月每个房间交 3 美元的客房预订系统使用费，按每间客房出租一夜次收入的 1%交纳培训费，交纳 1%的广告费，交纳 1%的推销费和其他费用。上述特许经营费用总计大致相当于这一酒店客房收入的 6%。这时，假日旅馆公司自己拥有的酒店数仅占全公司酒店总数的 15%，而剩下的 85%都是特许经营的酒店。可见，特许经营权的出售，让假日旅馆公司不仅获得丰厚利润，而且迅速扩张成为国际酒店集团。

假日旅馆公司尽管在 1989 年出售给英国的巴斯公司，但它仍然是世界上最大的连锁旅馆。

思考：

1．谈谈你对特许经营权的认识？

2．20 世纪 70 年代初，假日旅馆公司每年要接到 1 万多份购买特许经营权的申请书，为什么只批准 200 多份？

(资料来源：http://www.cyease.com.cn/a/21069.shtml.)

10.1 酒店集团化及国际著名酒店集团

近半个世纪以来，一方面，全球酒店业规模不断扩大，另一方面，住宿市场需求相对有限，酒店业的市场竞争也日益白热化。酒店的集中化及由此带来的集团化经营正是这一竞争的必然产物。由于集团化经营具有资本、技术、管理等方面的优势，并且迎合了产业竞争的国际化、经济全球化及随之而来的大规模的兼并、重组等发展趋势，因此，自 20 世纪 90 年代，酒店集团化在已经成为酒店经营的主导现象。在其发展过程中，也出现了一些世界著名的大型酒店集团，如洲际、希尔顿等。

10.1.1 酒店集团化

1. 酒店集团内涵

酒店集团又称酒店联号或连锁酒店，是以经营酒店为主的经济实体，在本国或世界各地拥有或控制两家或两家以上的酒店，以相同的店名和店标、统一的经营管理方式、统一的管理规范和服务标准进行联合经营的企业集团。

酒店集团化是当前世界酒店业发展趋势，尤其是欧美发达国家，酒店集团在酒店业中的比例不断提升，拥有独立所有权的单体酒店的比例不断下降，2006 年美国和欧洲酒店集团化管理的比例分别占酒店总数的 80%和 50%。中国酒店集团化管理起步于 20 世纪 80 年代，到 2006 年酒店集团化管理比例为 9.7%。

2. 酒店集团化演进

1) 国际酒店集团化演进

酒店集团起源于 20 世纪初的欧美国家，1907 年，美国的里兹公司首次以出售特许经营权给酒店，开始了酒店联号的经营形式。1908 年，斯塔特勒创建举世闻名的布法罗斯塔特勒酒店，其独特先进的经营理念让斯塔特勒酒店很快发展成拥有 10 家的酒店集团。

第二次世界大战后，酒店集团形成快速发展态势。战争结束后，世界经济开始复苏，劳动生产率提高，人们的可支配收入增加，对外出旅游和享受酒店服务的需求迅速扩大，高速公路使交通条件大为改善，为外出旅游创造了条件。这种社会需求的变化，为酒店企业提供了更大的市场，同时，酒店业的兼并、转让产权等竞争不断加剧，单体酒店势单力薄，酒店集团可以争取较大的市场份额，增强竞争实力。行业的外部环境、行业内的竞争、企业自身发展的内在动力促使酒店业走上集团化的道路。著名的酒店集团——最佳西方酒店集团、希尔顿国际酒店公司、假日酒店集团等都是在这一时期迅速发展起来的。

20 世纪 60 年代是西方发达国家经济发展的“黄金时期”，经济快速发展，科学技术进步，航空业发展，私家车普及，商务休闲旅游超出国界，出现了国际性的大众化旅游。同时，世界各国政治、经济、文化等方面交往的日益频繁，推动了酒店集团进一步发展，并加快了酒店集团国际化的步伐。汽车酒店联营和特许经营等得到迅速发展。著名的酒店集团——美国凯悦酒店集团、加拿大四季酒店集团、法国雅高酒店集团、新加坡香格里拉酒店集团、日本大仓酒店集团、新大谷酒店集团等都是20世纪60～70年代发展起来的酒店集团。

20世纪80年代以后，尤其是进入90年代后，世界经济全球化进程大大加快，经济全球化的过程中，科学技术和社会生产力发展到更高水平，各国经济相互依存、相互渗透的程度大为增强，经济运行的国际规则逐步形成并不断完善。西方发达国家是经济全球化的主导，他们利用其雄厚的资金、技术、信息和人才优势，能够在经济全球化过程中占有更多的优势，获得更多的利益。在经济全球化的背景下，酒店集团扩张领域开始从欧美发达国家转向发展中国家，开始向包括中国在内的亚洲地区以及东欧、拉美、非洲地区进军。到20世纪90年代末，已经形成酒店集团全球发展的格局。同时，酒店集团扩张的形式也发生变化，出现了酒店集团之间以及跨行业的兼并、收购、联盟。有代表性的集团兼并有香港新世纪集团对华达美集团的收购兼并、英国巴斯有限公司对假日集团和洲际集团的收购兼并等。酒店集团的强强联合，使酒店集团的规模更加巨大，实力更加雄厚，酒店集团的经营重点从同质规模向异质多元化转变，向品牌多样化、品质多样性发展。

如今，巨型酒店集团全球化发展，在世界酒店业市场中占支配地位，在经营管理方面，将引领世界酒店业的潮流，其扩张必将促进世界酒店业发展，推动发展中国家酒店业技术、管理、思想观念进步与发展。

2) 国际酒店集团在中国

中国的改革开放、经济快速发展极大地吸引了国外资本直接间接投资。国际酒店集团在中国投资发展从20世纪80年代开始，经历了近30年的发展，呈现为3个阶段。

(1) 20世纪80年代是国际酒店集团初始进入中国市场阶段。1982年香港半岛集团管理北京建国酒店，标志着国际酒店集团开始进入中国市场。这一阶段先后进入中国酒店市场的还有喜来登、希尔顿、雅高、香格里拉、半岛、新世纪、日航、华美达、美丽华、太平洋、马里拉等酒店集团。至1988年，已有26家国际酒店集团涉足中国市场，管理酒店达62家。其中假日最多，达12家；喜来登达5家，位居第3位的是新世纪，共4家。

(2) 20世纪90年代，国际酒店集团拓展中国市场速度加快，这一时期万豪、最佳西方、天天、凯宾斯基、喜达屋、豪生、瑞迪森、海逸、文华等数十家国际酒店集团抢滩中国市场，出现了国内市场国际化的局面。中国已成为著名国际酒店集团的聚集地。2000年，世界酒店管理集团前10位中的前9位建立或管理了酒店。

(3) 进入21世纪，国际酒店集团在中国市场的发展规模继续扩大，到2003年，国际酒店集团10强已经全部进入中国市场。在策略上，根据中国市场实施品牌战略，既发展高端市场，又不放弃低端市场；既发展高档豪华酒店，又开辟经济型酒店。在经营管理上，既坚持西方管理理念，又吸收中国传统文化。从发展势态看，当前和今后国际酒店集团依然把中国市场作为全球化战略的重点。国际酒店集团在中国的发展既推动了中国酒店集团化的发展，也给中国酒店集团的发展带来了压力与挑战。

3) 中国酒店集团化发展

中国酒店集团化始于20世纪80年代。1982年4月28日，中国首次引进境外酒店管理公司——香港半岛管理集团托管北京建国酒店正式开业，标志着国际酒店集团开始进入中国酒店业市场，也标志中国酒店集团化的开始。1984年3月，我国第一家以酒店业为主体产业的集团——上海锦江(集团)联营公司成立。之后，上海新亚(集团)联营公司、中国酒店联谊集团华龙旅游酒店集团、友谊旅游酒店集团、北京酒店集团相继成立。

到20世纪90年代，随着我国改革开放的不断深入，经济的腾飞，社会消费水平的提高，综合国力的不断增强，国际贸易的频繁往来，使得商务市场和会展市场空前火爆，国内外游客迅速增长，为我国酒店业发展创造了条件。同时，国际酒店集团大举进军我国市场，酒店业竞争加剧。尤其是进入21世纪，中国加入WTO(World Trade Organization，世界贸易组织)以后，国外著名酒店集团凭借其长期以来积蓄的强势和良好的企业发展与竞争机制，以更快更强的方式到中国进行市场与品牌扩张。酒店业的竞争加快了我国酒店业市场化、资本化改革的进程。我国酒店业市场化、资本化的进程也是酒店集团化的过程。国内一些有实力的企业，借助于改革的政策优势，通过市场途径，先后从单体经营走向集团化发展道路，如天津泰达集团、北京首旅集团、广东粤海集团、浙江开元旅业、南京金陵酒店集团等。

目前，我国已有206家酒店(集团)管理公司，现已管理1 946家酒店，大体占星级酒店总数的16.22%。根据世界知名酒店杂志《Hotels》发布2009年全球酒店集团300强最新排名，入围的中国地区酒店集团有18家，南京、海口、杭州3个城市各入围1家，北京入围2家，上海入围3家，香港地区共入围10家。锦江国际酒店集团由2008年的第17位升至第13位，如家名列第21位，重组后的港中旅维景国际名列第43位。

小阅读

锦 江 酒 店

上海锦江国际酒店(集团)股份有限公司“锦江酒店”是中国主要酒店及旅游服务供应商之一，主要从事星级酒店营运与管理、经济型酒店营运与特许经营、餐厅营运、客运物流、旅游代理等业务。

锦江酒店获许可使用享誉中国的“锦江”及“锦江之星”商标，旗下营运中及筹建中的酒店包括经典酒店、豪华酒店、商务酒店和经济型酒店共795间，客房共超过116 000间；由高雅经典的锦江酒店及和平酒店到简约经济的锦江之星旅馆，致力于迎合各阶层顾客的需要。集团的酒店遍布全国31个省、自治区、直辖市的170余个城市，其中大部分位于中国两大金融和旅游中心——上海和北京。2010年，以客房量计算，锦江酒店及其附属公司被国际酒店和餐厅协会出版的《HOTELS Magazine》评为全球酒店企业第12位。

锦江酒店是中国经济型酒店行业的先驱，自1997年起将经济型酒店业务作为独立的业务经营，时至今日，“锦江之星”品牌已成为中国主要经济型酒店品牌之一，为国内商务和休闲旅客提供价格合理而整洁舒适的住宿服务。除酒店业务外，集团亦有投资经营多家餐厅，包括高档次中菜餐厅及肯德基、大家乐及吉野家等大型连锁快餐店，并通过控股的上海锦江国际实业投资股份有限公司和上海锦江国际旅游股份有限公司经营客运物流及旅行社等业务。

(资料来源：http://www.jinjianghotels.com.cn/Aboutus.aspx?cid=18&id=3.)

3. 中国酒店集团与国际酒店集团的差距

我国酒店集团从无到有经历了 20 多年的发展并不断壮大，但是与国际酒店集团比较还有很大差距。我国酒店集团还处在初期阶段，而国际酒店集团经历了几十年、近百年的发展，已经处在成熟阶段。

国际酒店集团规模(截至 2009 年底)

排名	集团名称	酒店数	客房数
1	IHG(InterContinental Hotels Group) 洲际酒店集团	4 438	646 679
2	Wyndham Hotel Group 温德姆酒店集团	7 114	597 674
3	Marriott International Inc. 万豪国际集团	3 420	595 461
4	Hilton Worldwide 希尔顿酒店集团	3 530	585 060
5	Accor Hospitality 雅高集团	4 120	499 456
6	Choice Hotels International Inc. 精品国际酒店集团	6 021	487 410
7	Best Western International 最佳西方国际集团	4 048	308 477
8	Starwood Hotels & Resort Worldwide Inc. 喜达屋国际酒店与度假村集团	992	298 522
9	Carlson Hotels Worldwide 卡尔森国际酒店集团	1 058	159 756
10	Hyatt Hotel Corp. 凯悦酒店集团	424	122 317

(资料来源：中国旅游饭店业协会. 2011 年中国饭店集团化发展研究报告[R]. 北京：中国旅游饭店业协会，2011.)

2010 年我国酒店集团规模(含筹建项目)

排名	集团名称	客房	酒店
1	锦江国际	105 149	703
2	开元集团	24 610	83
3	港中旅酒店	23 964	74
4	金陵酒店	23 057	92
5	首旅建国	20 283	67
6	山东蓝海	16 239	51
7	碧桂园凤凰	15 707	50

续表

排名	集团名称	客房	酒店
8	岭南国际	14 511	55
9	雷迪森旅业	13 782	70
10	湖南华天	13 266	63
11	国宾友谊	12 346	37
12	世贸君澜	12 032	42
13	粤海国际	12 024	41
14	河南中州	11 998	62
15	岷山酒店	10 132	69
16	阳光酒店	9 698	53
17	宁波南苑	9 566	69
18	山东银座	8 585	66
19	陕西旅游	7 810	46
20	世纪金源	7 400	16
21	天伦国际	7 105	28
22	凯莱国际	6 754	27
23	上海衡山	6 504	26
24	东方嘉柏	5 606	18
25	福建中旅	5 580	29
26	杭州旅游	5 121	31
27	深航酒店	4 983	24
28	福州西湖	4 496	24
29	四川锦江	4 298	15
30	浙江旅游	4 041	18
—	总计	426 647	2 049

(资料来源：中国旅游饭店业协会. 2011 年中国饭店集团化发展研究报告[R]. 北京：中国旅游饭店业协会，2011.)

(统计主要面向以输出管理为主的酒店集团和管理公司，经济型酒店集团未纳入统计。)

1) 酒店集团的规模差距

从我国各个酒店集团之间的规模对比来看，包括正在筹建的酒店项目，客房数量达到 2 万间以上的集团有 5 个，分别是锦江国际、开元集团、港中旅酒店、金陵酒店和首旅建国。这 5 个集团总客房数为 197 063 间，占 30 个集团客房总数的 46.2%，在规模上较其他集团有一定优势，形成了我国本土酒店集团的第一阵营。根据《HOTELS》杂志 2010 年 10 月发布的最新全球酒店集团规模排名，锦江国际、港中旅酒店、金陵酒店和首旅建国 4 个集团均进入前 50 名，在规模上向国际水平进一步靠近。但是与国际酒店集团的规模对比，根据 2010 年 10 月《HOTELS》杂志公布的 2009 年全球酒店集团规模排名，位于前 10 名的国际酒店集团拥有酒店总数达到了 35 165 家，客房总数为 4 300 812 间，平均每个集团拥有客房 430 081 间。位于首位的洲际酒店集团在 2009 年底就拥有客房 646 679 间，远超过我国最具规模的 30 个集团在 2010 年底的客房总量。由此可见，虽然我国酒店集团保持了规模上的持续快速扩张，但与国际发达水平相比还有巨大差距。

2) 酒店集团品牌差距

酒店品牌是酒店产品、服务的标志和内涵价值的综合体。它由品牌名称、品牌认知、品牌联想、品牌标志、品牌色彩、品牌包装以及商标等众多要素组成。它是在消费者心中建立起来的企业文化、经营理念、产品品质、服务特色的综合形象。

酒店集团品牌标志

InterContinental Hotels Group

洲际酒店集团

Holiday Inn

假日酒店

速 8 酒店

温德姆酒店集团

万豪集团

希尔顿酒店

天天酒店

北京香格里拉

锦江国际

首旅建国

酒店品牌包括企业品牌和产品品牌。品牌是酒店企业的无形资产，有助于酒店培养顾客忠诚度，提高市场占有率；能促进酒店有形资产、无形资产保值增值，提高酒店经营效益；有助于酒店集团化，树立酒店集团市场形象，提高竞争实力。国际酒店集团注重品牌建设，注重品牌内涵价值，如品牌标准、建筑风格、品牌理念和质量控制体系等，而且品牌多样化，注重统一管理，强调集团效益。20世纪90年代以来，我国的酒店集团品牌意识不断增强，开始创建自己的品牌，实施品牌战略。但总体来说，仍停留在品牌建设的初级阶段，品牌建设过多地注重外在、硬件建设。品牌只是个名称和标志，品牌定位和目标市场模糊，品牌个性没有得到明晰的彰显，品牌标准和支撑品牌战略的各个系统还没有完善，与真正意义上的品牌化还相距较远。

3) 酒店集团的国际性差距

国际著名的酒店集团在全球范围配置资源，实施国际化发展，进行全球品牌连锁经营，并且中国是国际酒店集团竞争的主要市场。我国跨出国门的酒店集团很少，如1996年8月，大连丽景大酒店在美国西海岸买下了美国洛杉矶托伦斯广场酒店的所有权，并交由泰达酒店管理服务公司全权管理，泰达酒店管理服务公司拥有了自己在境外的第一家全资酒店。我国多数酒店集团市场范围仅仅局限在国内某一区域。

4) 销售网络和预订系统差距

国际著名酒店集团拥有全球销售网络和先进的预订系统，先进的管理技术增强了国际酒店集团开展国际竞争的实力，为其开展国际扩张奠定了基础。我国的酒店集团的销售网络和预认系统从无到有，有了一定的发展，但是与国际酒店集团比较仍有一定的差距，销售网络和预订系统不完善，从而影响集团统一、有效的管理，制约了我国酒店集团在国内外市场与国际著名酒店集团的竞争。

5) 酒店管理规范差距

国际著名酒店集团在几十年的发展过程中形成了完善成熟的管理规范、操作程序，良好的制度与科学的程序引导酒店集团形成良性发展。而我国酒店集团的历史短，适合集团成员的统一的管理规范缺乏或不成熟，现代企业制度处于完善之中，滞后的管理规范制约了酒店集团化发展。

6) 员工教育培训差距

国外酒店业培训早在100多年前就已经开始，像洛桑酒店管理学院已经为世界著名酒店集团培育了100多年的企业管理精英。现在很多国际酒店集团都有自己的培训机构，员工培训是酒店集团经营管理的重要组成部分。我国的酒店教育培训起步晚、规模小，规范性、科学性都有待提高。另外，在管理理念、管理人才、企业文化等方面中外酒店集团都存在很大差距。

根据联合国世界旅游机构的预测，到2020年，中国可能超过法国成为世界最受欢迎的旅游目标国。入境过夜旅游者为9 500～13 900万人次，年平均增长率为5.7%～7.75%。中国将成为酒店大国。我国的酒店行业应抓住市场机会，迎接挑战，加快集团化的进程，改变“独木舟”与“航空母舰”不对称的竞争格局，加强品牌建设，实施品牌经营，加强“软实力”建设，增强竞争力。

小阅读

洲际酒店集团英才培养学院

根据世界旅游组织的统计，到2020年，中国将成为最受欢迎的旅游目的地国，每年将会有1亿8 000万人次的旅游者来到中国，再加上中国本身所拥有的18亿人次的潜在数量，必然将激发对酒店业需求的巨大增长，而中国酒店人才的紧缺是制约酒店业发展的重大阻碍。为满足中国酒店业对专业人才的需求，2006年6月，英国洲际酒店集团与上海大学高等技术学院以及两家著名的澳大利亚旅游管理院校——威廉安格力斯学院以及Box Hill学院在上海签约，首家洲际酒店集团英才培养学院成立。之后，该合作模式在全国各地迅速发展，截至2011年5月已有25所洲际酒店集团英才培养学院在中国落户，覆盖华东地区、西南地区、华中地区以及华南地区。成立后的洲际酒店集团英才培养学院与当地旅游专业院校或者职业技术学院合作，在学校原有理论和专业课程的基础上，增加由洲际酒店集团高级管理人员授课，传授行业实践经验及最新行业信息，同时，也为学生提供在校期间实习的机会。每年遍布全国的洲际酒店集团英才培养学院为集团旗下的酒店以及整个中国酒店业输送超过 5 000 名具有行业实际工作经验的优秀毕业生。

(资料来源：[1] http://arts.51job.com/arts/14/295844.html.
[2] http://www.travellingscope.com/newsDetail.aspx?ID=5022.)

4. 酒店集团的管理模式

1) 酒店集团的管理模式

(1) 酒店集团直接经营。

酒店集团直接经营是酒店集团同时拥有和经营数家酒店，酒店集团既是各酒店的经营者，又是酒店所有者，各酒店所有权都属于同一个酒店集团。其经营方式主要是直接投资建造酒店并经营、购买现成酒店并经营和控股经营。这种形式，由于同一集团中的各酒店资源共享，有利于酒店节约成本，在管理上形成统一规范、统一理念，保持独立的风格，有利于树立企业形象，增强竞争力。同时，酒店集团直接经营风险大，需要有足够的人力、物力、财力支持，无论哪一个环节成员出现问题都会影响到整个集团。目前，中国本土酒店集团大多采用此种经营模式。香格里拉和喜达屋等拥有强大实力的酒店集团在中国酒店市场的扩张也多采用此种方式。

(2) 租赁经营。

租赁经营是酒店集团作为承租方与作为出租方的酒店所有者通过签订合同，在不改变所有权的前提下，将酒店经营权从出租方转移到承租方。出租者有义务把酒店交给承租人占有、使用和收益，承租方作为酒店的经营者对酒店拥有经营管理权，同时承担向出租者交纳租金，对酒店的经营管理承担全部责任，还要承担财政上缴税收任务等。租赁经营对出租方和承租方都比较灵活。

(3) 委托管理。

委托管理即合同经营或管理合同，指酒店所有者与酒店经营者(酒店管理公司、酒店集团)通过合同约定各自的责、权、利，酒店经营者通过合同取得酒店的经营管理权，对酒店的经营管理负全部责任。酒店委托管理的特点：酒店所有权和经营权的逐步分离；酒店逐渐转变成管理型公司；酒店管理公司(酒店集团)通过输出管理，对酒店进行紧密的控制和直接经营管理。酒店所有者通过资本运作来增加资产数量，实现资本扩张，并通过财务手段对酒店管理公司加以控制。委托管理是一种较小的投资扩张酒店集团连锁经营规模的方法，酒店集团不用直接投资建设酒店或购买股份就能实现在世界各地发展扩张。这种经营模式， 主要是单体酒店委托大型酒店集团，由酒店集团派出经验丰富的管理人才协助经营，待该酒店一切步入正轨之后，可由业主方和酒店集团共同协定是否需要继续签订合同并委托经营。20世纪80年代，中国酒店业刚刚起步阶段，本土酒店多采用此种经营模式，特别是涉外酒店，由于没有足够的经验，多借助世界知名酒店集团管理，如喜达屋、希尔顿等。

全球酒店受托管理集团前 5 名分别为万豪国际集团、洲际酒店集团、喜达屋、希尔顿和雅高集团。

(4) 酒店特许经营。

酒店特许经营通常指国际酒店管理集团将其具有知识产权性质的国际品牌、先进的全球预订网络与营销系统、成熟定型的国际管理模式与服务标准等的使用权出售给酒店业主，获得特许经营权的酒店业主可以使用酒店集团或公司的名称、标记、经营程序、操作规程、服务标准，并加入该预订系统和市场营销网，成为该集团的一员(加盟酒店)。酒店集团有责任对酒店建设前的选址、设计、可行性研究、资金筹措以及开业后的经营给予技术上的指导和监督。获得特许经营权的酒店业主有责任确保企业达到酒店集团所要求的经营标准，包括设备设施的规格及设备维修保养质量、服务项目和服务质量标准等。获得特许经营权的加盟酒店要向酒店集团交纳特许经营权转让费及使用费。

这种经营模式也可看作一种加盟，多数是单体酒店为了经营得更好，选取更好的品牌，利用酒店集团的商标、特殊的技能、经营模式等品牌效应给自己带来经营效益，并借此扩大规模。对特许商来说，借助于特许经营形式进行大规模的低成本扩张，不仅可以获得合理利用，也不涉及高资本风险。洲际集团在中国扩张的主要模式即特许经营权的转让。

酒店特许经营与酒店委托管理的区别：特许经营中，酒店管理集团没有直接经营管理权，只有指导及监督权；委托管理中，酒店管理集团有直接经营管理权，并派出一支酒店中高级管理人员队伍来保证酒店品质及效益。

全球酒店特许经营集团前 5 名分别为温德姆酒店集团、精品国际酒店公司、洲际酒店集团、希尔顿酒店集团、最佳西方。

(5) 顾问指导式的经营。

顾问指导式的经营是酒店管理公司担任酒店业主的顾问，参与制订计划决策、业务检查和质量监督，帮助被指导的酒店业主提高酒店管理水平，培养管理人才。酒店管理公司担任顾问指导的经营管理是国内目前酒店业常见的管理方式。

2) 中国主要酒店集团管理模式

2010 年我国酒店集团前 30 个酒店集团中，有 28 个集团使用了委托管理方式，委托管理的酒店共 790 家，占总量的 38.6%；23 个集团拥有部分成员酒店的全部或部分所有权，对其实行带资管理，带资管理的酒店共 368 家，占总量的 18.0%；10 个集团实施了特许经营，特许经营的酒店共 450 家，占总量的 22.0%；18 个集团采用了租赁经营，租赁经营的酒店数共 392 家，占总量的 19.1%；7 个集团提供顾问咨询服务，顾问咨询的酒店共 49 家，占总量的 2.4%。委托管理是目前酒店集团管理输出的主导方式。

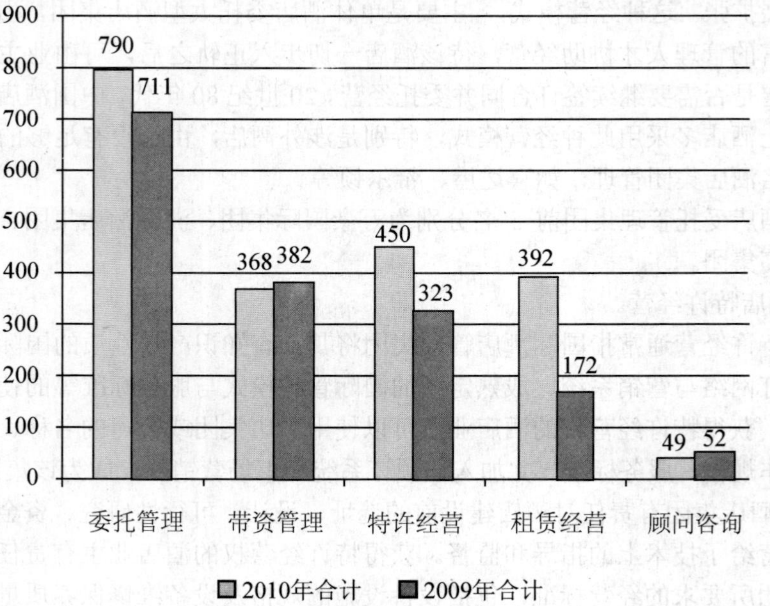

集团成员酒店管理模式变化

(资料来源：中国旅游饭店业协会. 2011 年中国饭店集团化发展研究报告[R]. 中国旅游饭店业协会，2011.)

5. 酒店集团的优势

在经济全球化不断深入，各个国家之间的联系更加密切、依赖性更强的国际环境下，客观上需要酒店集团化发展，单体酒店已经很难满足市场需要，并且在市场竞争中单体酒店很难与酒店集团抗衡，因为酒店集团具有单体酒店所不具备的优势。具体说，酒店集团有以下优势。

1) 经营管理优势

酒店集团在经营管理上实施统一的管理方法、管理制度、管理标准、管理程序等，管理体制成熟完善。完善的管理体制是保证酒店服务质量的基础，是确保集团整体实力的根本。管理理念先进是酒店集团走在行业前列的依据，酒店集团在全国范围、世界范围内整合资源，从不同的环境出发，对成员酒店的管理坚持统一性与个性相结合，融于当地文化，实施战略管理。酒店集团对成员酒店进行监督检查、提供管理指导，提供各种技术上的服务和帮助，提高成员酒店的经营管理水平。

2) 品牌优势

酒店品牌是酒店产品、服务的标志与内涵价值的综合体。它由品牌名称、品牌认知、品牌联想、品牌标志、品牌色彩、品牌包装以及商标等众多要素组成。品牌是在消费者心中建立起来的企业文化、经营理念、产品品质、服务特色等的综合形象。品牌在酒店业中的影响、价值越来越被人们认同和重视。

酒店集团的品牌是酒店集团的无形资产，是酒店集团市场推广、吸引顾客的无声推销员。酒店集团的品牌能够在消费者内心树立良好的企业形象与产品形象，促使消费者在消费时优先选择。同时，良好的品牌服务赢得消费者满意后，不仅培养了消费者对酒店集团的忠诚度，而且消费者会自发成为酒店集团的推销员，在自己工作、生活的社会圈子里进行口口相传，进而提高酒店集团的市场占有率，提高酒店集团的盈利能力。

“一分价钱一分货”，以质论价是市场规则。酒店集团依靠品牌口碑，基于自身的服务质量、服务环境，提高服务价格，创造品牌价值、赢得品牌效益。

品牌有助于酒店集团吸引合作伙伴，并通过各种经营模式进行区域扩张、全球扩张，多样化的品牌有助于酒店集团占领细分市场，形成产品多样化、市场多元化。品牌是酒店集团做强、做大的助推器，推动酒店集团在市场竞争中扩大规模、增强实力。

品牌是产品质量、服务质量的象征，是企业文化、企业理念在人们内心的综合评价。品牌是一种信誉，不仅有助于酒店集团赢得顾客光临，赢得合作伙伴信赖，而且有助于酒店集团立身社会，赢得社会的赞誉，树立社会形象。哪怕人们不曾消费过酒店集团的产品与服务，但是由于“名声在外”，人们对酒店集团也会给予肯定、关注。酒店集团的良好社会形象有助于自身巩固已有的顾客群，培养潜在的顾客群，巩固、开拓市场，融资信贷。

小阅读

希尔顿集团塑造微笑品牌形象

1919 年康拉德 · N. 希尔顿(Conrad N.Hilton)用 5 000 美元买下他的第一家旅馆——莫布雷旅馆。经过 80 多年的发展，如今希尔顿酒店集团已成为世界著名酒店集团之一，总结希尔顿酒店集团成功的奥秘，归功于希尔顿倡导的微笑服务。在希尔顿创业之初，他的母亲曾经对他说：“除了对顾客诚实之外，还要想办法使每一个住进希尔顿旅馆的人住过了还想再来住，你要想这样一种简单、容易、不花本钱而行之可久的办法去吸引顾客。这样你的旅馆才有前途”。母亲的话让希尔顿沉思，如何才能达到既简单、容易，又不花钱且能行之久远的办法来吸引顾客呢？希尔顿想了又想，始终没有想到一个好的答案。于是，他每天都到商店和旅店里参观，以顾客的身份来感受一切，他终于得到了一个答案：微笑服务。于是，希尔顿将企业理念定位为“给那些信任我们的顾客以最好的服务”，并将这种理念上升为品牌文化，贯彻到每一个员工的思想和行为之中，从而塑造了独特的“微笑”品牌形象。希尔顿酒店的每一位员工都被谆谆告诫：要用“微笑服务”为客人创造“宾至如归”的文化氛围；希尔顿对顾客承诺：为了保持顾客高水平的满意度，我们不断地听取、评估顾客意见，在我们所在的各个国家实行公平制度来处理顾客投诉并尊重消费者的权利。

(资料来源：http://info.meadin.com/BrandInterpretation/2008-12-30/08123075780.shtml.)

3) 规模优势

酒店集团的规模是单体酒店无法比拟的。在原材料、设备等物资采购中，酒店集团以量压价，可以获得价格优惠。而对供应商来说，薄利多销、稳定的市场同样有利可图。采购的统一性或统一标准，既降低了成本，又保证了质量。质量是企业的生命线，成本是企业生存的底线，凭借庞大的规模给酒店集团带来规模效益。

酒店集团凭借庞大的规模以及品牌信誉在融资贷款、解决资金周转困难等方面优势明显。融资信贷恰是单体酒店经营管理中的难题之一。对酒店集团的成员酒店，顺利地融资贷款，确保酒店经营的正常进行或站稳市场或开拓市场。

同样，庞大的规模以及品牌信誉有助于酒店集团进行资本运作，进行上市运筹，进而通过上市融资进一步做强、做大。

酒店集团内标准化程度高与其规模大的特点，使之便于发挥集中采购的优势。酒店设备标准化，便于维修；酒店消费品如床单、毛巾、香皂与其他卫生用品、文具、餐具、家具标准化，便于更换与补给。这两方面的标准化，使酒店集团可以集中大批量地向生产商订购或采购，从而有可能得到优惠价格或其他条件，这比中小批量的交易要经济得多。

4) 人力资源优势

在人力资源方面，酒店集团的优势主要体现在 4 个方面：①吸引人才，酒店业发展的关键是人才，缺乏人才是酒店行业的突出问题，酒店集团凭借综合优势吸引四面八方业内人才；②先进的管理留住人才；③注重培养人才。酒店集团一般都有规范的人才培养机制，有自己的人才培养机构；④人力资源的集中统一管理和安排，让合适的人做合适的事，提高人力资源效益。优势的人才资源，是酒店集团开拓市场、发展壮大的保证，是提高管理技术和管理水平的根本，是酒店集团市场竞争综合实力的基础。

5) 信息管理优势

当今时代是信息时代，信息是企业的重要资源，是酒店集团经营管理现代化的手段和竞争实力。酒店集团信息管理优势主要体现在酒店管理系统、中央预订系统和全球预订系统的计算机管理系统方面。规范、先进的信息管理，方便了全球范围内的顾客，扩大了酒店企业的客源，增强了遍布各地的成员酒店的竞争实力，有助于酒店集团宣传、推广企业，提高国际知名度。尤其是国际酒店集团在信息管理方面的领先行业，对国际酒店集团全球战略实施、全球业务开展奠定了技术基础。

10.1.2 国际著名酒店集团

1. 洲际酒店集团

1) 洲际酒店集团概况

洲际酒店集团(InterContinental Hotels Group PLC，IHG)是一家英国企业。1777 年，英国巴斯(Bass)集团成立，成为英国第一家独立注册商标的集团。成立之初，主要以饮料和啤酒的生产和销售为主。20 世纪 60 年代巴斯公司收购了一些知名的酿酒公司，成为英国最大的酿酒商。20 世纪 80 年代末，转入酒店行业。1989 年，全盘接收 1952 年由美国人凯蒙斯·威尔逊创设的假日酒店集团，1998 年，从日本 Saison 集团手中收购了由泛美航空公司于1946年创立的洲际酒店集团。2001年7月，巴斯集团更名为六洲酒店集团，2003年4月，六洲酒店集团正式更名为洲际酒店集团。

洲际酒店集团是目前全球最大、网络分布最广的专业酒店集团，在全球100多个国家和地区经营和特许经营着超过4 400家酒店，超过660 000间客房。在全球酒店集团300强的排名中，2000～2002年连续3年位居第二，2003～2008年连续6年位居第一。"洲际"旗下的酒店品牌有洲际酒店(InterContinental Hotels & Resorts)，假日酒店(Holiday Inn)，皇冠假日酒店及度假村(Crown Plaza Hotels & Resorts)，快捷假日酒店(Holiday Inn Express)，假日套房公寓(Staybridge Suites)、堪的伍德公寓(Candlewood Suites)和靛蓝酒店(Indigo Hotel)。

烟台南山皇冠假日酒店

维拉德华盛顿洲际酒店

2) 洲际酒店集团在中国的发展

洲际酒店集团是最早抢滩中国市场的酒店集团之一。1984年，进入中国市场，管理的第一家酒店是丽都酒店，1986年，正式命名为北京丽都假日酒店。酒店集团中国区总部在上海。根据迈点网报道，至2011年集团在华已达到150家，是国际酒店集团在华酒店数量最多的集团，分布在中国大陆25个省区市及香港特别行政区。洲际计划5年内将中国区酒店增至300家。

例如，香港洲际酒店、重庆洲际酒店、九寨沟九寨天堂洲际大酒店、上海锦江汤臣大酒店、沈阳洲际酒店、福州洲际大酒店、马鞍山海外海皇冠假日酒店、重庆滨江皇冠假日酒店、北京中成天坛假日酒店、海南酒店三亚亚龙湾假日度假酒店、三亚半山半岛洲际度假酒店、烟台南山皇冠假日酒店、青岛海尔洲际酒店等都是洲际酒店集团的中国区酒店。

2．温德姆酒店集团

1) 温德姆酒店集团概况

温德姆酒店集团(Wyndham Hotel Group)是全球最大的酒店集团之一，总部位于美国新泽西州。温德姆酒店集团的前身是圣达特酒店集团(又译胜腾酒店集团)。2006 年 8 月 3 日，圣达特酒店集团收购了豪华五星级知名酒店品牌——温德姆，从此，圣达特酒店集团更名为温德姆酒店集团。

温德姆酒店集团在全球100个国家和地区拥有7 112个酒店和597 674间酒店客房。在全球酒店集团 300 强的排名中曾连续 6 年排名第一。旗下品牌包括天天(戴斯)(Days Inn)、温特莱(Wyndham)、村民客栈(Villager Lodge) 华美达(Ramada)、豪生国际(Howard Johnson)、速 8(Super 8)、赢门客栈(Wingate Inn)、旅游住宿(Travelodge)、骑士客栈(Knights Inn)、美国主人客栈(AmeriHost Inn)。

武汉华美达光谷大酒店

广州速 8 酒店

(2) 温德姆酒店集团在中国的发展

温德姆酒店集团在中国经营并管理的品牌有豪生、华美达、天天及速 8 等。1999 年，豪生进入中国大陆地区。现已在北京、上海、杭州、南京、成都、天津、贵阳、武汉、海南等城市发展起来。

2004 年 4 月，速 8 进入中国。同年 6 月 8 日，在北京开出了其第一家酒店。2007 年，温德姆酒店集团在上海、北京、广州设立办事处。根据迈点网报道，截至 2010 年，集团已在中国开设约 270 家酒店，并计划未来加速在中国设立新酒店的进程。集团在中国的发展不仅在北京、上海等大型城市，而且将在二三线城市设立适应大众需求的经济型酒店。

3. 万豪国际集团

1) 万豪国际集团概况

万豪国际集团(Marriott，又译马里奥特)是世界上著名的酒店管理公司和入选财富全球 500 强名录的企业，总部位于美国华盛顿，由已故的约翰·威拉德·马里奥特(John Willard Marriott)先生于 1927 年在美国华盛顿创办了公司初期的一个小规模的酒店，起名为“热卖店”，之后很快发展成为服务迅速周到、价格公平、产品质量持之以恒的知名连锁餐厅。发展至今，万豪国际集团在全球68个国家和地区管理超过3 600家酒店，提供约563 100间客房。在全球酒店集团300强的排名中连续多年排名第三，多次被世界著名商界杂志和媒体评为首选的酒店业内最杰出的公司，连续10年被《财富》杂志评为酒店业最值得敬仰企业和最理想工作酒店集团之一。

深圳金茂JW万豪酒店

名古屋万豪酒店

万豪国际集团目前拥有丽兹卡尔顿酒店及度假酒店(The Ritz-Carlton Hotels & Resorts)、JW万豪酒店及度假酒店(JW. Marriott Hotels & Resorts)、万豪酒店及度假酒店(Marriott Hotels & Resorts)、万丽酒店及度假酒店(Renaissance Hotels & Resorts)、万怡酒店(Courtyard by Marriott Hotels)、万豪行政公寓(Marriott Executive Apartments)、万豪田园酒店(Courtyard Marriott)、旅居酒店(Residence Inn)、春山套房(Spring Hill Suites Marriott)、公平客栈(Fairfield Inn Marriott)、城镇套房(Town Place Suites)、万豪国际度假俱乐部(Marriott Vacation Club)等18个品牌。

2) 万豪国际集团在中国发展

万豪国际集团于1997年进入中国内地酒店业市场。根据迈点网报道，目前万豪国际集团旗下的丽思卡尔顿、JW万豪、万豪、万丽、万怡和万豪公寓共6个酒店品牌在中国经营的酒店达58家，正在筹建中的酒店达30家。万豪国际集团在中国的布局主要是北京、上海、广州和深圳等一类城市，集团计划到2014年在中国的开业酒店数量增加至100家，下一步将加强对二三类城市的市场开发。

4. 希尔顿酒店集团

1) 希尔顿酒店集团概况

希尔顿酒店集团是国际著名酒店集团之一，集团总部设在美国。1919年，康纳德·希尔顿用5000美元买下他的第一家旅馆——莫布雷旅馆。1925年，康纳德·希尔顿在达拉斯建造了第一家以“希尔顿”命名的酒店。从此，他以自建、并购、租赁、管理输出等方式扩大规模。1946 年，他成立了希尔顿酒店公司集团。1949 年，希尔顿国际酒店公司成立，成为希尔顿酒店公司的独立子公司。1964 年，希尔顿国际酒店公司脱离希尔顿酒店公司，并在纽约上市。希尔顿酒店公司拥有管理美国境内的希尔顿酒店及品牌使用权，希尔顿国际酒店公司拥有除美国以外的全球范围内“希尔顿”商标使用权。全球的希尔顿酒店却并不属于同一个公司，但是两家公司共同使用希尔顿全球预订系统。2005 年，希尔顿酒店集团斥资 57 亿美元收购了希尔顿国际酒店公司，通过这次并购，希尔顿品牌成为一个统一的实体。

纽约希尔顿酒店

北京希尔顿酒店

2008 年，全球酒店集团 300 强的排名中希尔顿酒店集团排名第四，在全球 80 多个国家和地区拥有客房 545 725 间，拥有酒店 3 265 家。目前，拥有酒店 3 750 家。旗下拥有的品牌包括康拉德(Conrad Hotels)、希尔顿(Hilton Hotel)、斯堪的克(Scandic)、双树(Double Tree)、使馆套房酒店(Embassy Suites Hotels)、家木套房酒店(Homewood Suites by Hiton)、花园客栈(Hilton Garden Inn)、汉普顿旅馆(Hampton Inn & Suites)、希尔顿度假俱乐部(Hilton Grand Vacations Club)。

2) 希尔顿酒店集团在中国的发展

1988 年，上海希尔顿酒店开业，它标志着希尔顿酒店集团开始进入中国市场。20 世纪 90 年代，希尔顿酒店集团在中国市场扩张的步伐明显落后于其他国际酒店集团。进入新世纪，随着希尔顿品牌成为统一实体后，集团发展战略重点开始转向亚洲市场，尤其是中国市场，希尔顿加速了其在中国市场的扩张步伐。到 2010 年 3 月，希尔顿国际酒店集团最高端的、超豪华酒店品牌康拉德(Conrad)已在中国落户 11 家。根据中国经济网报道，2011 年希尔顿酒店集团在中国设立的酒店达 25 家，计划到 2014 年在中国新增酒店至 100 家。

5. 香格里拉酒店集团

1) 香格里拉酒店集团概况

香格里拉酒店集团隶属于马来西亚著名华商——“糖王”郭鹤年的郭氏集团旗下。1949 年成立的郭氏集团如今控制着超过 100 家公司，拥有数十亿美元的资产。业务渗透到新加坡、泰国、中国、印度尼西亚、斐济和澳大利亚等地，主要经营范围从甘蔗种植、制糖、面粉、饲料、油脂、矿山，到金融、酒店、种植业、商贸和船运等。1971年，郭氏集团与新加坡经济发展局合资建成了新加坡第一家豪华大酒店——香格里拉大酒店，并开始在亚太地区扩张，打造香格里拉酒店品牌。目前，总部设在香港的香格里拉酒店集团是亚洲最大的豪华酒店集团，是世界最佳酒店管理公司之一。在2011年《商旅(亚太)》杂志读者评选中，香格里拉酒店集团及其旗下酒店荣获了8项大奖，其中包括其连续第11年荣获的“亚太地区最佳商务酒店品牌”奖。

港岛香格里拉酒店

上海浦东香格里拉大酒店

香格里拉酒店集团拥有和管理香格里拉、嘉里和商贸酒店3个品牌，全球共计72家酒店，客房量已超过30 000间。截至2011年下半年，全球正在筹建的酒店有45家，主要分布在加拿大、中国大陆、印度、马来西亚、蒙古国、菲律宾、卡塔尔、斯里兰卡、土耳其和英国。经过40年的潜心经营，“发自内心的待客之道”已经成为香格里拉酒店集团的品牌标志。正是基于香格里拉酒店集团向客人提供无微不至的服务，才获得了公众和业内的美誉。

2) 香格里拉酒店集团在中国的发展

1984年，香格里拉在中国大陆开设了第一家酒店——杭州香格里拉酒店，香格里拉酒店集团拥有杭州香格里拉45%的股权，从此开始了香格里拉酒店集团在内地的带资管理。1985年，郭鹤年在内地进行的首项投资就是与国家经济贸易委员会合作，斥资3.8亿美元，在北京兴建中国国际贸易中心。国贸中心是包括酒店、写字楼、商场、高档国际公寓在内的综合建筑群，北京国贸酒店和北京中国大酒店是其重要组成部分。1987年，北京香格里拉酒店落成，香格里拉酒店集团占有49%的股份，是当时京城最高、最豪华的五星级酒店。1989年，北京国贸酒店开业，1990年，北京中国大酒店开业，香格里拉拥有两家酒店50%的股份。1995年，郭氏旗下的嘉里集团和北京北奥公司兴建了高级写字楼嘉里中心。2005年，上海浦东香格里拉大酒店2期新楼——紫金楼开业，成为香格里拉酒店集团旗下及其在中国最大的豪华酒店。2011年，推出嘉里酒店品牌，开设上海浦东嘉里大酒店。到2011年，香格里拉酒店集团在中国拥有34家酒店，正在筹建酒店有22家。从香格里拉国际酒店集团官网获悉，2012

年将有 7 家香格里拉酒店在大陆开业。这 7 家新酒店分别是常州香格里拉大酒店、海口香格里拉大酒店、扬州香格里拉大酒店、曲阜香格里拉大酒店、重庆香格里拉大酒店、三亚香格里拉度假酒店和上海静安香格里拉大酒店。

10.2 酒店未来发展趋势

酒店业经过多年发展，已经进入一个新的阶段，它所依托的内外部因素也发生了一些新的变化，其未来发展也必然会呈现出新的动态和趋势。把握这些变化趋势，确定正确对策，对酒店业来说至关重要。

10.2.1 酒店管理理念更加人性化

酒店的管理人员和基层员工是酒店最重要的资产。因此，无论在过去、现在或是将来，“以人为本”始终都会作为酒店经营管理理念的精髓。凯蒙斯·威尔逊说过，“没有满意的员工，就没有满意的顾客，没有使员工满意的工作场所，也就没有使顾客满意的享受环境”。酒店业是典型的服务业，“人”的因素尤为重要。万豪是世界最著名的酒店集团之一，它最基本的理念是“人服务于人”。万豪认为只有公司对员工好，员工才会对客人好。而相反，有很多酒店人员流失现象严重，其原因之一就是员工对酒店的忠诚度和满意度极低。酒店为员工提供一个和谐愉快的工作环境，满足其合理化要求，使其发挥出自己最大的热忱和潜能实现自我，同时也保证了酒店服务产品的质量。酒店业的竞争从数量竞争发展到产品竞争，之后，文化竞争会成为其深层次的竞争形式。而以人为本，也是构建优秀企业文化的核心要素。

总之，坚持以人为本的经营管理理念，实施柔性管理，坚持尊重人、关心人、培养人、凝聚人，从内心深处来激发每个员工的内在潜力、主动性和创造精神，最终会实现人与酒店的共同成长。

小阅读

昆明酒店以人为本，追求卓越

昆明酒店作为 2011 世界旅游文化小姐大赛云南赛区特别鸣谢单位之一，致力于打造优秀的企业文化，并以文化为中心致力于昆明品牌酒店形象的塑造。

昆明酒店的经营理念是以人为本、公平公正、制度加人性化管理企业、以质量求生存、用创新求发展。昆明酒店成立于 1958 年，自建店迄今已经历了 53 年的发展历程，是云南历史最悠久、接待规模较大、信誉卓著的国有四星级涉外旅游酒店之一。2008 年，昆明酒店经申报成为“云南省著名商标”。2010 年，昆明酒店创建为国家最高级别的“五叶级”绿色酒店。昆明酒店在经营过程中独到的价值观、企业精神和优质服务，使社会对昆明酒店予以承认和肯定，昆明酒店在社会上也树立了良好的形象。

(资料来源: http://news.163.com/11/0902/09/7CUF9TBP00014AED.html. 2011-09-02.)

10.2.2 多样化、多元化、个性化愈发明显

实现标准化、规范化和程序化是酒店服务的基本保证。但酒店业发展到今天，仅仅做到这些并不能确保其在激烈的市场竞争中取得优势。酒店业所面临的服务对象更加复杂化，其顾客群对服务的要求也更加严格。这就必然促使酒店所提供的服务产品在未来更加多样化、多元化、个性化，以满足客人全方位的需求。也就是说，酒店越来越趋向于为客人设计而不是为酒店设计。这主要表现在以下 3 个方面。

1. 酒店类型多样化

可以预见，未来的酒店业市场竞争必然更加激烈。这也促使酒店市场划分更加精细，呈现出更多满足市场需求的酒店类型。TripAdvisor 中国官网的“中国最佳酒店排行”调查显示，最受游客欢迎的酒店是成都文殊坊旅游景区内圆和圆佛禅客栈主题酒店，JIA 精品酒店、新地球村度假酒店等主题精品酒店占据了 3 成左右。

在众多的酒店类型中，文化主题酒店会在未来的酒店市场中占有一席之地。文化主题酒店拼的是文化特色。在这一方面，中国的文化主题酒店借助于悠久的文化更有优势。例如，上海的和平酒店是个老上海文化主题酒店，老年爵士乐队、九国式套房、浦江景致和老上海文化是该酒店的特色。该酒店注重品质优化，走精品之路，以优质优价使经济效益连续 10 年位居集团之首。

一大批系列主题酒店、特色酒店出现并且深受顾客青睐，在很大程度上表明，酒店服务群体的个性化需求已成为酒店业改革和发展的动力。

2. 服务产品功能化

酒店产品功能化是客人的需求，是时代发展的趋势，也是酒店创收的渠道。学习了酒店发展历程，人们了解到现代酒店不仅仅局限于为客人提供基本的食宿服务，它的功能性更强，好的酒店甚至可以成为旅游目的地。阿曼(Aman，又译安缦居)在全球有 14 万顶级消费的固定客源，阿曼粉丝将新开的阿曼酒店作为自己旅游的目的地。况且商务、会议、休闲度假等不同类型的客人对酒店在通信设施、康乐设施、客房设施等方面有不同的要求。即使在食宿方面，很多酒店都会适时推出满足大多数客人需求的一种或多种服务。例如，举办某地节庆活动，并以该地的风俗习惯和礼仪提供服务；不少酒店设置了日本餐厅、法国餐厅、泰国餐馆等，让更多客人能够享受到恰当的服务。未来酒店所提供的服务产品和项目功能性、专业化会更强，种类会更加丰富。

3. 酒店设计个性化

酒店标志、建筑、设施设备、服务项目等各方面个性化的因素更加明显。这一方面与酒店自身树立独特的公众形象有关，另一方面也源于客人的个性化需求。

从 20 世纪 80 年代开始，旅客的艺术、文化和历史兴趣的升温，带动欧洲出现了一批利用老建筑改造成的复古型酒店。直到今天，这些需求仍在影响着酒店业的发展。2008 年 9 月，北京颐和阿曼酒店房间 51 间开业，2/3 的建筑直接沿用了 400 年前的老宅子，1/3 是在老宅子风格的基础上仿造，尽量保持了明清皇家四合院的原汁原味。

2010 年 1 月 1 日，杭州灵隐景区内的法云阿曼酒店开业，其设计概念为 18 世纪的中国村落，有房间 44 间，酒店保持杭州原始村落的木头及砖瓦结构，服务员的制服使用与村落合拍的土黄色，钥匙用竹节钥匙圈。

在客房设计上，希尔顿推出了“睡得香客房”、“健身客房”、“精神放松客房”等；雅高推出了“高科技好客”概念客房；喜达屋则拥有“天堂之床”的梦幻客房。所有这些都更好地满足了消费者要求舒适且不断变化的需求。

小阅读

希尔顿酒店推出全球“欢迎”计划，为中国客人提供优质服务

2011 年 9 月 7 日，希尔顿酒店及度假村在北京启动“欢迎”计划的全国首发仪式，该项目是为中国游客度身定制的特别体验式服务。

这个项目的英文名称“Huanying”即源自“欢迎”的中文拼音，旨在让游客能够快速便捷地预订酒店，并满足特别的中国文化习惯和期待。其主要服务包含到达入住、客房设施以及早餐供应 3 个方面，如到达时有掌握熟练中文的前台接待团队，客房设有茶具、多款中国茶叶、拖鞋、专门的中文电视频道及中文欢迎函，早餐则配有两种口味的粥、炒饭、炒面、点心选择、油条、水煮蛋、新鲜水果、中国茶和豆浆等，并配有中式餐具，包括筷子和筷子架、中式汤勺和调料碟。目前，希尔顿全球酒店集团旗下 13 个国家的 51 家酒店已经加入该项目，范围覆盖了最受中国游客欢迎的旅游目的地国家。

希尔顿酒店及度假村全球负责人戴夫·霍顿(Dave Horton)表示，“希尔顿在中国的品牌影响力正在不断扩大，与此同时，我们欢迎更多的中国旅客来探寻海外的旅游胜地，并确保他们能在全球范围享受到真正需要的酒店服务。”

(资料来源：http://gb.cri.cn/27824/2011/09/07/144s3364791.htm.)

10.2.3 管理手段向信息化、智能化、现代化发展

现代酒店是集客房、餐饮、通讯、娱乐、会议、商务及各种服务与设施为一体的综合性场所。人员事务组织庞大，结构复杂，服务项目多，信息量大。要提高效率，降低成本，提升服务质量和管理水平，进而扩大经济效益，必须借助于信息管理工具进行信息化管理改造。顺应信息化时代的潮流，以信息技术为核心的高科技在酒店业的运用中呈现加速发展的趋势。纵观世界著名的酒店集团，都把采用先进的 IT 技术构建酒店管理信息系统作为提高管理水平的重要手段之一。未来在酒店业白热化的市场竞争中，保持高效、精准的信息传递与业务协作，适时应对市场变化，必然促使酒店业将信息化应用走向深化，“数字酒店”系统也会更加成熟。

智能化与数字化已成为酒店发展的核心竞争力量之一。北京贵宾楼酒店是 2008 年北京奥林匹克运动会接待总部酒店，其位置和影响力都非常重要。清华同方曾借奥运契机，完善其楼宇智能信息系统，针对高端酒店行业研发，推出了专门面向 2008 奥运

会而定制的酒店客房宽带互联网服务和互动电视系统服务。

酒店设备智能化以客人方便为前提，如现在的门锁采用磁卡门锁、指纹门锁、感应门锁等；客房内灯无需人工开关，而是感应器控制，人进房灯亮，人外出灯自动关闭；客房温度采用人体感应，自动调温，适合住店人的需求；冲水马桶不用人工按水箱，而是感应装置，人出来自动冲水，所有这些设备都大大方便了客人。未来智能化将会充斥着酒店的各个角落，这也符合酒店“以人为本”的经营管理理念。

新技术的采用意味着更优化的运营。随着科技的改进及其在酒店行业的应用，与此同时，互联网进一步普及，酒店可用的管理手段也更加多样化和现代化。

小阅读

利用现代化手段，千岛湖开元度假村微博管理初见成效

千岛湖开元度假村微博营销活动开展得如火如荼。目前，度假村市场部、传讯部安排专人每日对微博进行管理。首先，酒店的各项活动、酒店介绍、新菜上市、客房特色、康体优惠等都及时在微博上发布。其次，针对住店客人提出的问题及建议，度假村及时给予回复，同时反馈至酒店相关部门。打开度假村微博，粉丝关注已近千人，涉及千岛湖开元度假村的点评也很多，不少住店客人留下了他们美好的回忆。这样一个非正式的交流平台，为度假村开辟了新的品牌宣传途径，对酒店人气的提升起到了积极作用，而这样的宣传途径还在不断地扩大。同时，客人留下的丰富点评，提出的宝贵意见，也为度假村各项服务的改进与提升提供了新的出发点，这些点评还为那些未到酒店的客人提供了宝贵的出行意见，再一次提升了酒店的微博关注度。

现在，在千岛湖，由当地政府牵头，即将建立一个千岛湖的综合微博平台，千岛湖开元度假村也将积极参与，对于这样一个平台所产生的经济效应，度假村也相当关注。

未来，微博营销也将成为度假村网络营销中的重要一部分，度假村将对此及时关注，不断开辟新的微博管理模式，促进酒店营销，加大酒店品牌形象的宣传。

问题：你对千岛湖开元度假村的微博营销有什么看法？还可以采用哪些手段来加强酒店的管理？

(资料来源：http://www.chinahotel.org.cn/dispArticle.Asp?ID=11833.)

10.2.4 品牌化和规模化特征明显

在全球一体化背景下，走品牌化和规模化发展道路是酒店企业的明智选择。品牌是企业持续发展所需要的一种无形竞争手段。现代意义的品牌是指消费者和产品之间的全部体验，既包括物质体验，更包括精神体验。品牌向消费者传递了一种生活方式，使其消费某种产品时被赋予一种象征性的意义，最终改变人们的生活态度及生活观点。酒店品牌化是激烈的市场竞争的需要，品牌作为酒店的核心竞争力，已成为增强竞争力的最重要因素。酒店品牌化是消费者消费需求的需要，人们关注品牌、讲究品牌成了一种日益发展的消费趋向。品牌形象和声誉是驱动顾客购买的重要因素。在购买酒店服务之前，顾客无法判断酒店的服务质量，品牌自然成为服务质量的标志。酒店品牌化是加速扩张、走集团化发展道路的需要，国际知名品牌酒店发展趋向是走集团化规模经营。酒店业是集中度非常高的行业，在世界范围内，少数最大的酒店集团基本垄断了酒店市场。在未来，大型的酒店集团和酒店管理公司会陆续出现，成为酒店业的中坚力量，并且逐渐利用其品牌优势实现全球范围的规模扩张，酒店业的集中化程度也会越来越明显。

10.2.5 低碳化得到重视，绿色酒店成为潮流

环境问题备受全球瞩目，人们开始考虑采取各种有效措施进行环境保护，安全、健康、环保理念逐渐深入人心，一个全新的低碳经济时代即将到来，酒店业的可持续发展问题也受到业界的广泛关注。“绿色酒店”的理念正好迎合了人们的需求并成为未来酒店发展必须关注的焦点。

绿色酒店的发展出现在 20 世纪 80 年代末期，随着绿色意识的增强，欧洲的一些酒店开始实施环境管理，营造酒店的“绿色”氛围，并借此提高经济效益和社会效益。90 年代中期，“绿色酒店”的理念传入中国，首先是在国内一些大城市的外资、合资酒店和一些由国外管理集团管理的酒店中实施“绿色行动”，并逐步更多地向酒店企业延伸。从酒店设计装饰到酒店用品，“绿色”将逐渐遍布酒店业的各个角落。

绿色酒店是指在酒店建设和经营管理过程中，运用安全、健康、环保理念，坚持绿色管理、倡导绿色消费、保护生态并合理使用资源的酒店。其核心是在为顾客提供符合环保、健康要求的绿色客房和绿色餐饮的基础上，在生产运营过程中加强对环境的保护和资源的合理利用。

2009 年 12 月 25 日，德州市开发区太阳谷微排国际酒店开业，酒店应用太阳能集热系统、外墙保温技术，比节能标准低 30%左右；门窗、天窗和幕墙采用了温屏节能玻璃和 BIPV 温屏光伏组件，传热系数降低为国家节能标准的一半;光伏并网发电系统发电量预计达到 20kW。酒店整体节能 70%，加上 60%的采暖、制冷，节能效率高达 88%。

2010 年 10 月，丹麦首都哥本哈根的皇冠假日酒店获评“斯凯尔国际生态旅游奖”，成为世界最环保酒店。2010 年开业的哥本哈根皇冠假日酒店是世界第一家可由顾客自己发电的酒店，既满足顾客需要，又节约资源。当顾客健身时，特制的健身器材，如发电自行车，会把运动产生的能量收集起来并转换成电能存贮在电池里，再传回酒店供电系统。任何顾客只要每小时生产的电能超过 10 瓦特，就可享用免费丹麦大餐。一小时内常速骑车 30 公里，就可生产 100 瓦特的电能。酒店还拥有北欧最大的光伏发电装置，空调的制冷或制热则是利用具有温差的地下水不断循环实现，客房里的电视和照明设备都是低能耗设计，洗发水、沐浴露、牙膏、牙刷、浴帽等均由可生物降解的材料制成，餐厅所有食物废料都将被用来生产沼气和肥料。

2011 年 1 月，纽约巴克莱洲际酒店 685 间客房全部实现风能供电，成为纽约市第一批 100%风能驱动的酒店。根据美国环保局的测算，巴克莱洲际酒店此举将减少

860 万磅(1 磅＝0.4536 千克)碳排放，其购买风能所产生的环境效益相当于 869 位司机停用私家车、将 1 530 吨废弃物进行循环利用，同时也能支持美国国内的新经济和就业。

总之，倡导和创建节能环保健康型的绿色酒店业已经成为国际酒店业发展的方向，营造健康、环保的绿色酒店逐渐成为引领国内酒店业发展的新潮流。

酒店业是一个竞争激烈的行业，同时也是一个发展前景极其广阔的行业。它面临着内外复杂的环境，同时也有强烈的地域特点，其未来发展有无限可能。人们无法给出答案，以上仅仅列出几个方面，从中可以看到机会，看到挑战，剩下的留给时间来检验，相信酒店业的明天会更加美好。

本章小结

本章主要介绍酒店集团化及国际著名酒店集团，酒店未来发展趋势。酒店集团起源于 20 世纪初的欧美国家，经过几十年的发展，到 20 世纪 90 年代末，酒店集团已经形成全球发展的格局。中国的改革开放极大地吸引了国际酒店集团的直接、间接投资。国际酒店集团自 20 世纪 80 年代开始进驻中国市场，如今，中国已成为国际酒店集团全球化战略的重点。国际酒店集团在中国的发展推动了中国本土酒店集团化的发展，但是与国际酒店集团比较，本土酒店集团还有很大差距。国际著名的酒店集团有很多，本章主要介绍洲际酒店集团、温德姆酒店集团、万豪国际集团、希尔顿酒店集团、香格里拉酒店集团。国际酒店集团的管理模式主要有酒店集团直接经营、租赁经营、委托管理（即合同经营或管理合同）、酒店特许经营、顾问指导式的经营。国际酒店集团凭借其经营管理优势、品牌优势、规模优势、人力资源优势、信息管理优势等在全球具有绝对的竞争实力。在全球竞争中酒店未来的发展趋势是管理理念更加人性化；多样化、多元化、个性化愈发明显；管理手段向信息化、智能化、现代化发展；品牌化和规模化特征明显；低碳化得到重视，绿色酒店成为潮流。

练习与思考

一、专业术语

1．酒店集团　　2．酒店集团直接经营　　3．酒店租赁经营
4．酒店委托管理　　5．酒店特许经营　　6．顾问指导式的经营

二、单项选择题

1．国际酒店集团化演进过程经历了 4 个阶段，快速发展阶段是(　　)。
A．第二次世界大战后　　B．20 世纪 60 年代
C．20 世纪 80 年代以后，尤其是 90 年代　　D．21 世纪后

2. 酒店品牌是酒店产品、服务的标志与内涵价值的综合体。它由品牌名称、品牌认知、品牌联想、品牌标志、品牌色彩、品牌包装以及商标等众多要素组成。下列选项不属于酒店集团的品牌特征的是(　　)。

A. 品牌是酒店集团的无形资产

B. 酒店集团品牌不具有经营战略意义

C. 品牌能够在消费者内心树立良好的企业形象与产品形象

D. 品牌是酒店集团市场推广、吸引顾客的无声推销员

三、案例分析

豪华酒店集团的中国梦

全球酒店集团300强排行榜的前10名中，至少有8名已经进入中国，其中包括名列第一的洲际酒店集团。洲际酒店集团要推出一个有别于西方传统酒店的“中式酒店”品牌。“但这并非西方人所认为的中式。”洲际酒店集团大中华区CEO柏思远(Keith Barr)说。人们也许不会在其中看到中式庭院、如意结或大红灯笼，洲际酒店集团即将推出的这个品牌是五星级标准，它能满足中国人对国际品牌的喜好，同时更贴近他们的消费习惯。“这是根据对中国消费者进行的调查量身定制的。”在新品牌中，洲际酒店集团会做很多细节上的改动，如对大堂的装修更下功夫、提供纯正的中餐、在餐厅中增设更多的包间并且开设茶室等。与以往高端国际酒店品牌先国际后中国的成长路径截然相反，该品牌会在2012年前后面世，先在中国内地实验，测试出品牌忠诚度后再推向海外市场，服务于中国游客。“在中国要想成功，你就必须和别人不一样。”柏思远说。

一样看好中国市场的外资酒店集团不止洲际酒店集团一家。2010年，希尔顿在中国开了6家酒店，并计划5年内在现有17家酒店的基础上迅速扩张到100家酒店的规模。已经有104家酒店的雅高集团计划到2013年新增酒店50家，并尽快实现突破200家的目标。

2011年7月11日，喜达屋宣布个性化旅游的项目，要求喜来登、威斯汀和W等连锁酒店的1 051家酒店针对中国游客提供一系列特别服务，包括迎合口味的新菜品和食品，配备电热壶和拖鞋，提供翻译服务。将从纽约、伦敦、墨西哥城、首尔和旧金山等城市的19家酒店开始实施，到2012年底覆盖旗下所有酒店。旗下所有酒店将开始招聘至少一名会说中文的工作人员。入住酒店的中国客人将收到一份翻译成中文的总经理欢迎信，信中列明了酒店提供的便利设施，如茶壶、剃须刀、牙刷和梳子。

这些竞争对手的速度刺激了洲际酒店集团——这个全球最大的酒店集团在1984年进入内地市场后，花了24年的时间开出71家酒店。从2008年到2011年3年，洲际酒店集团将这一数字翻了一倍还多，达到150家，稳坐中国发展速度最快的国际酒店集团第一的位置。而在柏思远制订的计划里，洲际酒店集团会在5年内让酒店数再翻一倍，达到近300家。集团总部甚至在2009年为此改变了全球业务架构——他们将大中

华区独立出来，柏思远本人直接向总部汇报，这种结构无疑能让大中华区的扩张得到最迅速和最充分的支持。

(资料来源：http://www.chinahotel.org.cn/dispArticle.Asp?ID=10573.)

思考：

你能够从本案例中了解酒店业发展的哪些发展趋势？

四、实训题

走访调查国内 2 或 3 个四星级或五星级酒店，了解该酒店隶属的酒店集团及管理模式，该管理模式有什么优势，该管理模式在经营中有哪些需要提高改进的。

课后阅读

推荐阅读书目

[1] 薛秀芬．中外酒店集团比较研究[M]．北京：北京师范大学出版集团，2011．

[2] 马勇，陈雪钧．饭店集团品牌建设与创新管理[M]．北京：中国旅游出版社，2008．

推荐学习网络

[1] http://www.hilton.com.cn.

[2] http://www.jinjiang.com/about.

参 考 文 献

[1] 刘名俭．饭店管理[M]．武汉：华中科技大学出版社，2009．

[2] 洪涛．饭店管理实务[M]．南京：东南大学出版社，2007．

[3] 吴鸿．旅游饭店管理[M]．北京：对外经济贸易大学出版社，2008．

[4] 吕建中．现代旅游饭店管理[M]．北京：中国旅游出版社，2002．

[5] 付钢业．现代饭店服务质量管理[M]．广州：广东旅游出版社，2005．

[6] 蔡万坤．新编现代饭店管理学[M]．广州；广东旅游出版社，2004．

[7] 李树民．现代饭店管理概论[M]．西安 ：西北大学出版社，1999．

[8] 蒋丁新．饭店管理概论[M]．大连：东北财经大学出版社，2000．

[9] 蒋丁新．饭店管理概论[M]．3 版．大连：东北财经大学出版社，2007．

[10] 蒋丁新．饭店管理[M]．北京：高等教育出版社，2002．

[11] 黄继元．饭店管理[M]．北京：科学出版社，2005．

[12] 郑向敏．现代饭店管理[M]．大连：东北财经大学出版社，2008．

[13] 廖卫华．现代饭店管理原理[M]．北京：经济科学出版社，2007．

[14] 吴本．饭店经营管理：发展与创新[M]．上海：上海辞书出版社，2007．

[15] 姚李忠，齐新征．饭店管理实务[M]．合肥：合肥工业大学出版社，2005．

[16] 徐桥猛．现代饭店管理[M]．北京：高等教育出版社，2004

[17] 徐桥猛．现代饭店管理[M]．2 版．北京：高等教育出版社，2010．

[18] 徐桥猛．李丽．饭店管理经典案例分析[M]．广州：广东经济出版社，2007．

[19] 祁欣．饭店经营与管理[M]．北京：对外经济贸易大学出版社，2010．

[20] 蒋卫平．饭店管理实务[M]．重庆：重庆大学出版社，2008．

[21] 陈觉．餐饮经营失败与案例评析[M]．沈阳：辽宁科学技术出版社，2007．

[22] 刘叶飙．饭店营销学[M]．2 版．北京：高等教育出版社，2008．

[23] 杨卫，刘慧明．饭店营销经理岗位培训手册[M]．广东经济出版社，2011．

[24] 赵晓燕．饭店市场营销实务[M]．北京航空航天大学出版社，2010．

[25] 李丽，廖建华．饭店营销与公关实务[M]．广东经济出版社，2008．

[26] 刘晓琳．现代饭店公关与营销[M]．济南：山东大学出版社，2004．

[27] 郭海鹰．与公关高手过招：公关锦囊 168[M]．广州：华南理工大学出版社，2003．

[28] 吴旭云．饭店职业经理人执业资格培训课程[M]．沈阳：辽宁科学技术出版社，2003．

[29] 张永．公共关系管理[M]．北京：科学出版社，2006．

[30] 萧野．跟我学做饭店金牌服务员[M]．北京：中国纺织出版社，2007．

[31] 王瑜．饭店公共关系[M]．重庆：重庆大学出版社，2008．

[32] 薛秀芬．中外饭店集团比较研究[M]．北京：北京师范大学出版社，2011．

[33] 郭亿馨．如家饭店 CIS 案例分析[J]．中国市场，2011，15．

[34] 王海燕等．论饭店企业文化的构建[J]．现代企业文化，2008，15．

[35] 刘长慧．饭店实用安全管理[M]．北京：群众出版社，2010．

[36] 罗纳德・F．西琦．饭店业的卫生管理[M]．张道一，陆爱丽译．北京：旅游教育出版社，1991．

[37] 范运铭．客房实务[M]．重庆：重庆大学出版社，2009．

[38] 周义龙，龚芸．旅游心理学[M]．武汉：武汉理工大学出版社，2010．

[39] 星级饭店服务培训指南丛书编委会．星级饭店前厅服务员培训[M]．北京：中国时代经济出版社，2007．

[40] Dimitrios Buhalis．旅游电子商务：旅游业信息技术战略管理[M]．马晓秋，张凌云译．北京：旅游教育出版社，2004．

[41] 韩林．旅游电子商务[M]．重庆：重庆大学出版社．2008．

[42] 杨路明，等．现代旅游电子商务教程[M]．北京：电子工业出版社．2004．

[43] 吴映鹏．饭店信息化管理[M]．北京：旅游教育出版社．2002．

[44] 薛秀芬．中外饭店集团比较研究[M]．北京：北京师范大学出版社．2011．

[45] 马勇，陈雪钧．饭店集团品牌建设与创新管理[M]．北京：中国旅游出版社．2008．

[46] http://www.homeinns.com．

[47] http://www.holidayinn.com/hotels/cn/zh/reservation．

[48] http://res.meadin.com/IndustryAnalysis/2011-12-31/11123125822_2.shtml．

[49] http://www.28.com/alfx/cy．

[50] http://www.chinahotel.org.cn/index.html．

[51] http://info.hotel.hc360.com/2010/11/231051265607-4.shtml．

[52] http://baike.baidu.com/view/141809.htm．

[53] http://www.docin.com/p-84629331.html．

[54] http://www.jinlinghotel.com/CN/presscenter/Newsdetail.asp?id=362．

[55] http://wujinmei.blog.sohu.com/60327437.html．